大学体育与健康教程

主　编　徐　嘉
副主编　崔泽峰　赵冬雪　赵　欣

天津大学出版社
TIANJIN UNIVERSITY PRESS

图书在版编目(CIP)数据

大学体育与健康教程 / 徐嘉主编 ; 崔泽峰, 赵冬雪, 赵欣副主编. -- 天津 : 天津大学出版社, 2023.9(2025.8重印)
ISBN 978-7-5618-7574-2

Ⅰ. ①大… Ⅱ. ①徐… ②崔… ③赵… ④赵… Ⅲ. ①体育－高等学校－教材②健康教育－高等学校－教材 Ⅳ. ①G807.4②G647.9

中国国家版本馆CIP数据核字(2023)第154265号

出版发行	天津大学出版社
地　　址	天津市卫津路92号天津大学内(邮编:300072)
电　　话	发行部:022-27403647
网　　址	www.tjupress.com.cn
印　　刷	廊坊市海涛印刷有限公司
经　　销	全国各地新华书店
开　　本	787mm×1092mm　1/16
印　　张	16.75
字　　数	418千
版　　次	2023年9月第1版
印　　次	2025年8月第3次
定　　价	49.00元

编委会

主　编　徐　嘉

副主编　崔泽峰　赵冬雪　赵　欣

编　委　杜为鹏　苏思畅　刘　晶

孙志雪　姚欣雨　王　征

喻家宾　朱志勇　王　佳

前　言

大学体育课程是高校各个专业都必须开设的一门必修课程，是高校体育工作的重要环节，同时也是高校课程体系的重要组成部分。大学体育课程将科学文化教育、思想道德教育、心理健康教育、体育技能教育与身体活动有机融合，是对高校青年学生进行身体培育和价值塑造的重要途径。它是培养学生健康体魄、爱国情怀、创新精神、竞争意识、实践能力的重要手段，能够促进青年学生身心和谐发展。本教材以"素质教育""以人为本""健康第一"为指导思想，依据《全国普通高校体育课程教学指导纲要》，以"掌握运动技能，形成终身体育意识，促进身心健康发展"为目标，以大学体育锻炼理论基础、大学体育健康管理、大学体育运动实践、大学体育游戏四个部分为课程内容。其中大学体育锻炼理论基础主要包括大学体育概述、体育锻炼的生理学基础、体育锻炼的训练学基础等内容；大学体育健康管理主要介绍了健康管理、体育健康促进、健康行为、体育运动与健康、行为的健康指导、运动损伤与运动处方、大学生体质健康等内容；大学体育游戏主要介绍了大学体育游戏概述、身体素质游戏、体育游戏与心理健康等内容；大学体育运动实践包括体能主导身体素质发展类、技能主导表现难美类、技战能主导同场对抗类、技战能主导隔网对抗类四个部分，基本涵盖了所有项群运动，为大学生的运动选择提供了丰富的样本，为体育课程学习和自我身体锻炼提供了科学的指导，同时也为推进大学生素质教育奠定了一定的理论基础。本教材有利于学生个性发展，有利于学生身心健康发展，有利于大学生健康教育，有利于大学生德育内化培养。综上所述，本教材内容丰富，融科学性、知识性、时代性和全面性一体，既可作为大学体育课程的专用教材，也可作为体育教师参考书，还可作为大学生自学体育与健康知识和科学锻炼身体的读本。

大学体育的基础理论、教学训练的内容及方法一直在不断地创新发展，本书定有诸多不足之处，希望广大师生和读者提出宝贵意见，共同为促进大学生体质健康贡献力量。

大学体育与健康教程编委会

2023 年 5 月

目　　录

第一章 大学体育锻炼理论基础

第一节 大学体育概述

一、体育运动功能和个人发展的联系

体育运动和个人的健康发展有着很大的联系，学校体育运动的参与能够有效帮助学生更好地融入社会。国内外专家的相关研究证明，学校体育对个人发展有着很大的作用，不同类型和形式的体育运动能有效培养人的性格和技能，为人的成长和发展提供必要的基础。

（一）体育运动可以增强人的体质，为健康的人格提供物质基础

著名的体育教育家马约翰先生曾说："体育是培养健全人格的最好工具。"中国奥林匹克运动的先驱张伯苓也曾说："教育里没有了体育，教育就不完全。"体育运动不仅能够强身健体，而且处处体现着德育的功能。体育能陶冶情操、启迪智慧、壮美人生；体育能培养团结、合作、坚强、献身和友爱精神，能弘扬民族精神；体育能培养人的意志品质、自信心、心理调节能力以及健康生活方式……体育既是素质教育的重要内容，又可以通过育体进而全面育人。没有体育，素质教育就无法落实。人的心理是人脑的机能，人脑是人体的一部分，心理健康的发展必须以正常发展的身体，尤其是以正常健康发展的神经系统和中脑为物质基础。体育活动能促进身体健康的发展，为心理发展提供物质基础。

（二）体育运动可以增强人的意志，培养永不放弃的意志品质

体育运动一般都具有艰苦、疲劳、激烈、紧张、对抗性强的特点，人们在参加体育锻炼时，常伴随着强烈的情感体验和明显的意志努力。因此，体育运动可以培养勇敢顽强、吃苦耐劳、坚持不懈、机智灵活、沉着果断、谦虚谨慎、团结友爱等优秀品质，培养集体主义和爱国主义精神，使人保持健康向上的心理状态。尤其是在当前，我国已进入相对殷实富足的阶段，亟须培养青少年团结合作、坚韧不拔、吃苦耐劳等多方面的品质，而体育在其中可以发挥不可替代的作用。

（三）体育运动可以宣泄不良情绪，锻炼良好的心理素质

心理疾病与人长期情绪低落、烦躁、压抑等有关。而体育运动可以调节人的情绪，改善心理的不良反应。神经心理实验研究表明，当人体进入运动状态时，主管情感的大脑右半球就会立即兴奋起来，运动者就会达到一种愉悦状态，体会到成功的喜悦、精神的振奋。大学生持续紧张的学习极易造成其身心疲劳和精神衰弱。而积极参加体育锻炼可以使他们身心放松、消除疲劳。同时，体育锻炼可以使他们长期压抑的情绪宣泄出来。

（四）体育运动可以增强人的人际交往，促进身心和谐

学校的体育锻炼都是以群体活动形式居多，是锻炼人际交往能力最有效的手段。体育活动在许多场合是成员之间自由组合形成的，这些参与者通过彼此在活动中的联系而构成

了一种特殊的社会群体。在活动中,人们的交往较为直接、随意,并在一种友好的气氛中进行,这很容易消除学生在交往中的紧张心理,这种游戏群体是学生个体所参与的、脱离家庭的、学习生活知识和技能并得到个性方面陶冶的社会群体。因此这种游戏群体及其活动对学生人格发展有重大影响。一是集体活动为学生提供了交往的机会;二是集体成员对体育活动的共同行为倾向和价值观使学生内心世界彼此沟通,进而又使其产生彼此友爱的感受和心理倾向,这既有利于减轻个人的孤独感,又有利于良好人际关系的建立;三是游戏群体及其活动也有陶冶学生性格的作用,活泼欢快的集体活动具有心理保健和情绪调节功能,也是避免人格偏差、增进学生适应群体生活的良好手段。可见,体育锻炼在加强大学生人际交往、促进心理相容、培养心理适应能力方面具有重要作用。

二、正确理解体育运动

(一)体育运动的含义

体育运动是在人类发展过程中逐步开展起来的、有意识地培养自己身体素质的各种活动。各种走、跑、跳、投以及舞蹈等多种形式的身体活动,就是人们所说的身体练习过程。其内容丰富,有球类运动、体操类运动、柔道类运动、田径类运动、武术类运动、冰雪类运动和特殊运动。“国家鼓励、支持优秀民族、民间、民俗传统体育项目的发掘、整理、保护、推广和创新,定期举办少数民族传统体育运动会。”《中华人民共和国体育法》就传统体育项目的传承发展做出明确规定。

(二)体育运动的功能

1. 强身健体功能

体育运动的强身健体功能主要体现在:体育通过促进人体八大系统,即运动系统、神经系统、循环系统、呼吸系统、消化系统、内分泌系统、免疫系统及泌尿系统的健康发展来促进个体的健康。

2. 健康心理功能

体育运动通过发展人的认知能力,完善人的性格、气质及增强人的意志品质来发挥健康心理的作用。

体育运动可以发展人的认知能力。研究发现,大脑的右半球对形象知觉、空间知觉、音乐知觉起主要作用。体育运动是开发大脑右半球的重要手段。人的身体协调、形象记忆、空间感都由右脑管辖。体育运动可以直接使右脑的相应部位兴奋,从而使右脑得到充分锻炼。

体育运动可以完善人的性格、气质。人格是构成一个人的思想、情感及行为的特有模式,是一个人区别于他人的稳定而统一的心理品质。人格是一个复杂的结构体系,由性格和气质等要素组成。相关研究发现,人格对于体育参与、体育项目的选择都起决定作用,反过来,相应的体育锻炼也能使人格随之发生改变。

体育运动可以增强人的意志品质。坚持体育锻炼,要不断克服各种主客观困难,这个过程是锻炼身体的过程,也是培养良好意志品质的过程。

3. 人际交往功能

参加体育活动,特别是一些必须通过合作才能完成的集体性体育活动,能够增强人与人之间的交流、打破自我封闭,使人获得自信,从而改变参与者对生活的看法及自己的个性和行为方式。

体育活动有利于培养参与者的群体观念、责任意识、助人为乐等精神品质,有利于培养参与者尊重裁判、尊重对手、遵纪守法、文明礼貌、公平竞争的品德行为;有利于培养参与者积极进取、奋发向上、持之以恒的精神风貌。在人际关系方面,体育活动具有促进人际交往、培养合作精神、形成竞争意识的作用。

4. 体育运动可以促进健康人际关系的形成

人们在体育活动中形成的合作、竞争、遵守规则的意识和行为,通常会迁移到日常社会生活、学习和工作中,这有利于人们理解社会规范的意义及重要性,有利于形成尊重他人的行为习惯,从而能促进人际关系的和谐发展。

5. 休闲娱乐功能

休闲娱乐是人们闲暇时进行的自由的、自愿的、愉悦身心的活动。体育作为发展人的"自身自然"的身体活动,其在休闲娱乐中所发挥的个体和社会功能是其他休闲娱乐活动所不可取代的。

体育具有休闲娱乐功能的主要原因在于:体育活动始终关注人的"自身自然"的发展;体育活动存在大量的人与人的交往。

体育休闲娱乐功能的实现主要有两种基本途径:一是亲身参与体育活动,二是欣赏体育比赛。

6. 生命美学功能

美是人的生命活力的表现。体育对人的生命之美有极大的激发促成作用。"生命美"的核心是"关怀自身",强调重视自我,重视处理与他者的关系以及重视身体体验。体育通过各种运动形式对人的生物生命之美和人的精神生命之美进行激发和磨炼,增强了人的生命力。

7. 教育功能

体育的教育功能是通过体育对人的身心的促进与发展而体现出来的。体育的教育功能主要体现在:体育运动可以促进良好生活习惯的形成;通过提供社会规范教育、社会角色尝试来促进人的社会化;通过促成个性形成、约束个性发展和养成进取精神来发挥体育在促成个性形成和发展中的作用。

8. 政治功能

体育作为一项在全世界具有广泛影响的社会文化和教育活动,在当今社会,它与政治有着密切的关系,在维护统治阶级的利益,处理国际关系和民族关系方面,具有独特的功能。这主要体现在:体育运动可以提高国家和民族的威望,体育运动可以服务国家外交,体育运动还可以增强民族团结。

9. 经济功能

体育对经济发展起促进作用。体育与经济相联系是伴随着现代市场经济的发展而开始的。体育的经济功能主要体现在:体育运动可以提高劳动者素质,促进生产力的发展;体育运动可以促进消费,拓展经济增长点。

10. 文化功能

以奥运会为代表的体育运动作为一种实践活动的文化价值就在于人自身的价值,即人的全面、自由、和谐的发展,它是个体人格和社会人格的和谐统一。

(三)体育运动和其他社会活动的区别与联系

把体育运动的效果和其他社会活动的效果进行比较,会发现它们有很大的区别与密切的联系。体育运动可以为处理因体育而产生的内生性问题和外源性问题提供方式方法;而其他社会活动也是在不断处理本体内外的矛盾中发展起来的,本质上来讲体育运动和社会上其他活动有着不可分割的联系。但是,体育运动与社会其他活动又有着很大的区别,体育运动往往有广泛的身体参与,集趣味性、竞争性、观赏性等特性于一体,加之商业价值性、教育文化价值性和能够有效促进身心健康发展等特征使其与社会其他活动有着明显的差别。

(四)体育运动的积极作用

英国全国高校体育协会针对大学生优秀运动员的数据指出体育实践与教育成功之间是一种积极关系,男运动员大学生比普通大学生毕业率高出4%,男子大学生比女子大学生的毕业率高出9%。毕业10年后,经常从事体育运动的人往往能比普通人赚取更高的工资。他们认为体育运动对工作有着很好的促进作用:第一,热爱体育运动的人会对工作发出积极的响应信号。企事业单位对工作能力的评价依赖其在劳动力市场上的价值。对体育运动的热爱有着隐性的特点,表现在注意力集中、耐力、团队合作精神、挑战自我精神等方面。第二,体育运动的练习增加了个人的软性技能。在这里指的是体育运动教个人在团队中工作、在工作中培养竞争力和自律性等。同样,这些富有成效的软技能被企事业所重视。第三,体育运动在西方国家是市场化程度较高的经济体的一部分,加之名人效应,有部分公司关注并雇佣知名的运动员,因为他们可以为公司树立良好的形象,名人效应也能促使参与体育运动的人找到实现自我的途径。第四,喜欢体育运动的人往往比较乐观开朗、心思缜密,与人相处会更加融洽,工作起来会有更多解决问题的办法。

(五)体育运动和社会生产力的关系

1. 体育运动和劳动力市场的关系

社会经济数据表明体育运动与劳动力市场实际上是高度相关的关系,体育运动可以提高生产力,体育运动可以帮助人们发展自尊、竞争精神、韧性、纪律性和责任感,这些非认知技能都为学生在学校获得奖励提供机会,并且为他们在学习其他科目的过程中提供正向的刺激作用。

2. 体育运动的隐性特征和影响

体育运动对认知和非认知技能的影响与社会生产力有着很直接的关系。从体育运动的功能出发不难发现,经常参加体育运动的人在劳动力市场上取得成功的概率往往较普通人高。体育运动对健康起着积极的作用。健康是人力资本的重要组成部分,直接影响成人创造社会价值的水平,也决定着个人劳动力的市场。体育运动可以改善身心健康,从而直接提高生产力。体育运动的隐性特征和在劳动力市场上受到重视的特征,体现了参与体育运动的重要性。

3. 体育运动的深远影响

个体体育运动实践可以体现自我约束和动机，体现了个人参与体育的自我需要和体育运动的价值相吻合。劳动力参与劳动过程并产生价值，也需要自我约束和动机的刺激，这些认知和非认知因素对生产力的影响可以在体育运动中得到锻炼。学校体育运动与在毕业后走向工作岗位上一年的劳动力产出结果成正相关。参与体育运动不仅在提高心理健康水平，而且在提高身体健康水平和提高生产力方面的作用得到了证实。体育运动对人发展的深远影响得到国内外专家、学者的一致认可，大量的数据也证实了体育运动的功能正在潜移默化地改变着人们的生活。

4. 体育运动为人的成长和发展提供必要的基础

体育运动与一个人的成长和发展高度相关。体育运动对人的认知和非认知能力的培养为人发展提供心理基础；体育运动对一个人的意志品质的塑造为人的成长和发展提供精神基础；体育运动的健身功能可以提高一个人的身体健康水平，为人的成长和发展提供必要的物质基础；体育运动的经济功能带来的效益可以为人的成长和发展提供经济基础；体育运动的社交功能可以为人的成长和发展提供人文环境基础。

5. 体育运动对促进社会生产力的发展有着积极作用

体育运动的市场功能和体育运动对人的塑造功能从显性和隐性的角度对社会生产力的发展起着积极的作用。体育运动的市场功能可以为社会提供更多的就业和创业机会，而体育运动对人的塑造功能可以让人更能适应社会大环境的发展趋势。因此，体育运动可以为社会生产力的发展做出巨大的贡献。

三、全面认识大学体育

（一）什么是大学体育课程

大学体育课程是以大学生身体练习为主要手段，以体育理论知识、体育卫生与健康知识、体育运动技能和方法为主要学习内容，通过科学、合理的体育教育与锻炼过程，达到增强学生体质、增进学生健康和提高学生体育素养等目标的公共课程；是学校课程体系的重要组成部分，是高等学校体育工作的中心工作；是通过体育理论学习和技能锻炼，将思想品德教育、文化科学教育、生活与运动技能教育有机结合，促进学生身心和谐发展的教育过程；是实施素质教育和培养全面发展人才的重要途径。

大学体育课程的宗旨是教书育人、立德树人，认真贯彻、落实党和国家的教育方针、政策，以“健康第一”为指导思想，全面推进学生素质教育，培养学生“终身体育”意识，帮助学生养成健康的生活方式，使学生了解、掌握科学健身的方法、手段，增进学生身心健康，为社会培养德智体美劳全面发展的实用型、创新型人才。

（二）大学体育的价值

人类社会在经历了农业经济和工业经济的发展阶段之后，正迈向知识经济的时代。从工业经济向知识经济的过渡，既是人类社会发展阶段的巨大变革，也对人类的身心健康产生巨大影响。科学、合理的体育锻炼有利于促进人身心健康的和谐发展，使人的身体更健康、精力更旺盛、生活更美好、生命质量更高。大学阶段的体育学习,有利于当代大学生增进身心健康,提高运动技能水平,培养终身体育的意识和能力,奠定终身体育的基础。

社会是一个大的系统,社会发展是指社会系统结构和功能的变革演进。社会发展是一个多指标的综合概念,主要表现为经济、政治、文化、科技、教育、观念、生态以及社会生活质量方面的发展。社会发展是生产力和生产关系、经济基础和上层建筑矛盾运动的结果。体育是社会的产物,体育作为一个社会现象,是一种有目的、有意识的社会活动,它是随着人类社会的发展而出现和演进的。在人类社会漫长的历史中,体育的发展和社会的发展息息相关,不同的社会形态赋予体育不同的作用与价值,以满足社会和人类不断进化发展的各种需求。

大学有朝气蓬勃、风华正茂的莘莘学子,有德高望重的专家学者,有丰富的图书信息资源,有较发达的传播媒体,还有多种学术团体、研究机构和学生社团等。这些构成了其既依存于社会文化,又有着高层次文化水准;既具有相对完整的独特的文化环境,又蕴藏着巨大的文化创造功能的特点。大学体育文化是大学文化中的一道独特的风景线,积极向上的大学体育文化有助于当代大学生身心健康的和谐发展。

当代大学生生长在中国社会由计划经济向市场经济、从封闭社会向开放社会、从伦理社会向法治社会转型的过程中,生活在全球化趋势日益强烈、知识经济发展日益迅猛、多元文化日益交融的时代,亲身感受到先进与落后的碰撞、文明与愚昧的冲突、现代与传统的矛盾,感受到人们生活节奏的加快、竞争压力的加大、人际关系的冷漠、心理负荷的加重。面对严酷的社会现实,心理健康状况不容乐观。一项以全国 12.6 万大学生为对象的调查显示,20.23% 的人存在不同程度的心理障碍;另一项调查报告显示,大学生由于自卑、失态、受挫等心理因素而自杀的已占大学生非正常死亡的第一位;许多调查表明,在大学生中,因为心理问题而被迫休学、退学甚至自残、自杀的实例越来越多。有关媒体的报道也表明,在大学生群体中,由于心理问题而引发的犯罪正呈增强趋向,引起社会的广泛关注,大学生的心理问题是当前必须面对并要认真加以解决的突出问题。

大学体育运动能直接给大学生带来愉快和喜悦并缓解他们的紧张情绪,改善他们的心理健康。体育活动中的情感体验强烈而又深刻:成功与失败、进取与挫折共存,欢乐与痛苦、忧伤与憧憬相互交织,同时人的感情也相互感染、融合。这种丰富的情感体验有利于大学生情感的成熟,有利于情感自我调节的发展。

第二节 体育锻炼的生理学基础

一、体育锻炼的生理学机制

(一)肌肉机能与运动

健壮的肌肉是健康的重要标志,同时又是取得优良运动成绩的基础。人体的运动由运动系统实现,运动系统由 206 块骨头和多块肌肉以及关节等组成。骨骼构成人体支架,关节使各部位骨骼联系起来,而最终是由肌肉的收缩放松来实现人体的各种运动。全身肌肉约占人体体重 40%，组成肌肉的基本单位是肌纤维，许多肌纤维排列成肌束，表面有肌束膜包绕，许多肌束聚集在一起构成一块肌肉。肌纤维是一种长圆形细胞，每条肌纤维外有一层薄膜叫肌膜，肌膜内除肌浆外，中间有许多根圆柱状上面带横纹的肌原纤维，肌原纤维又由粗细不同的蛋白质微丝构成。肌肉的收缩就是由这些微丝相对滑行而实现的。体育锻炼能使肌肉结实粗壮，这是由于锻炼使肌纤维中蛋白质含量增加，从而使肌纤维增粗。

（二）肌肉的种类和收缩形式

肌肉由随意肌和不随意肌两种类型组成。随意肌是使人体具有活动性的肌肉——横纹肌或骨骼肌；不随意肌是心肌和平滑肌。人体中 59% 的肌肉由横纹肌所组成。在完成各种动作时，整块肌肉的长度可能发生变化也可能不发生变化，故肌肉的收缩分为多种形式，主要是向心收缩、等长收缩、超等长收缩三种形式。

（三）影响肌肉收缩力的因素

肌肉力量大小同许多生理因素有关系，其主要有以下几个方面。

（1）肌肉生理横断面。肌肉生理横断面增大是由肌纤维增粗造成的。而肌纤维增粗主要是收缩性蛋白质含量增加形成的，从而使蛋白质微丝收缩滑行所产生的力量加大。负重肌肉力量练习对增大肌肉生理横断面有良好效果。

（2）肌群协调能力。肌群协调能力是指在运动中动员肌纤维参与工作的程度和各肌群间协调工作能力。一个经常锻炼的人，可在最大用力时动员 90% 的肌纤维参与活动；而不经常锻炼的人在最大用力时只能动员 60% 左右的肌纤维参与活动。显然，前者肌肉收缩力更大。同时，经常锻炼的人在最大用力时各肌群相互协调配合更好，因此也就更能发挥肌肉收缩作用。

（3）肌肉收缩前的初长度。肌肉收缩时的力量与收缩肌肉所处的长度和状态有关系。肌肉处在缩短或过分拉长状态时都不能发挥肌肉收缩力量。正确的运动技术多包含这一因素。

（4）肌肉收缩的代谢适应。肌肉的收缩与放松有赖于能量供应。肌肉中毛细血管网增加，越能保证氧气及养料供给；肌肉中能源物质如肌糖原等含量增加也对肌肉收缩产生影响。

（四）体育锻炼对肌肉生长发育的作用

由于体育锻炼使肌肉工作加强，所以新陈代谢旺盛，毛细血管开放量大大增多，血液供应增多，蛋白质等营养物质吸收与贮存能力增强，肌纤维增粗，肌肉体积增大，肌肉变得更加粗壮、结实、有力。另外，肌肉结构发生变化、酶的活性加强以及神经调节的改进，可促使肌肉机能提高，表现为肌肉收缩力量大、速度快、弹性好、耐力强。经常锻炼的人，不但骨骼坚固、增长，而且肌肉丰满、结实，身材匀称。

（五）运动中能量代谢特性

新陈代谢是人体生命活动的基本特征之一，是生物体生长、繁殖、运动等生命过程中化学变化的总称。新陈代谢包括同化作用和异化作用两个方面：同化作用，即在新陈代谢过程中生物将从食物中摄取的养料转换成自身组成物质及储存能量的过程；异化作用，即新陈代谢过程中生物自身组成物质分解以释放能量或排出体外的过程。而能量代谢是指物质代谢过程中所伴随着的能量释放、储存、转移和利用的过程。能量供应充足是保证体力充沛和获得良好运动成绩的重要条件。运动时能量供应有一定生理规律,认识这些规律,对正确选择锻炼内容及提高锻炼效果有一定帮助。

1. 人体能源物质及贮备

人体内糖、脂肪、高能磷酸化合物和蛋白质都是能源物质。人体在运动时主要靠糖、脂肪、高磷酸化合物提供能量,只有在不得不动用时,蛋白质才会转化为能源。人体内糖原贮存于骨骼肌、肝脏中。脂肪在体内氧化释放的能量是糖、蛋白质的两倍。高能磷酸化合物,主要是三磷酸腺苷(ATP)和磷酸肌酸(CP),含能量高。

2. 运动时的直接能源

人体运动直接能源来自高能磷酸化合物三磷酸腺苷(ATP)。肌肉活动时,肌肉中的三磷酸腺苷在酶的催化下,迅速分解为二磷酸腺苷与磷酸,同时放出能量收缩肌肉。

(六)运动中的氧运输系统

在人的健康素质中,人的心肺功能是重要组成部分,人体供氧能力不但影响人的健康,而且影响人体运动能力。

氧运输系统对人的健康及生命活动具有十分重要的作用。氧运输系统由呼吸系统、循环系统组成。呼吸系统把氧气从体外吸入体内,氧气进入血液与血液中的血红蛋白结合,由心脏这个血液循环动力站不停推动使血液流遍全身,将氧气送到各器官组织。血液在体内沿一定路线流动,右心室的血液流向肺部,在此进行气体交换,吸收氧气,然后流回左心房,血液从左心房流入左心室,并由此流向全身。在营养了全身细胞和装载了代谢废物之后,血液又流回右心房,血液在全身运行一周所需时间不到一分钟。呼吸系统由气管、支气管和肺泡等组成。呼吸系统有两个主要功能:吸收氧气和排出二氧化碳。氧运输系统工作的第一环节是肺的呼吸运动。实现肺与外界环境的气体交换称为肺通气。肺泡与肺毛细血管血液间的气体交换称为肺换气。人体氧气不能储存,必须根据需要吸入。在整个氧运输系统中,心血管系统功能处在重要地位。心脏对人体健康至关重要。

二、运动过程中与人体生理学相关的指标

(一)有氧运动对血液指标的影响

三酰甘油、总胆固醇、低密度脂蛋白水平升高可导致高血脂症,年龄越大这三个指标水平越高。高血脂症是导致心脑血管疾病的首要因素。所以,随着年龄的增加,心脑血管疾病发病率越来越高。而高水平高密度脂蛋白可有效预防心脑血管疾病。人在氧供应充足的情况下进行长时间运动,能量主要来自脂肪代谢,这样可以大量消耗脂肪,即加速低密度脂蛋白的分解,减少向动脉壁运送胆固醇和解除对高密度脂蛋白的抑制作用,使其在血液中的浓度升高。同时,运动提高了卵磷脂胆固醇酰基转移酶活性。卵磷脂胆固醇酰基转移酶催化脂肪酸从卵磷脂向胆固醇转运,促进高密度脂蛋白成熟;长期运动抑制了血浆胰岛素分泌,为脂肪代替糖供能创造了条件;儿茶酚胺通过CAMP-蛋白激酶系统的作用激活脂肪酸交感肾上腺素系统对β-受体调节刺激,使脂肪酸活性提高,最终脂肪分解加强。经常运动的学生三酰甘油、总胆固醇、低密度脂蛋白水平均明显低于不经常运动的学生，而高密度脂蛋白水平明显升高。经1年有氧运动后，运动组自身三酰甘油、总胆固醇、低密度脂蛋白水平也明显降低，高密度脂蛋白明显升高，这表明长期有氧运动可改善血脂水平，降低心脑血管病发病危险。

运动也是糖尿病治疗过程中的一种辅助治疗，它能促进糖的氧化利用，增加胰岛素的敏感性，从而达到降低血糖的目的；还可避免肥胖和精神过度紧张。有资料表明，糖尿病患者在运动治疗后的血糖、果糖胺、身体质量指数有明显下降。餐后运动更利于降低血糖。

适当有规律的运动对冠心病合并糖尿病的患者有比单纯药物治疗更好的疗效。其原因有以下几点：①长期坚持适当运动锻炼，可促使冠状动脉侧支循环开放，改善心肌供血和心肌功能，因为运动可能参与了抑制使血管平滑肌细胞增生的有机分裂原，如一氧化氮抑制内皮素或诱导血管平滑肌细胞因子的合成；②运动锻炼增加肌细胞和脂肪细胞膜上葡萄糖运载体的数量，促进肌细胞和脂肪细胞对葡萄糖的转运和利用，提高肌细胞和脂肪细胞胰岛素受体数量和受体后功能，增强外周组织对胰岛素的敏感性，减轻胰岛素抵抗，从而改善糖代谢异常，降低血糖；③运动锻炼可促进肾上腺素和去甲肾上腺素分泌，提高脂蛋白酯酶的活性，促进脂肪的分解，同时降低血液中三酰甘油及低密度脂蛋白胆固醇水平，提高高密度脂蛋白胆固醇水平，减少脂肪在血管壁内沉积，预防血管粥样硬化及心脑血管病变；④长期运动可使血压下降及心功能改善，从而使肾功能改善。

（二）运动对人体骨峰值的影响

从骨健康的角度证实了运动有助于生活质量的提高。经常进行体育运动的人群、中长跑专项组、排球专项组、足球专项组、武术专项组和短跑专项组6个运动组的骨密度值均较高，其中短跑专项组、武术专项组差异显著，证实运动对提高人体骨峰值具有重要作用。运动对骨密度具有积极作用的原因可能是：运动通过肌肉活动产生对骨的间接应力，刺激骨形成。肌拉力对成骨细胞形成活性和破骨细胞的吸收活性均有提高作用，使破骨过程和成骨过程趋于平衡。且运动可促进骨结构排列更为合理。运动通过调节内分泌系统，促进骨矿含量的增加。甲状旁腺激素、降钙素和维生素6活性代谢产物是机体内钙代谢和骨组织更新的三大重要调节激素。运动可调节三大激素合理化分泌：抑制甲状旁腺过量分泌，降低破骨细胞的活性，增加近端肾小管对钙的重吸收作用；提高机体对外源性钙素的反应敏感性，抑制骨吸收和骨胶原的分解；促进活性维生素6在体内的合成，防止骨钙的融出。运动增强消化、吸收系统功能，满足机体对于矿物质合成原料的需求。

（三）运动强度对人体骨峰值的影响

中长跑、排球、足球、短跑运动的运动强度依次递增，与此同时，其骨密度值表现出依次递增的趋势。这说明短期高强度的力量性训练比长期重复性低强度力量性训练更有利于刺激骨的钙化。因此运动强度愈大，骨骼肌的直接刺激引发骨的间接应力愈大，成骨细胞的活性增加幅度也就愈高，但是，随着运动强度的逐渐增高，骨组织的微损伤也会随之出现，因此运动的强度负荷应为练习者临界运动强度条件下的适于自身个体的较大运动强度。

三、运动人体生理变化规律

（一）体育锻炼对心血管系统的影响

循环系统是人体非常重要的组织机构，它是由心脏和血管组成的。它的作用是使血液把氧气和营养物质运送给各组织、细胞，同时，把组织、细胞在新陈代谢中产生的二氧化碳和废物运送到肺、肾等处排出体外。体育锻炼对循环系统发展的影响是非常显著的，它对增强心血管的机能、提高血液循环质量起着积极作用。

（1）能够增强心脏的功能。经常锻炼可以使心肌壁增厚，心肌力增强，心脏重量和体积增加，心脏容量增大。平时冠状动脉血流量占输出量的 8%~10%，但在运动时心输出量增加，冠状动脉血流量可达安静时的 10 倍。由于心肌在锻炼中得到大量营养，心肌纤维变粗，心容积增大、收缩力增强。心搏频率更加适应锻炼要求，出现心搏徐缓，使心脏每次收缩后有较长舒张期，从而得以充分休息，同时也使心脏血液储备量增加。

（2）能够增加血液中红细胞、白细胞和血红蛋白含量。

（3）可提高血管功能，改善微循环，防治心血管疾病。经常锻炼可使动、静脉血管壁弹性提高，管径增大，有利于血液畅流。毛细血管开放和增生能够改善微循环。体育锻炼可促进新陈代谢，促进脂肪的利用，使积存减少，增加纤维蛋白溶解酶的活动，所以能防止冠状动脉硬化和血栓形成。体育锻炼通过肌肉活动对大脑皮层产生影响，使调节血管收缩和舒张的神经中枢活动趋于正常，血压下降，有助于预防心血管疾病。

（二）体育锻炼对呼吸系统的影响

人体的一切活动，都需要消耗一定的能量，能量来自人体内的能源物质。把这些物质变成能量，需要一个氧化过程。人体在新陈代谢过程中，不断地从空气中摄取氧气并排出二氧化碳。经常锻炼能增强呼吸肌的力量，增大胸廓的运动幅度。呼吸机能的变化，表现为肺活量的增大和呼吸深度的增加，肺活量代表着呼吸器官的工作能力。一般青少年肺活量是：男生 2 500~4 000 毫升，女生 2 000~3 000 毫升。经常进行体育锻炼的青少年，肺的弹性好，呼吸肌的力量增强，肺活量比一般青少年大 1 000 毫升左右。

（三）体育锻炼对神经系统的影响

体育锻炼对身体的良好作用是通过神经系统实现的。经常进行体育锻炼使大脑皮质神经细胞的兴奋性、灵活性和耐久力得到提高，具体表现为：①反应更快了；②从人体活动上看，表现得更为机灵、敏捷；③学习和工作都处于最佳状态，并能坚持较长时间。经常进行体育锻炼的人，在自然环境中接受了寒冷和炎热的刺激，对环境变化的适应能力和对疾病的抵抗能力更强。

（四）体育锻炼对运动系统的影响

1. 体育锻炼对骨的良好影响

人体长期从事体育锻炼，通过改善骨的血液循环，加强骨细胞的新陈代谢，使骨径增粗，骨质增厚，骨质的排列规则、整齐，并对骨形态结构有良好影响，表现在骨的抗折、抗弯、抗压缩等方面的能力有较大提高。

不同的体育项目，对人体各部分骨的影响不同。经常从事以下肢活动为主的项目，如跑、跳等,对下肢骨的影响较大;而从事以上肢活动为主的项目,如举重、投掷等,则对上肢骨的影响较大。体育锻炼的效果并不是永久的,一旦体育锻炼停止,其对骨的影响作用也会逐渐消失,因此体育锻炼应经常化。同时,体育锻炼的项目要多样化,以免造成骨的畸形发展。

2. 体育锻炼对关节的影响

科学、系统的体育锻炼,既可以提高关节的稳定性,又可以增加关节的灵活性和运动幅度。体育锻炼可以增加关节面软骨和骨密质的厚度,可使关节周围的肌肉更发达。

第三节　体育锻炼的训练学基础

一、体育锻炼的训练学机制

(一)刺激与适应性的改变和增强

体育锻炼实际上就是对身体施加的一种运动刺激。运动的刺激引起了机体的多种反应。随着刺激次数的增加与时间的延续、负荷量与初长度的增长,人体在形态、功能、素质、体能等方面,产生适应性的变化和增强。

(二)运动疲劳与疲劳恢复

体育锻炼的过程就是:运动—疲劳—休息—恢复。运动中只有出现疲劳,体力才能通过休息,得以恢复,身体对疲劳的耐受力才能提高。人的体力及各种运动能力,必须通过运动所产生的疲劳锻炼得以增强和提高,这种现象叫作"超量恢复"。超量恢复,是指人体通过一定量与强度的运动刺激,使机体出现疲劳,而在休息之后,机体的代谢能力与体力状况可以恢复到比运动之前更高的水平。人的各种运动素质与体能,也就在这种"超量恢复"的多次出现与重复中提高。在体育锻炼中,我们应该有意识地运用这一规律增强锻炼的效果。

1. 运动性疲劳的概念

肌肉运动能力下降是运动性疲劳的基本标志和本质特性。自 21 世纪以来,研究人员从不同的角度对运动性疲劳进行了大量的研究,提出运动应激性代谢加强的负效应可能是运动性疲劳发生的根本原因,如代谢基质的耗竭、代谢产物的堆积、代谢环境的酸化。它们可能通过多种渠道引起肌纤维结构完整性、能量供应、神经体液调节等的改变,导致运动肌肉收缩和舒张功能障碍。所以,运动能力下降即疲劳发生是其必然结果。在 1982 年的第 5 届国际运动生物化学会议上,运动性疲劳被定义为:"机体的生理过程不能持续其机能在一特定水平或不能维持预定的运动强度。"力竭是疲劳的一种特殊形式,在疲劳时继续运动,直到肌肉或器官不能维持运动,即为力竭。这个疲劳定义的特点是:①把疲劳时体内组织、器官的机能水平和运动能力结合起来评定疲劳的发生和疲劳程度;②有助于选择客观指标评定疲劳,如在某一特定水平工作时单一或同时使用心率、血乳酸、最大摄氧量和输出功率来评定疲劳。

2. 运动性疲劳发生的部位

运动性疲劳在人体中可以分为躯体疲劳和心理疲劳,这两种不同性质的疲劳具有不同表现形式。躯体疲劳主要表现为运动能力下降;心理疲劳主要表现为行为的改变。人体的各个部位,从中枢大脑皮层细胞到骨骼基本收缩单位都能产生疲劳。躯体性疲劳分为中枢疲劳和外周疲劳。中枢疲劳是指缺乏动机、中枢神经系统的传递或募集发生改变。外周疲劳包括接点传递、肌肉点活动和肌肉收缩活动能力下降。

神经细胞是脑的结构单位,也是功能单位。大脑皮层神经细胞处于活动状态,生理上叫兴奋。如人们在学习和工作时,皮层中枢代表区神经细胞处于兴奋状态。大脑神经细胞由活动状态转入休息状态,生理上叫抑制。当人们在学习和工作一定时间之后,皮层中枢代表区神经细胞,从活动状态逐渐减弱,转入休息状态,人们的工作能力随之降低。

3. 过度训练的生理反应

如果运动训练持续不断,增加运动量也不遵守渐进和区别对待等原则,经常承担最大的生理负荷,并且在运动训练过程中缺乏足够的休息,那么,人体的工作能力就会下降,这种机能状态就称为过度训练。过度训练通常是运动员过度疲劳的征兆,但它不等于过度疲劳。人体过度训练时的机能反应,同运动员对大运动量负荷所产生的很不适应的机能反应相类似,如心跳加快,血压升高,肺活量下降以及血尿等。因此,在鉴别过度训练时要加强医务监督,观察运动员对运动训练的生理和心理反应。如果运动员坚持大运动量训练而产生了适应性机能反应(即上述生理指标减弱或消失了),并取得优异运动成绩,那么,这种对大运动量负荷所产生的不适应机能反应,就不一定是过度训练了。所以,这个问题在体育锻炼中是值得我们特别注意的。

4. 过度训练的产生和发展

运动量过大(强度太大,时间过长或总运动量太大),各器官、系统的机能不能适应这种要求;上次运动造成的疲劳还没有消除,在这个基础上又加了过大的负荷量;学生生病或受伤之后过早地投入锻炼。由此可知,大运动量训练并不是导致过度训练的原因,如果运动量大得适当,使机体能够承担,并采取合理的学习制度,一般来说是不会发生过度训练的。另外,由于体质不同,身体特点不同,在参加同样锻炼时,有的人会产生过度训练,而有的人则不会,所以教师应特别注意"区别对待"这一原则,一旦伤病初愈的学生或有陈伤的学生出现过度训练的症状,教师就应及时调整运动量或改变锻炼方式。

5. 过度训练时的症状和预防

过度锻炼的症状是逐渐发展的,一般可以分为下列三个阶段。第一阶段,从客观指标上(呼吸系统、心血管系统、体重等),看不出有什么异常,但运动员感到疲乏,食欲不振、睡眠不良,对锻炼不感兴趣等;在此期间,锻炼效果停滞不前或者降低。假若在第一阶段后仍然未得到调整,就会过渡到第二阶段。这时客观指标变化明显:体重逐渐减轻,安静时脉搏比以前跳得快,做左心血管系统机能试验时出现不良反应,进行体力工作后疲劳消除的时间延长,呼吸频率在安静时也较以前增多,肺活量降低,在进行体力工作时容易气喘,工作能力下降,容易疲劳,运动成绩下降等等。发展到第三个阶段,运动成绩显著下降,神经系统机能严重失调,情绪容易激动或萎靡不振,有时会出现失眠,有时会出现心律不齐、有杂音等。这时要想复原,就需要经过较长时间的休息和治疗。过度训练预防方法主要有以下几点:①增加运动量时要循序渐进;②增加运动量时要考虑个人的特点;③增加运动量的措施要与合理的休息配合起来；④经常进行医务监督，并发动学生写好自我监督日记，以便及时发现并解决问题。

6. 休息方式的选择

运动训练，采用活动休息来消除疲劳，取得良好的效果。俄国生理专家谢切诺夫在试验中发现，当右手工作疲劳后，使用左手进行工作，则可以使疲劳的右手更迅速地恢复工作能力，这说明疲劳后从事另一种工作交替能使整个机体的工作能力很快恢复。日本的藤中基男把乒乓球运动员分成两个组，进行积极休息的试验观察。第一组用右手练习，疲劳之后静止休息，再用右手练习；第二组用右手练习，疲劳之后，休息时活动左手，再用右手练习。试验结果表明，第二组运动员训练效率比第一组高。日本的汤浅景元，对田径运动员做过试验，运动员在自行车测功计上以每分钟 1 080 千克米（1 千克米约等于 9.8 焦耳）的大负荷量做了 3 分钟运动之后，进行静止休息，观察疲劳恢复的情况。随后让运动员再进行每分钟 1 080 千克米大负荷量运动后，立即以每分钟 432 千克米的负荷量继续在自行车测功计做 1.5 分钟钟运动，观察疲劳恢复状况。比较两种实验结果，发现活动休息消除疲劳效果较好。可见，活动休息的手段对消除疲劳是非常有益的，对脑力疲劳效果尤为显著。

7. 消除疲劳的途径及方法

（1）用各种方法使肌肉放松，改善肌肉血液循环，加速新陈代谢，如整理活动后的水浴、蒸气浴、桑拿浴、理疗、按摩等。

（2）通过调节神经系统机能状态来消除疲劳，如睡眠、气功、心理恢复、放松练习、音乐疗法等。

（3）通过补充机体在运动中大量失去的物质，促进疲劳的消除，如吸氧、补充营养物质及利用某些中药来调节身体机能等。

（4）整理活动是消除疲劳、促进体力恢复的一种良好方法，应给予足够的重视。剧烈运动后进行整理活动，可使心血管系统、呼吸系统仍保持在较高水平，有利于偿还运动时所欠的氧债。整理活动使肌肉放松，可避免由于局部循环障碍而影响代谢过程。整理活动应包括慢跑、呼吸体操及各肌群的伸展练习。运动后做伸展练习可消除肌肉痉挛，改善肌肉血液循环，减轻肌肉酸痛和僵硬程度，消除局部疲劳，预防运动损伤的发生。

（5）睡眠是消除疲劳、恢复体力的好方式。睡眠时大脑皮层的兴奋过程降低，体内分解代谢处于最低水平。而合成代谢过程相对较高，有利于体内能量的蓄积。成年运动员在平时训练期间，每天应有 8~9 小时的睡眠。在大运动量和比赛期间，睡眠时间应适当延长。

（6）按摩是消除疲劳的重要手段。其中人工按摩是最受欢迎的消除疲劳手段，但因人力所限，不能满足需要，现已发展出代替人力按摩的方法，如机械按摩、水力按摩、气压按摩等。

（7）运动中各种营养物质消耗增加，运动后及时补充营养，有助于消除疲劳、恢复体力。糖、维生素 C、维生素 B、水等，均应得到充分补充。

随着现代运动水平的提高，在锻炼过程中承受的负荷越来越高，出现运动性疲劳的概率也更高。但运动性疲劳和合理的恢复手段，可促进机能水平提高。运动后身体的恢复质量是机能水平提高和继续训练的关键；相反，过度疲劳不仅影响训练效果，还可能引起各种机能障碍，甚至损害身体健康。因此，运用各种消除疲劳的方法，对提高锻炼效果是有效的。

（三）能量消耗与营养补充

运动必然要消耗体内更多的能量物质。因此，运动后必须注意营养的补充。这样才能使机体代谢逐步提高到新的水平上。这不仅能够增强人体对营养物质的吸收和利用，而且可以使体质的增强得到充分的物质保障。

（四）用进废退自然法则

人的各种运动能力，人体各组织、器官、系统的生理功能，无不遵循着“用进废退”的自然法则。人类各种与生俱来的运动能力，是能够在不使用、不锻炼中渐渐消退的；而这些能力又能在经常的锻炼中得到惊人的提高和发展。人们常讲“生命在于运动”，这句话是颇有哲理性和科学性的。

二、体育锻炼的原则

现在是倡导全民运动的时期，素质教育也明确提出要建设“有梦想、有公德、有文化、有纪律”的德、智、体、美、劳等全面发展的社会主义建设者和继任者。其中，“体育素养”是关于提高身体素质的运动技能和方法。体育教育逐渐受到大家的重视，成为教育关注的教学内容之一。大学是学生身心健康的特殊时期，不仅要关注学生的社会适应能力和心理状态，更要关注学生的身体状况。因此，在高校体育课程中，教师应让学生适当地练习合理有效的体育技能，以增强他们的体质。学生要进行体育锻炼，则要先了解一些相应的专业技能和方法，要在保证自身安全的前提下进行锻炼。

在当今我国素质教育实施中，德育、智育、体育、美育等在素质教育中都同等重要，必须给予足够的重视。俗话说：“身体是革命的本钱。”健康的身体是人各阶段发展的基础。我国青少年儿童的体质状况不容乐观，部分技术指标呈下降趋势。对于这种情况，要充分重视家庭、学校和社会发展，明确提出相应的对策和方法加以改善。对于大学生来说，在学校接受体育教育是提高个人素质的较好途径。

（一）自觉积极性原则

自觉积极性原则，是指体育锻炼的参加者有明确的健身目的，自觉积极地参加体育锻炼。体育锻炼不同于人们日常生活和劳动中的一般躯体活动，更不同于动物的走、跑、跳、攀登等自然的本能动作。体育锻炼是属于人类的一种有目的、有意识的健身活动，这种活动必须建立在自觉、自愿、积极、愉快的心理条件下才能取得好的锻炼效果。

（二）从实际出发的原则

加强锻炼，要结合人的实际情况和外部环境标准，明确锻炼目的，选择合适的运动项目，有效分配运动时间和锻炼强度，这是提高体质、提高运动水平必须遵循的标准。确立锻炼的总体目标：锻炼前要定下目标，了解哪些方面要加强，要达到什么程度，确保以问题为导向。选择锻炼项目时要充分考虑自身的职业特点、工作强度等因素，运动锻炼与工作相辅相成，才能取得更好的实际效果。了解自己的身体状况，结合自身性别、年龄、体质特点，避免风险，防止损伤。

（三）循序渐进原则

锻炼标准由浅入深的关键是，在运动内容分布、难度系数、时间和负荷等方面，要根据体育发展规律和基本原则，明确规则。随着身体的不断融入，身体素质也在逐渐提高。

运动强度由浅到深：当身体参与一定的运动强度时，这种负荷对人体的刺激会降低。这时候可以适当增加训练时间和训练频率，为人体创造新的融合。但运动强度的提高应由弱到强。在体育锻炼的渐进部分或锻炼后进行恢复锻炼时，强度要小、时间要短。

训练内容由简单到复杂，动作由浅到深，难度逐渐增加。应该优先选择简单易行，容易收到实际效果的训练内容。在每次训练中，应从简单的动作开始，逐渐以低抗压强度进行训练，然后慢慢增加操作难度和运动强度。体育锻炼应遵循人体系统和精神状态发展的基本规律，根据人体的身体状况，科学合理地分配运动强度和训练内容。

（四）持之以恒原则

加强锻炼必须是持续和系统的。只有经常参加运动，根据自己的爱好安排合适的运动，制订科学合理的体能训练计划，才能不断地增强抵抗力。科学实验表明，不经常参加体育锻炼或终止体育锻炼的人原有的身体机能、素质和运动锻炼技术实力都会明显下降。中断身体训练时间越长，它们就会越显著地消失。 如果三四天不进行适当的超负荷训练，全身肌肉的能量就会减弱。锻炼结束半年以上，肌肉能量恢复到原来的水平。每周一次的能量训练只能保持原来的水平。每周训练 2 次可以增加肌肉能量，每周训练 3~4 次可以持续增加全身肌肉的能量。

（五）全面锻炼原则

全面强化运动标准是指体形、功能、体质和心脏素质随着体育锻炼而全面协调的发展趋势。身体是一个巧妙的统一体，人体各个器官和操作系统的功能都在相互交流、相互影响。因此，体育锻炼选择的训练内容和方法应尽量对人体各方面产生影响，使人体各种体质和内脏器官的功能得到充分发挥。锻炼内容和锻炼方式的选择不应过于单一。由于每种训练内容或训练方法对人体的影响都有局限性，因此训练内容和训练方法应多样化，避免长期局限于某个部位。在锻炼中，可以以某一项目为主导，辅以其他锻炼内容。比如运动爱好者在进行腹肌训练的同时，可以提高有氧耐力和柔韧性训练，让身体得到全方位的锻炼。

上述强化练习的四个基本原则是相互联系、相互促进的。在参加体育锻炼时，只有全面贯彻科学合理的加强锻炼标准，人体才能得到全面发展，身心健康水平才能不断提高。

1. 培养学生的体育素养

体育素养的质量是建立在体育教学的影响性及其后天的环境之上的。它包括体育常识、体育观念、体育行为、体育品行、身体标准等诸多方面。

体育知识包括基础知识、专业技能、安全常识等。学生通过学习体育知识可以掌握人的身心发展规律和一些主要的生理常识，进而掌握户外活动对身体身心状态的影响。大学生一定要学习一些与其成长过程密切联系的体育知识。

体育理念在体育品质中占有重要地位。学生只有具备了相应的体育理念，才能养成自主运动的习惯，才能真正以体育锻炼为基础，提高体质，塑造健康体魄。这对于理解体育课程理论与实践相结合、丰富多彩的课程内容和适当的教学方法,学习基础知识,掌握专业技能和锻炼方法也是必要的。教师要关心学生的感受、爱好,让学生在轻松愉快的课堂教学氛围中对体育锻炼产生兴趣,积极参与体育锻炼,使学生从“要我练”转变为“我要练”。

体育品德既属于“体育”又属于“德育”。学生必须掌握体育比赛的规则,并遵守这些规则。当然更不能因为自己的胜负欲,破坏规则,甚至影响别人。这就要求体育教师对大学生进行合理、正确的引导。

2. 在体育锻炼技能训练中,体育教师要合理安排训练,做好示范与讲解

在体育锻炼中,体育教师要注意课堂教学中的练习强度。这就要求体育教师必须先掌握大学生在这个环节的个体发育状况,制订合理的运动计划。练习的强度必须在学生能够承受的范围内。学生一开始可能会觉得很难,但经过不懈的努力可以完成训练,不会产生消极情绪。体育教师要正确引导、适度鼓励,结合合理的锻炼使学生积极发展、逐步养成锻炼的习惯。在体育锻炼的初期,学生对专业技能和方法可能并不十分了解,动作也可能不规范,所以教师要做好示范并进行详细的讲解。学生要观察老师的规范动作,防止出现错误动作。错误动作的出现,极有可能在整个操作过程中增加运动的难度系数,甚至可能造成机械损伤。因此,学生不仅要掌握相应的专业技能和方法,而且要进行大量的训练。在课堂教学中,教师既要在学生的实践环节中加入更具体的指导,及时纠正学生的问题,也要注意学生的个体差异。

例如,在体育课程中,教师将跳山羊作为活动。它是结合最后冲刺跑和跳跃的全身运动。先练跳远技术,再跳起来,双手搭在“山羊”的背上,双腿张开,从“山羊”翻过去。老师先做好示范,再分解动作讲解。需要注意的是,要向学生解释硬技能。比如跳远的速度要快。两只手的支撑点不仅要向上,还要向前,这样才能使身体向前。翻“山羊”时,双腿要充分张开,否则很有可能碰到“山羊”的边缘,而跳不过去。如果学生掌握了动作要领,就很容易成功。成功能给学生带来快乐,尤其在体育比赛中,成功能给学生带来巨大的成就感。

3. 利用体育游戏,让学生对体育锻炼产生兴趣

有趣的游戏,无论是对于成人还是对于青少年,都充满了诱惑力。有时候因为游戏,人们也会对与游戏相关的东西产生兴趣。所以体育课也可以充分利用这一点,将游戏和体育锻炼结合起来。体育活动具有趣味性、挑战性、竞技性、便捷性,活动内容多样,可以促进朋友之间的协作,激发朋友之间激烈的竞争,激发全体学生参与的积极性。例如,在接球比赛中,学生分成几队站立,终点设置在前方一定距离处,中途适当设置若干障碍物,学生轻拍球避开障碍物,到达终点后返回来,传球给下一个同学。比赛前,老师要讲解比赛规则,把动作要点讲解清楚。如击球时如何调整重心,如何运用手臂和手腕缓解击球时手臂的压力。体育活动能锻炼学生的手眼协调能力和人体协调能力。同学们在感受游戏乐趣的同时,也会对体育锻炼产生兴趣。

三、体育锻炼的方法

(一)重复锻炼法

重复锻炼法是指按一定负荷标准,重复进行某项练习的方法。重复的次数和时间,是决

定健身效果的关键。因此，教师应根据项目的特点和个人的身体情况，确定和调节重复练习的次数和时间，防止因机械的重复而产生的厌倦情绪影响锻炼的效果。

（二）间歇训练法

间歇训练法是指重复锻炼之间有合理的休整。间歇锻炼法间歇时间的长短，应以运动负荷价值阈为依据，一般来说，运动负荷超过上限（心率超过 150 次 / 分钟）时，间歇时间应长些，避免运动负荷继续增加，造成过多的体力消耗；运动负荷在下限（心率 110 次 / 分钟以下）时，间歇时间应短些，训练密度应加大。下次练习应在前次锻炼效果减退时进行，若间歇时间过长，在前次锻炼效果消失之后再进行锻炼，就失去了间歇的意义。

（三）变换锻炼法

变换锻炼法是指在锻炼过程中，采取变换环境、条件、要求等因素的方式，进行体育锻炼的方法。采用变换锻炼法可以有效地调节运动负荷，缓解疲劳和厌倦情绪，提高锻炼的积极性。运用变换锻炼法还常采用各种辅助性、诱导性和转移性练习，如配合乐曲及利用自然条件等。

（四）综合锻炼法

综合锻炼法是指各种体育锻炼的方法在体育锻炼中的综合运用。综合锻炼法的主要组织形式是循环锻炼法。循环锻炼法是把各种不同类型的动作，整合成一组锻炼内容，按一定的顺序循环往复进行锻炼的方法。这种方法具有综合锻炼的效果。循环锻炼法所布置的各个练习要合理，以激发学生的锻炼兴趣，提高练习密度，达到健身的目的；应选择已经掌握和简单易行的、锻炼价值较大的动作，明确规定各点的练习次数、规格和要求，应强调动作质量，防止单纯追求运动密度和运动负荷。

以上各种锻炼法，在实际运用中，可以相互补充。无论采用哪种体育锻炼方法，都应从体育锻炼的目的出发。一般人的体育锻炼，应以有氧代谢为主，中等强度为宜。

第二章　大学体育健康管理

第一节　健康管理

一、健康

健康是人类发展史的永恒话题，同时也是极具时代感的概念。随着生产力的不断发展，人们的物质生活不断丰富，人类开始关注自身健康问题。人们对健康的追求标志着社会的进步。公元前5世纪前就有智者说："健康不等于一切，但失去健康就失去了一切。"

（一）健康概念的演变

在生产力水平低下时期，健康的概念还处于早期的神灵医学模式；随着生产力水平的不断提高，人们对健康的认识发展到自然哲学医学模式；到16世纪中期，由于科学技术的不断发展，研究者对于健康概念的研究进入生物医学模式；发展到20世纪中叶，研究者认为人类的健康不应该仅受到医学模式的影响，还受社会文化等其他因素的影响，1948年，世界卫生组织（WHO）提出了健康的新概念："健康不仅是没有疾病或不虚弱，而是身体上、心理上和社会适应的完好状态。"这是健康概念首次将人的生理、心理和社会适应有机结合。这也标志着健康概念进入现代医学模式；随着时代的发展，WHO进一步深化了健康的概念，提出了："健康不仅仅是躯体没有疾病，而且还应具备心理健康、社会适应良好和道德健康，只有具备上述四个方面的良好状态，才是一个完全健康的人。"这也是当今世界公认的最权威的健康的四维健康观。

（二）健康概念的诠释

1. 身体健康

身体健康就是身体结构完好，身体机能正常，可以顺利地从事日常工作，无疾病，无伤残，具有良好的生活习惯，包括生长发育良好、体重适当、动作协调、体质健康，对疾病有较强的抵抗能力。

知识拓展——体重

体重是反映和衡量一个人健康状况的重要标志之一。

1）体重计算方法1

体重/千克=（身高/厘米−100）×（1±10%）（身高低于165厘米）；

体重/千克=（身高/厘米−105）×（1±10%）（身高介于165~175厘米）；

体重/千克=（身高/厘米−110）×（1±10%）（身高高于175厘米）。

体重超过10%为偏重，超过20%为肥胖；低于10%为偏瘦，低于20%为消瘦。

2）体重计算方法2

身体质量指数（BMI）=体重/千克 ÷（身高/米）^{2}

表 2-1　WHO 推荐的国际统一使用的 BMI 肥胖分型标准

BMI 分类	WHO 标准	亚洲标准	中国参考标准	相关疾病发病的危险性
体重过低	<18.5	<18.5	<18.5	低
正常范围	18.5~24.9	18~22.9	18.5~23.9	平均水平
超重	≥ 25.0	≥ 23.0	≥ 24.0	增加
肥胖前期	25.0~29.9	23~24.9	24~26.9	增加
Ⅰ度肥胖	30.0~34.9	25~29.9	27~29.9	中度增加
Ⅱ度肥胖	35.0~39.9	≥ 30.0	≥ 30.0	严重增加
Ⅲ度肥胖	≥ 40.0	≥ 40.0	≥ 40.0	非常严重增加

3)体重计算方法 3

WHO 推荐的计算方法：

男性：标准体重 / 千克 =(身高 / 厘米 −80) × 70%

女性：标准体重 / 千克 =(身高 / 厘米 −70) × 60%

标准体重 ± 10% 为正常体重；标准体重 ± 10%~20% 为偏重或偏瘦；标准体重 ± 20% 为肥胖或消瘦。

2. 心理健康

心理健康指的是可以将个体的潜力最大程度地发挥出来，正确对待和调整自己与他人、与社会环境之间的相互关系。心理健康的最基本条件是无心理疾病。心理健康标准包括 7 个方面：智力正常、情绪健康、意识健全、行为协调、人际关系适应、反应适度、心理特点符合年龄。

大学生心理健康的标准：正确的自我意识、健全的人格、心情轻松愉快、和谐的人际关系、坚强的意志及与社会协调一致。

提高大学生心理健康水平的方法包括：提高适应环境的能力，学会自理；建立新型的良好的人际关系；正确地认识和评价自我；不断取长补短；勇于面对挫折。

3. 社会适应良好

社交，即社会交往或社会适应。社会适应能力是指人为了在社会上更好生存，而进行的心理以及生理上的各种适应性的改变，并对改变做出行动的一种能力。

知识拓展——人际关系

人际关系是指在特定的社会环境中，人与人之间通过交往建立起来的一定的心理关系。

人际交往原则：平等原则、相容原则、互利原则、信用原则、赞扬原则。

在人际关系中，沟通是最关键的一环，是传递情感、态度、事实、信念和想法的过程。因此，沟通是一种双向的交流，是与他人建立良好人际关系的重要途径之一。

4. 道德健康

道德健康是平衡健康的第一要素，健康应“以道德为本”。道德是人类所应当遵守的所有规律的统称。

(三)健康标准

世界卫生组织在2000年提出了衡量一个人是否健康的十大标准。

(1)肌肉丰满,皮肤有弹性。

(2)有充沛的精力,能从容不迫地担负日常生活和繁重工作,而且不感到过分紧张与疲劳。

(3)处事乐观,态度积极,乐于承担责任,事无大小,不挑剔。

(4)善于休息,睡眠好。

(5)应变能力强,能适应外界环境的各种变化。

(6)能够抵抗一般感冒和传染病。

(7)体重适当,身体匀称,站立时,头、肩、臂位置协调。

(8)眼睛明亮,反应敏捷,眼睑不易发炎。

(9)牙齿清洁,无龋齿,不疼痛;牙龈颜色正常,无出血现象。

(10)头发有光泽,无头屑。

(四)影响健康的因素

1. 生物学因素

生物学因素除了包括生物遗传因素外,还包括各器官的功能状态与人的成熟与老化等。

2. 环境因素

环境因素包括自然环境因素和社会环境因素。自然环境是人们赖以生存的各种自然因素的总和;社会环境是在自然环境的基础上,人类通过长期有意识的生产活动加工和改造的物质生产体系,积累的物质文化等所形成的环境体系,是与自然环境相对应的概念。社会环境的构成因素包括政治因素、经济因素、文化因素和心理社会因素。

3. 行为与生活方式因素

不良的生活方式是影响健康的重要因素之一。据统计数据表明,美国排名前十位的死因疾病中,行为和生活方式在致病因素中占比70%;全球60%的致死因素与不良行为与生活方式有关。

健康的生活方式包括合理膳食、规律起居、保证睡眠、劳逸结合、戒烟限酒、适量运动及心理平衡。

4. 卫生服务因素

卫生服务是指卫生机构和专业人员针对健康的需要,防治疾病,促进健康,运用各种资源和手段提供必要服务的过程。

二、健康管理

(一)健康管理的概念

健康管理是对个体和群体的健康情况进行全面的监测、分析和评价,并对其提出意见,进行干预和控制的全过程。

(二)健康管理的理论基础

健康管理的理论基础主要有两个:一是健康和疾病的动态变化及疾病发生、发展过程;

二是危险因素的可干预性。从健康到疾病是一个复杂的过程，通常情况下，患者从最初的病灶开始，逐渐表现出临床症状，最终发展为一种疾病或并发症。发生疾病的过程与遗传、环境、健康状况、个体生活习惯等因素密切相关。然而，人的机体拥有一个复杂的自我调控与修复体系，在疾病发生、发展的过程中，只要采用恰当的干预措施，就能够使疾病得到有效的逆转，因此，在疾病发生之前，对其进行有针对性的预防与干预，能够成功地阻断、延缓乃至逆转疾病的发生与发展，从而达到维持人类健康的目标。

（三）健康管理的目的

健康管理的目标就是要在整个过程中，对人类健康活动中的各类影响因素进行管理，从而使人们能够对自己的健康行为做出积极的调整，从而更好地运用有限的资源来维持人类的健康，并推动人的全面发展。

（四）健康管理的模式

对普通人群、高危人群，应对其进行健康评价与管理，重点是对生活方式的管理，对饮食、运动、心理等方面进行干预和管理；对病人而言，应重视病情的控制，并把就诊与医疗结合起来，在控制生活习惯的基础上，配合临床诊疗，提高身体素质。

我国健康管理相比发达国家起步较晚，目前常见的健康管理模式主要有以下几种。

1. 健康管理与医疗保险相结合模式

健康管理被运用到了医疗保险行业中，通过提供专业化、个性化的健康管理服务，能够对投保人群的健康风险进行控制，对投保人群的健康费用进行预测，并能够满足投保人群的健康服务需求。医疗风险的诊断和治疗能够有效减少医疗机构的赔付率，提高企业的赢利能力。

2. 健康管理与企业相结合模式

企业健康管理是指公司从员工健康状况评估、医疗成本分析与控制、人力资源分析等方面关注和维护企业员工的健康状态，以提升公司的生产效率与效益，增强公司的竞争能力。企业既要考虑到员工的身体健康，又要考虑到生产的利益。各企业开始意识到，不但要重视产品的效益，更要重视员工的身心健康。对企业职工进行健康检查，是对职工进行健康管理的一项重要措施。

3. 健康管理与社区卫生服务相结合模式

以社区为基础，全科医师为骨干，合理利用社区资源和适宜技术，针对全部人群开展卫生服务。该模式具体表现为：识别、控制健康危险因素，实施个体化健康教育；指导医疗需求和医疗服务，辅助临床决策；实现全程健康信息管理等。

（五）健康自我管理

健康自我管理指的是在一系列的健康教育课程或者健康信息的辅助下，人们能够更充分地了解有关健康生活方式的基础知识以及相关的管理技巧，并在此基础上，充分利用社会上的各种资源，在个体的努力之下，纠正自己的不良行为和生活方式，降低健康风险，从而提升自己的身体素质的一种自我管理行为。健康自我管理强调的是充分发挥自己的主观能动性，对自己的身体机能进行监督和管理，以对个人的身心健康发展起到积极作用，同时对组织与社会的和谐发展起到积极作用。

1. 健康自我管理环境和行为

健康自我管理环境是指个体或群体为管理自身机能创造的可实施条件，包括生活、饮食、睡眠、医疗等。环境可对个体决策和行为产生影响，良好的环境可以对个体产生激励作用，满足自身需要，促进行为的改善。

健康自我管理行为是个体积极主动地规划自身活动，并根据表现进行评估，进而控制和调节自身行为的方式。它是健康自我管理活动的外在表现，是健康自我管理的结果。

2. 健康自我管理的架构

健康自我管理架构包括健康评估、健康计划、健康计划监督与反馈、社会支持。

健康评估是指通过多种途径对自我的健康状况做出评估，主要包括自我评估、医疗服务机构评估和社会支持资源的评估。健康评估是健康自我管理的出发点，对个体或群体的健康状态进行准确评估并正确解释评估效果对保证健康自我管理效果具有重要意义。健康评估应该以医疗服务机构为核心。

健康计划包括健康运动的自我管理计划、健康膳食的自我管理计划、健康行为与生活方式的自我管理计划、压力控制管理计划及社会支持资源的自我管理计划。在健康自我管理中，由于个体中群体能力和资源的限制，健康自我管理的目标应以阶段性短期目标为主，计划涉及的项目也应以一个个小的项目为中心。此外，还要充分考虑社会支持资源对健康计划子系统的影响力。

健康计划监督与反馈是保证健康自我管理实效性的关键。许多健康计划监督与反馈主要由社会支持资源构成。健康自我管理的社会支持是指个体与社会各方面，包括亲属、朋友、伙伴等社会人以及家庭、单位、党团、工会等社团组织所产生的精神上和物质上的联系程度。社会支持的范围相当广泛。一般认为社会支持从性质上可以分为两类：一类是客观的、可见的或实际的支持，包括物质上的直接援助和社会网络；另一类是主观体验到的情感上的支持，即个体体验到在社会中被尊重、被支持、被理解和满意的程度，与个体的主观感受密切相关。

3. 健康自我管理的基本技巧

1）做积极的健康自我管理者

实施健康自我管理，先要成为一个积极的自我管理者。而一个积极的健康自我管理者，先要有充足的自信心，只有建立了自信心，个体才会愿意投入更多的精力进行学习和实践，克服悲观、焦虑等不良情绪，即使遇到困难也会坚持下去，在实践中不断提升自身管理技能。

自身管理技能的提升方式有：尝试一步一步完成某一行动；注意学习他人的经验；积极寻求社会支持；及时消除不良情绪，保持积极向上的情绪状态。

2）解决问题的技巧

要解决好健康自我管理中的实际问题，必须明确两点：一是问题不可能一次性就能解决好；二是必须分阶段地以短期能实现的目标为内容，一步一步解决问题。一般认为，解决问题的步骤有以下几步：找出问题；列出解决问题的办法；选择一种方法进行尝试；评价尝试的结果；用另一种方法代替效果不佳的方法，继续尝试；进一步寻求社会支持；接受现实，此问题可能目前无法解决。

3）制订计划的技巧

（1）决定自己要做的事并拟定要达到的目标。

（2）分解目标，寻找可行的方法和途径。

（3）制订短期行动计划。

（4）执行行动计划。

（5）检验执行结果。

（6）进行中期检查。

（7）及时奖励自己。

与医生交流的技巧可以采用 PART 模式，即 P 准备、A 询问、R 复述、T 行动 4 个步骤。

（六）健康社会管理

健康社会管理是指通过专业健康管理服务机构对个人或群体的健康状况、生活方式和居住环境进行评估，为个人或群体提供有针对性的健康指导，并干预实施。健康社会管理的基本内容包括以下 4 个方面。

1. 健康信息的采集与管理

健康信息包括生物遗传因素、行为与生活方式因素、社会环境因素和医疗服务水平等。

2. 健康评估

健康评估有助于早期识别危险因素并进行预防，早期发现疾病并进行控制。可以建立个人健康档案。

3. 健康计划与健康指导

针对被管理者存在的健康问题制订相应的健康计划，积极进行正确的指导，加强健康管理。

4. 健康计划的监督与反馈

在健康计划实施过程中进行监督和评价，及时发现健康管理服务中存在的问题并进行调整，保证计划的顺利进行，从而实现健康目标。

第二节 体育健康促进

一、健康促进

（一）健康促进的概念

1986 年世界卫生组织在加拿大渥太华发表的《渥太华宣言》中首次提出健康促进的概念，认为健康促进是促进人们维护和提高自身健康的过程，是协调人类与环境之间关系的战略规定，是个人与社会对健康各自所负的责任。

健康促进的含义相对更广泛，健康促进是面向整个社会，不断调整不健康的行为，优化生活方式，进而达到改善生活状态的目的。健康促进是多学科知识的综合，是促进健康工作的基础。

（二）健康促进的社会作用

在全球化发展的背景下，人们的价值观、生活方式等均会受到多方影响。在此背景下，健康已经不再是医学单一学科可以解决的问题。因此，健康促进的社会作用就更加重要。

（1）健康促进能保证初级卫生保健的实现。

（2）健康促进是卫生保健事业发展的必然趋势。

（3）健康促进是低投入、高产出的高效益措施。

（4）健康促进是提高健康意识的重要手段。

（三）健康促进的主要内容

1986 年世界卫生组织在加拿大渥太华发表的《渥太华宣言》中明确指出健康促进的主要内容为：

（1）制定健康的公共政策；

（2）创建健康支持性环境；

（3）强化社区行为；

（4）发展个人技能；

（5）调整卫生服务方向。

（四）健康促进与健康教育的关系

健康教育是以健康为中心的全民教育，它需要社会人群自觉参与，通过自身认知态度和价值观念的改变自觉选择有益于健康的行为和生活方式。因此，从原则上讲，健康教育更适合那些有改变自身行为愿望的人群。而健康促进是在组织、政治、经济、法律上提供支持，它对行为改变的作用比较持久并带有一定的约束性。

社区和群众参与是巩固健康发展的基础，而人的健康知识和观念是主动参与的关键。健康教育可激发大众参与的意愿，营造健康促进的氛围。因此，健康教育是健康促进的基础，健康促进若不以健康教育为先导，则是无源之水，无本之木；而健康教育若不向健康促进发展，其作用就会大打折扣。

二、体育健康促进

（一）体育健康促进观

1. 自然科学的体育健康促进观

在自然科学中，从人的生物性角度研究体育运动对健康的促进作用主要体现为运动促进机体健康，健身方法科学化，运动疗法——疾病治疗的新途径。另外，体育运动也会带来一定的健康问题，如健身者的运动安全问题和运动员的健康问题等。

2. 人文社会科学的体育健康促进观

人文社会科学的体育健康促进观是在人文社会科学中从人的社会属性研究体育运动对健康的促进作用。体育作为社会的一个子系统，已经成为一种独立发展的文化形态，融入我们的生活，影响着我们的生活，对社会这个大系统的作用也愈发明显。

（二）体育运动与个体健康促进

1. 适量运动对个体健康的影响

运动时将心率控制在130次/分可以达到最佳效果。活动频率、持续时间和强度等因素构成体育活动量，在运动过程中，多以能量消耗量和运动持续时间来表示。体育活动量不同，带来的健康预期也有所不同。推荐每周保持150分钟以上的中等强度的体育活动。

2. 过度运动对个体健康的影响

过度运动包含两方面的含义：一是运动负荷超过人体的承受能力，机体在精神、能量等方面过度消耗，无法在正常时间内恢复体力；二是指当身体的某些机能发生改变时，如恢复手段无效、营养不良、情绪突变、思想波动，使正常的负荷变成超量负荷，从而使主动运动变成被动应激刺激。过度运动往往出现某些不正常的生理状态、心理症状等。过度运动会使人体内各器官供血供氧失去平衡，导致大脑早衰，扰乱内分泌系统，使免疫机制受损，加速身体各器官的耗损与衰老。

3. 运动缺乏对个体健康的影响

运动缺乏是慢性非传染疾病（指一组与生活方式密切相关的慢性病，如高血压、冠心病、脑卒中、高脂血、肥胖、糖尿病）的一级危险因素。运动缺乏的含义包括久坐，机体缺乏运动应激刺激，不运动或很少运动。如果每周运动不足3次，每次运动时间不足10分钟，运动强度偏低，运动时心率低于110次/分，则为运动缺乏。

运动缺乏将对人体健康产生不利影响。长期缺乏运动，人的新陈代谢功能降低，由此很容易引发各种肌肉关节疾病，如肩周炎、骨质疏松，同时也会导致心肺功能下降等不良身体反应。久坐不动还是痔疮、坐骨神经痛、盆腔瘀血等病症的引发根源。运动缺乏或久坐不动可使人体免疫力下降。运动不足是2型糖尿病发病的独立危险因素。运动缺乏可加速衰老，增加老年人的死亡率，使心肌损伤、中风、糖尿病、心绞痛的发病率明显上升。

第三节　健康行为

一、行为

（一）行为的概念

行为是指具有认知、思维、情感和意志等心理过程的个体对内外环境刺激做出的能动反应。行为既具有极大的个体差异性，又具有一定的同质性。行为由行为主体、行为客体、行为环境、行为手段和行为结果5个基本因素构成。行为主体是人；行为客体是人的行为指向的目标；行为环境则代表主体和客体相互作用和联系的自然或社会环境；行为手段指主体作用于客体时使用的方法或工具等；行为结果是主体预期的行为与实际完成行为之间的相符程度。了解人的行为规律，是为了解释、说明和预测行为，并通过干预改变和影响人的行为。

（二）行为的分类

依据行为的可观察性可以将行为分为显性行为和隐性行为；依据行为的社会属性可分为本能行为和社会行为。

（三）影响行为形成的因素

影响行为形成的因素包括遗传因素、心理因素和环境因素，三者相辅相成，互相影响。

1. 遗传因素

人的行为是受遗传因素影响的，基因的可传递性、稳定性及复杂性使人类的行为代代相传。

2. 心理因素

影响行为形成的心理影响因素有动机、需要、自我效能、态度、信念、个性等。

3. 环境因素

环境包括自然环境和社会环境。自然环境即人类生存的自然条件；而社会环境则指人类所处的社会条件，包括政治、经济、文化、政策、风俗习惯等。例如，我国各地自然环境不同，也就形成了各地独特的生活行为方式、风俗和生活习惯。生活在海边的人喜欢游泳、划船；生活在山林里的人喜欢爬山、远足；生活在草原上的人喜欢骑马、射箭；生活在平原上的人则喜欢徒步、骑车等。

二、健康行为

（一）健康行为的概念

健康行为是指人们为了增强体质、维持与促进身心健康和避免疾病而从事的各种活动。健康相关行为是指人类与健康、疾病相关的行为。按照行为对健康的影响效果，健康行为分为促进健康行为和危害健康行为。

（二）促进健康行为

促进健康行为是指人们为了提高自身健康水平表现出来的一组行为。

常见的促进健康行为包括积极休息、适量睡眠、合理营养、平衡饮食、保持正常体重、欣赏音乐、体育锻炼、戒烟限酒等。

（三）危害健康行为

危害健康行为是指偏离个人、他人或社会健康所期望的方向上所表现出来的一系列相对外显、稳定的行为。

常见的危害健康行为包括成瘾行为、不良的健康行为、久坐不动、药物依赖、不安全性行为。

第四节　体育运动与健康

一、体育锻炼对健康的影响

（一）体育锻炼与身体健康

科学的体育锻炼能促进身体形态的发育，使耐力、敏捷、灵巧等运动素质得到锻炼与提高，同时，身体外围的运动也影响内脏器官的功能水平，能增加神经系统的抗病能力，增强身体的免疫功能，提高机体新陈代谢水平，促进健康，延缓衰老，延年益寿。这对大学生掌握知识，发展智力，培养能力，全面成才无疑具有基础性的作用。

1. 体育锻炼对心肺功能的影响

运动时人体对氧气的需求量大增，这就需要心肺功能的保障。心肺功能既是人体健康水平的标志，也是人体运动能力的重要基础。锻炼对预防心血管系统疾病有良好的作用，不仅能增强心脏功能，还能改善体内物质代谢过程，减少血管壁脂质的沉积，增强血管壁的弹性。

2. 体育锻炼对运动系统的影响

体质与人的运动系统有极强的关联性。合理的体育锻炼能促进骨的血液循环，增加骨的血液，使正处生长发育期的骨组织能够获得更多的发育空间，使骨组织更加坚固。经常参加体育锻炼可以增加肌肉含量，减少肌肉中的脂肪含量，使肌肉内结缔组织增加，肌肉毛细血管增多。同时，体育锻炼还可增强关节的稳定性以及提高关节的灵活性。

3. 体育锻炼对神经系统的影响

大脑、脊髓及与之相连的周围神经组成了神经系统，其作用是使人体不同的器官系统的活动协调配合成为统一的整体，以适应身体的变化。神经系统是人体内主要的系统之一，它控制着人体的各项生命活动。参加体育锻炼可有效提高神经系统的灵活性、准确性、协调性，提高综合能力。经常参加体育锻炼可以促使大脑皮层兴奋度提高，注意力增强。同时，体育锻炼可以有效地缓解用脑过度引起的疲劳。

(二)体育运动与心理健康

1. 改善情绪状态

情绪是人对客观事物态度的体验，良好的情绪是人的精神与身体健康的前提。体育锻炼可以给人带来直接的愉快感和喜悦感，从而调控人的情绪，改善心理健康状况。

2. 提高人的智力

体育锻炼有益于呼吸系统、血液系统和神经系统的交互作用，更有助于大学生的注意力、记忆力等心智能力的提高，使其情绪稳定、疲劳感下降。

3. 培养坚强的意志品质

意志品质是指个人的果断性、自制力及勇敢顽强和主动独立的精神。意志品质是在克服困难的过程当中表现出来的，同时也是在这个过程当中培养起来的。体育锻炼就要不断地克服困难，体育参与者就是在参加体育锻炼的过程中不断地培养坚强的意志品质，同时把这样一种品质运用到日常的学习和工作中去。

4. 形成良好个性

个性是个人在人生道路上、在日常行为模式中表现出来的内心活动和精神面貌。心理学中的个性也称为人格，它包含性格、素质、能力、气质、爱好、兴趣、理想和信念等。体育锻炼的特点是要求机体在生理和心理上承受较大强度的应激刺激，有的还与追求优异成绩的积极意向相联系，能充分调动和发挥人的主观能动性。体育交往能使人与人互相认识、信任、支持，在精神、物质上互相影响，在情感方面互相交融。运动竞赛具有超越世界上任何一种语言和社会制度障碍的特点，它可以把不同社会、不同人群、不同民族的人们聚集在一起，这些对于人格的完善有着不可忽视的影响。

(三)体育锻炼与社会适应

1. 协调人际关系

每个人都要在社会中扮演不同的社会角色。人要在社会中生活就得与人相处，在形形色色的社会交往中表现出不同的社会适应性。在校大学生，在紧张繁忙的学习生活中，必须培养良好的人际交往能力，不断形成健康的人际关系，以适应学习生活和将来的社会工作。体育锻炼能增加人与人接触和交往的机会，置个体于社会群体之中，使人在身体锻炼中享受愉悦，忘却烦恼和痛苦，消除孤独感。经常参加各种各样的群众性体育活动，也完全符合现代交往的基本要求，体育活动正是不同个性的人群改善关系的纽带。

2. 提高人体适应能力

人体适应能力包括人对外界自然环境的适应力，对疾病的抵抗力以及疾病损伤后的修复力。人体适应能力是人的体质的一个重要方面，也是人们维持正常生命活动的一种重要能力。人类既要用科学的头脑去认识大自然、改造大自然，又要以强壮的身体、不屈的意志去适应自然界的变化，这就要求人类进行各种适应性锻炼，而体育锻炼就是其中最重要的锻炼方式。

3. 陶冶良好的道德情操

体育锻炼尽管以强身健体为目标，但仍必须重视其在陶冶道德情操方面所发挥的重要作用，应关注人的个性发展与健康人格的培养等非智力因素，并按照陶冶情操的要求，体验集体活动与个人活动的区别，强调合作精神、友谊关爱、尊重同伴以及表现意志等方面的价值，这样才能协调促进健康与品德修养之间的关系，使体育锻炼对于人的生长发育、个性发展、行为规范和道德修养均能产生良好作用。

4. 提高社会生活质量

现代社会中频繁的人际交往和激烈的社会竞争，给人造成精神压力和社会压力。在漫长的人生道路上，人们总会遇到许多不尽如人意的事情。激烈竞争的环境使人们精神紧张，这就使得许多人不同程度地出现“亚健康”状态，而积极、自觉的体育锻炼，可以调节人的神经过程和个性心理品质，转移人的注意力，改善人的精神和社会生活状态。

二、体育锻炼的原则

(一)自觉性原则

自觉性原则是指运用一定的手段，自愿积极地参加身体锻炼活动。

自觉性原则的具体要求包括：提高国民体育意识，强化体育价值观；明确目的，强化动机；培养兴趣，形成习惯。

(二)经常性原则

经常性原则是指长期不间断，持之以恒地进行体育锻炼。

(三)循序渐进原则

循序渐进原则是指体育锻炼的要求要根据个人的实际情况逐步提高。

循序渐进原则的具体要求包括：逐步养成锻炼习惯；提高运动负荷；不断完善运动内容；加强健康监测，预防运动损伤。

（四）运动负荷适宜原则

运动负荷适宜原则是指要根据锻炼者的实际情况，合理地确定运动负荷。

运动负荷适宜原则的具体要求包括：要认真考虑负荷量和强度的配置；认真测定和分析运动负荷的数据；认真安排休息；避免疲劳过度。

（五）独特性原则

独特性原则是指每个参加体育锻炼的人应该根据自己的实际情况选择锻炼的内容和方法，安排运动负荷。

独特性原则的具体要求包括：注意锻炼者的年龄、性别、职业、健康状况；注意地域和季节特点。

（六）全面性原则

全面性原则是指在参加体育锻炼的过程中，要运用多种方法和手段，使身体各个部位、各个器官的机能，身体素质以及心理品质得到全面均衡的发展。

全面性原则的具体要求包括：合理选择和全面搭配身体练习手段；做好准备活动与拉伸活动；内外结合，形神一致。

第五节　行为的健康指导

一、大学生的健康教育

大学生精力旺盛，又处于长身体、长知识的阶段，良好的生活习惯是确保顺利、成功度过大学阶段的一个重要基础。为了达到身心健康的目的，从一进大学起，大学生就该切实重视这个问题，培养良好的生活习惯。

（一）要合理地安排作息时间，形成良好作息制度

因为有规律的生活能使大脑和神经系统的兴奋和抑制交替进行，天长日久，能在大脑皮层上形成动力定型，这对促进身心健康是非常有利的。大学新生应养成早睡早起的习惯，有的同学习惯在晚上卧谈，天马行空地一谈就是两三个小时，结果第二天上课的时候非常疲惫，根本无心听课。长期如此，不仅影响平时的课业学习，还容易引起失眠，甚至引发神经衰弱症。研究表明，大学生的睡眠时间一般每天不得少于 7 个小时。

（二）要进行适当的体育锻炼和文娱活动

听音乐、跑步、做广播体操、踢足球等都有助于增强体质，提高对疾病的抵抗力，这是一种积极的休息。实践证明：7+1>8。在这里，7+1 表示 7 个小时的学习加上 1 个小时的体育文娱活动，8 表示 8 个小时的连续学习。也就是说，参加体育活动的 7 个小时学习比不参加体育活动的 8 个小时学习效果要好。

（三）要保证合理营养供应，养成良好的饮食习惯

大学生饮食不良现象主要表现在两个方面：一是饮食不规律，很多人早晨起床较晚，来不及吃早饭便去上课，有的索性不吃早饭，有的则在课间饿的时候随便吃些零食。二是暴饮暴食。学生们主要在食堂就餐，但食堂的就餐时间比较固定，常有学生由于学习或其他原因

错过了开饭时间,于是就吃点饼干、方便面来对付一下,等下一顿吃饭时再吃双份。营养学家们的研究证明:早餐时要吃饱、吃好,这对维持血糖水平是很有必要的。

(四)要改正或防止吸烟、酗酒、沉迷电子游戏等不良生活习惯

健康生活方式是指有益于健康的习惯化的行为方式。它主要包括合理膳食、适量运动、戒烟限酒、心理平衡四个方面;主要表现为生活有规律,没有不良嗜好,讲求个人卫生、环境卫生、饮食卫生,讲科学、不迷信,平时注意保健、生病及时就医,积极参加健康有益的文体活动和社会活动等。

二、教育部颁布的《高等学校学生行为准则》

(1)志存高远,坚定信念。努力学习马克思列宁主义、毛泽东思想、邓小平理论和"三个代表"重要思想,面向世界,了解国情,确立在中国共产党领导下走社会主义道路、实现中华民族伟大复兴的共同理想和坚定信念,努力成为有理想、有道德、有文化、有纪律的社会主义新人。

(2)热爱祖国,服务人民。弘扬民族精神,维护国家利益和民族团结。不参与违反四项基本原则、影响国家统一和社会稳定的活动。培养同人民群众的深厚感情,正确处理国家、集体和个人三者利益关系,增强社会责任感,甘愿为祖国为人民奉献。

(3)勤奋学习,自强不息。追求真理,崇尚科学;刻苦钻研,严谨求实;积极实践,勇于创新;珍惜时间,学业有成。

(4)遵纪守法,弘扬正气。遵守宪法、法律法规,遵守校纪校规;正确行使权利,依法履行义务;敬廉崇洁,公道正派;敢于并善于同各种违法违纪行为作斗争。

(5)诚实守信,严于律己。履约践诺,知行统一;遵从学术规范,恪守学术道德,不作弊,不剽窃;自尊自爱,自省自律;文明使用互联网;自觉抵制黄、赌、毒等不良诱惑。

(6)明礼修身,团结友爱。弘扬传统美德,遵守社会公德,男女交往文明;关心集体,爱护公物,热心公益;尊敬师长,友爱同学,团结合作;仪表整洁,待人礼貌;豁达宽容,积极向上。

(7)勤俭节约,艰苦奋斗。热爱劳动,珍惜他人和社会劳动成果;生活俭朴,杜绝浪费;不追求超越自身和家庭实际的物质享受。

(8)强健体魄,热爱生活。积极参加文体活动,提高身体素质,保持心理健康;磨砺意志,不怕挫折,提高适应能力;增强安全意识,防止意外事故;关爱自然,爱护环境,珍惜资源。

第六节　运动损伤与运动处方

一、常见的运动损伤

运动时常发生运动损伤,常见的运动损伤一般分为软组织损伤、关节及韧带损伤、关节脱位、脑震荡和骨折,具体处理方式如下。

(一)软组织损伤

这类损伤可分为开放性损伤和闭合性损伤两类,前者有擦伤、撕裂伤等,后者有挫伤、肌肉拉伤等。

1. 擦伤

擦伤一般由运动时皮肤受摩擦所致，如跑步时摔倒，体操运动时身体摩擦器械受伤，擦伤后有皮肤出血或组织液渗出等，小面积擦伤用红药水涂抹伤口即可，大面积擦伤可先用生理盐水洗净，后涂抹红药水，再用消毒布覆盖，最后用纱布包扎。

2. 撕裂伤

在剧烈运动或遭到突然的强烈撞击时，造成肌肉撕裂，轻度开放伤用红药水涂抹伤口，裂口大时则须止血和缝合伤口，必要时要注射破伤风抗毒素，预防破伤风，若肌腱断裂则须手术缝合。

3. 挫伤

因撞击器械或因相互碰撞而造成挫伤，在 24 小时内冷敷或加压包扎，抬高患肢，24 小时后可按摩或理疗，进入恢复期后可进行功能性锻炼。如果怀疑内脏损伤，则在做临时性处理后，应立即将伤者送往医院进行检查和治疗。

4. 肌肉拉伤

通常在外力直接或间接作用下，肌肉过度主动收缩或被动拉长而引起肌肉拉伤。轻者可即刻冷敷，局部加压包扎，抬高患肢，24 小时后可进行按摩或理疗。如果肌肉已大部分或完全断裂，伤者疼痛明显，则在加压包扎后，立即将其送往医院。

（二）关节及韧带损伤

1. 肩关节扭伤

一般因肩关节用力过猛以及反复劳损所致，也有的是因为动作错误，违反解剖学原理而造成损伤，如投掷、排球的扣球等。单纯韧带扭伤可采用冷敷、加压包扎，24 小时后采用理疗、按摩、针灸治疗，出现韧带断裂时，应立即将伤者送往医院进行缝合和固定处理。当肩关节肿胀和疼痛减轻后，伤者可适当进行功能性锻炼，但不宜过早活动。

2. 髌骨劳损

髌骨劳损是膝关节长期负担过重或反复损伤累积而成的。直接外力撞击如篮球滑步急停、跳高和跳远时踏跳不合理或摔倒受击，也可导致这种损伤，这种损伤可以采用中药外敷、针灸、按摩等方式进行治疗。

3. 踝关节损伤

运动中跳起落地时身体失去平衡，使踝关节过度内翻或外翻致伤。受伤后，应立即冷敷，用绷带固定包扎，并抬高患肢，24 小时后，根据伤情采取综合治疗，如外敷药物、理疗、按摩等，必要时进行封闭治疗。待病情好转后进行功能性练习，对伤情严重者可用石膏固定受伤部位。

4. 急性腰伤

运动时，身体重心不稳或肌肉收缩不协调易引起腰部扭伤。腰部急性扭伤后，需要平卧，一般不应立即移动。如果疼痛剧烈，则须用担架将伤者抬送医院诊治，处理后，伤者应卧硬板床或腰后垫一枕头，使肌肉和韧带处于放松状态。

（三）关节脱位

关节脱位是因受外力作用，关节面失去正常的连接关系，又称脱臼，患肢需要用长度和宽度相称的夹板固定，随后将伤者及时送医院治疗。

（四）脑震荡

在体育锻炼时，头部撞击硬物，或从高处跌下时头部撞地，都可造成脑震荡。应立即让患者平卧，头部冷敷，若呼吸发生障碍，应立即进行人工呼吸。若出现反复昏迷或耳、鼻、口出血，两瞳孔放大，又不对称，则表明病情严重，应立即护送患者去医院治疗。在运送途中，要让患者平卧，头部固定，避免颠簸。

（五）骨折

运动中，身体某部位受到直接或间接的暴力撞击，易造成骨折。若骨折后出现休克，应由专业人士先进行紧急处理，如点按人中，并进行人工呼吸或胸外心脏按压。若伴有伤口出血，应实施止血和包扎。骨折后暂勿移动患肢，应用夹板或其他代用品固定患肢，及时护送患者去医院进行检查和治疗。

二、运动处方

运动处方是由康复医师、康复治疗师或者体育教师、社会体育指导员、私人健身教练等，根据患者或者体育健身者的年龄、性别、一般医学检查、康复医学检查、运动试验、身体素质、体适能测试等结果，按其年龄、性别、健康状况、身体素质以及心血管、运动器官的功能状况，结合主客观条件，用处方的形式制定适合患者或者体育健身者的运动内容、运动强度、运动时间及频率，并指出运动中的注意事项，以达到科学地、有计划地进行康复治疗或预防健身的目的。

三、运动处方的应用

运动处方应用于大学生体育锻炼，短期目标是提高大学生的身体素质及运动能力，改善大学生的身体状况，增强大学生体质。长期目标是帮助大学生掌握某一方面的体育理论知识和某项运动的运动方法，形成正确的自主体育意识，使大学生自己能够制定正确的运动方案，养成良好的体育锻炼习惯，最终形成终身体育意识和能力。

从学生的层面来说，运动处方在大学生课外体育锻炼中的应用有助于学生课外体育锻炼活动的科学、有效开展。这是因为：由于受自身认知水平和体育运动知识储备等客观因素的限制，很多高校学生在开展课外体育锻炼活动时，都存在盲目跟风，运动项目选择不合理，运动强度、运动频率和运动负荷的安排不科学等一系列问题。例如：有些学生容易受到“从众效应”的影响，看到哪些体育运动项目参与的人比较多，哪些体育运动项目比较流行，或者是比较热闹、有趣，就盲目地参与进去，却很少考虑该运动是否符合自身的实际情况和实际需求。在锻炼的过程中也经常“心血来潮”，高兴起来就猛锻炼、多锻炼，情绪不好时就直接停止锻炼，停止锻炼时间的长短也随着自己的心情来，短则三五天长则三五个月。然而体质健康水平的提升是一个长期的、系统的、循序渐进的过程，以上过于盲目、随意的课外体育锻炼活动不但存在安全隐患，容易引发运动损伤事故，并且很难取得理想的效果。

第七节　大学生体质健康

一、大学生体质的现状

2021 年 9 月 3 日，教育部召开新闻发布会发布第八次全国学生体质与健康调研结果。从调研结果来看，我国学生体质与健康出现好转，但是问题依然严峻，青少年的近视、肥胖，大学生体质下滑等问题，仍然没有得到有效遏制。

在身体柔韧性、力量、速度和耐力等方面，中小学生出现了好转，但是大学生仍然没有出现好转。

针对备受关注的近视防控问题，调研结果显示，青少年视力不良问题依然严峻。2018 年，八部门联合印发了关于防控青少年近视的文件，经过 2019 年的努力，全国青少年学生总体近视率比 2018 年下降了 3.4 个百分点，取得了非常显著的效果。2020 年，由于受到新冠肺炎疫情的影响，青少年的近视率又上升了 2.5 个百分点。

教育部体育卫生与艺术教育司一级巡视员郝风林在新闻发布会上介绍，我国农村学生生长发育水平全面提高，健康状况明显改善，身高、体重、胸围、肺活量等指标都增长明显，缩小了与同龄城市学生之间的差异。比方说，7 岁农村男生的身高仅比城市男生低 1.23 厘米，7 岁农村女生的身高仅比城市女生低 0.46 厘米。农村男生、女生的肺活量仅比城市男生、女生低 38 毫升，几乎持平。

二、影响大学生体质的因素

影响大学生体质健康的因素有很多，它们主要和不良的生活方式有很大关系。根据目前的现状，主要因素包括以下几点。

（一）吸烟

吸烟最大的危害就是使患者的肺功能受到损害，长期吸烟就会引发肺气肿甚至是肺癌，也会损害心脏，引起心脑血管疾病。

另外吸烟的人患上口腔癌、咽喉癌以及食道癌等恶性肿瘤的概率大大地增加，吸烟还会影响神经功能，使嗅觉、味觉以及生殖功能等发生变化。

长期吸烟的人群衰老的速度也会加快，牙齿以及骨骼等会出现变形、变脆甚至是骨折的情况。

吸烟的危害还有很多。另外，长期吸二手烟的人群也会受到很多的危害，所以尽量不要跟吸烟的人同处一室。

（二）饮酒

学生喝酒的危害主要体现在酒精对机体的危害上。由于学生还处于生长发育阶段，因此喝酒可能影响学生的大脑功能、肝脏代谢、胃肠消化等情况。

1. 大脑功能

酒中的酒精可能会影响甚至破坏大脑神经，以及破坏神经递质传递的作用功效，容易导致记忆力下降、焦虑、抑郁等神经相关性疾病。

2. 肝脏代谢

酒精一般在肝脏中代谢,饮酒可能导致其肝脏负担加重,长期或大量饮酒还可能会导致酒精性肝炎甚至肝硬化等病变发生。

3. 胃肠消化

酒精可刺激胃黏膜,导致腹胀、腹痛、恶心、呕吐等不适症状出现;还可能影响机体的消化、吸收功能,进而可能导致营养不良,从而影响学生的生长发育。

4. 其他

少部分学生可能会对酒精过敏,饮酒后易出现皮疹、瘙痒,甚至支气管痉挛、过敏性休克等过敏反应。酒中的酒精对心血管壁有刺激作用,容易导致心悸、胸闷,甚至冠心病、心肌梗塞等病症出现。部分学生饮酒还可能会因多巴胺系统受到酒精刺激,出现对酒精上瘾的情况等。

(三)焦虑

大学生焦虑症的影响包括学习成绩下降、睡眠障碍、身体机能危害等。

1. 学习成绩下降

焦虑症是指患者在没有任何器质性病变的前提下,出现焦虑、恐慌等情绪,而且会在较短时间内达到高峰期。由于大学生长时间处于焦虑和恐慌的情绪当中,可能会导致其上课时容易走神或者无法专心听课,从而影响学习成绩。

2. 睡眠障碍

大学生出现焦虑症易导致其情绪长时间处于恐惧、焦虑的状态当中,使大脑持续处于兴奋的状态,进而影响睡眠,容易早醒或者不容易入睡。

3. 身体机能危害

大学生焦虑症还可能会造成自主神经功能紊乱或者躯体不适症状,这些都会影响患者的身体健康,表现为多汗、心率增快、肌腱反射活跃、肌肉紧张等。

(四)滥用药物

滥用药物是指长期过量使用具有依赖性的药物,包括麻醉药物、精神药物、挥发性有机溶剂等。常见危害包括急性中毒、人格改变、营养障碍、记忆及智能障碍等。建议遵医嘱按剂量、按疗程用药,不要盲目用药或长期用药,以保证用药安全。

1. 急性中毒

急性中毒为常见并且损伤较大的危害,有致死的可能。镇静安眠药物急性中毒,可能导致青少年出现意识障碍、躁狂,滥用致幻剂可出现攻击行为,而饮酒过量严重时可能引起呼吸衰竭致死。

2. 人格改变

心理依赖性是各种药物滥用的共同特性,青少年对药物的强烈渴求,会导致其不择手段地获取药物,使其人格发生改变。

3. 营养障碍

服药后的快感会导致青少年对食欲、睡眠等基本生理需求降低,影响青少年的饮食和生活，导致营养不良、发育减缓、代谢障碍等。

4. 记忆及智能障碍

大麻、苯丙胺和致幻剂等多种致依赖性物质，都可引起认知功能障碍，导致青少年出现记忆减退、定向障碍等。

5. 戒断综合征

某些药物一旦成瘾，强行戒断会导致全身不适等躯体和精神症状。

6. 社会功能损害

青少年由于性格的改变，常出现违法乱纪行为，还可能破坏家庭，给本人和社会造成极大危害。

（五）不良作息

大学生熬夜的危害较大。大学生正处于身体发育阶段，学习压力大，有熬夜学习的习惯，不但影响学习效率，还可能使大脑得不到休息和放松，影响脑供血、用眼疲劳、影响身体生长发育、影响身体素质等。大学生应避免熬夜，保证充足的休息。

1. 脑供血不足

熬夜、睡眠不足会使大脑过度疲惫，得不到正常的休息和放松，可能导致脑供血不足，使第二天的精力受到影响，出现乏力、头昏脑涨、大脑反应慢等症状，长期熬夜可能影响记忆力，进而影响学习效率。

2. 用眼疲劳

大学生熬夜学习长时间地盯着书本，可导致用眼疲劳。长期熬夜使眼睛得不到休息，可能引起近视等眼睛方面问题，出现眼睛酸涩发胀等不适症状。

3. 影响成长发育

熬夜可能使身体各方面机能下降，影响大脑分泌生长激素，从而导致身体、骨骼发育受到影响。

4. 体质下降

正常人需要 7~8 小时的睡眠时间。学生熬夜太晚，不能满足正常休息时间，可能导致心脑血管供血受到影响，脾胃功能及内分泌系统也可能受到一定影响，长此以往可能使身体处于亚健康状态，免疫力会相应下降。

5. 其他

长期熬夜，机体得不到有效的休息，机体细胞不能得到充足的营养，皮肤可能受累，出现皮肤粗糙、暗沉等表现。

学生熬夜危害较大，不建议熬夜学习。保持正常的规律作息，保证充足睡眠，保持身体健康，也会使学习效率提高，事半功倍。

（六）运动不足

长期运动不足会导致以下不良后果：

（1）心脏功能减弱，长期不运动，机体对心脏的工作要求降低，逐渐导致心肌无力、心率增快；

（2）血管弹性降低，易患高血压、冠心病；

（3）胃肠蠕动减慢，影响消化吸收功能；

（4）人体吸收的能量，由于消耗少，可转化成脂肪，引起肥胖；

（5）免疫力低，易患病；

（6）浑身无力，易疲劳；

（7）血液循环差，肌肤无光泽。

三、大学生体质健康标准

《国家学生体质健康标准》评分细则（大学生组）如下。

（一）单项指标与权重

单项指标与权重如表 2-2 所示。

表 2-2 单项指标与权重表

单项指标	权重（%）
身体质量指数（BMI）	15
肺活量	15
50 米跑	20
坐位体前屈	10
立定跳远	10
引体向上（男）/1 分钟仰卧起坐（女）	10
1 000 米跑（男）/800 米跑（女）	20

注：身体质量指数（BMI）=（体重 / 千克）/（身高 / 米）^{2}

（二）评分标准

1. 单项指标评分标准

各单项评分标准如表 2-3~2-9 所示。

表 2-3 身高质量指数评分标准

等级	单项得分（分）	男生评分标准（千克 / 米 ^{2}）	女生评分标准（千克 / 米 ^{2}）
正常	100	17.9~23.9	17.2~23.9
低体重	80	≤ 17.8	≤ 17.1
超重		24.0~27.9	24.0~27.9
肥胖	60	≥ 28.0	≥ 28.0

表 2-4　肺活量单项评分标准

等级	单项得分（分）	男生评分标准（毫升）		女生评分标准（毫升）	
		大一 / 大二	大三 / 大四	大一 / 大二	大三 / 大四
优秀	100	5 040	5 140	3 400	3 450
	95	4 920	5 020	3 350	3 400
	90	4 800	4 900	3 300	3 350
良好	85	4 550	4 650	3 150	3 200
	80	4 300	4 400	3 000	3 050
及格	78	4 180	4 280	2 900	2 950
	76	4 060	4 160	2 800	2 850
	74	3 940	4 040	2 700	2 750
	72	3 820	3 920	2 600	2 650
	70	3 700	3 800	2 500	2 550
	68	3 580	3 680	2 400	2 450
	66	3 460	3 560	2 300	2 350
	64	3 340	3 440	2 200	2 250
	62	3 220	3 320	2 100	2 150
	60	3 100	3 200	2 000	2 050
不及格	50	2 940	3 030	1 960	2 010
	40	2 780	2 860	1 920	1 970
	30	2 620	2 690	1 880	1 930
	20	2 460	2 520	1 840	1 890
	10	2 300	2 350	1 800	1 850

表 2-5　50 米跑单项评分标准（单位:秒）

等级	单项得分（分）	男生评分标准（秒）		女生评分标准（秒）	
		大一 / 大二	大三 / 大四	大一 / 大二	大三 / 大四
优秀	100	6.7	6.6	7.5	7.4
	95	6.8	6.7	7.6	7.5
	90	6.9	6.8	7.7	7.6
良好	85	7.0	6.9	8.0	7.9
	80	7.1	7.0	8.3	8.2

续表

等级	单项得分（分）	男生评分标准（秒）		女生评分标准（秒）	
		大一 / 大二	大三 / 大四	大一 / 大二	大三 / 大四
及格	78	7.3	7.2	8.5	8.4
	76	7.5	7.4	8.7	8.6
	74	7.7	7.6	8.9	8.8
	72	7.9	7.8	9.1	9.0
	70	8.1	8.0	9.3	9.2
	68	8.3	8.2	9.5	9.4
	66	8.5	8.4	9.7	9.6
	64	8.7	8.6	9.9	9.8
	62	8.9	8.8	10.1	10.0
	60	9.1	9.0	10.3	10.2
不及格	50	9.3	9.2	10.5	10.4
	40	9.5	9.4	10.7	10.6
	30	9.7	9.6	10.9	10.8
	20	9.9	9.8	11.1	11.0
	10	10.1	10.0	11.3	11.2

表 2-6　坐位体前屈单项评分标准

等级	单项得分（分）	男生评分标准（厘米）		女生评分标准（厘米）	
		大一 / 大二	大三 / 大四	大一 / 大二	大三 / 大四
优秀	100	24.9	25.1	25.8	26.3
	95	23.1	23.3	24.0	24.4
	90	21.3	21.5	22.2	22.4
良好	85	19.5	19.9	20.6	21.0
	80	17.7	18.2	19.0	19.5
及格	78	16.3	16.8	17.7	18.2
	76	14.9	15.4	16.4	16.9
	74	13.5	14.0	15.1	15.6
	72	12.1	12.6	13.8	14.3
	70	10.7	11.2	12.5	13.0
	68	9.3	9.8	11.2	11.7
	66	7.9	8.4	9.9	10.4
	64	6.5	7.0	8.6	9.1
	62	5.1	5.6	7.3	7.8
	60	3.7	4.2	6.0	6.5

续表

等级	单项得分（分）	男生评分标准(厘米)		女生评分标准(厘米)	
		大一/大二	大三/大四	大一/大二	大三/大四
不及格	50	2.7	3.2	5.2	5.7
	40	1.7	2.2	4.4	4.9
	30	0.7	1.2	3.6	4.1
	20	-0.3	0.2	2.8	3.3
	10	-1.3	-0.8	2.0	2.5

表 2-7　立定跳远单项评分标准(单位:厘米)

等级	单项得分（分）	男生评分标准(厘米)		女生评分标准(厘米)	
		大一/大二	大三/大四	大一/大二	大三/大四
优秀	100	273	275	207	208
	95	268	270	201	202
	90	263	265	195	196
良好	85	256	258	188	189
	80	248	250	181	182
及格	78	244	246	178	179
	76	240	242	175	176
	74	236	238	172	173
	72	232	234	169	170
	70	228	230	166	167
	68	224	226	163	164
	66	220	222	160	161
	64	216	218	157	158
	62	212	214	154	155
	60	208	210	151	152
不及格	50	203	205	146	147
	40	198	200	141	142
	30	193	195	136	137
	20	188	190	131	132
	10	183	185	126	127

表 2-8 男生引体向上、女生 1 分钟仰卧起坐单项评分标准

等级	单项得分（分）	男生引体向上评分标准（次）		女生 1 分钟仰卧起坐评分标准（次）	
		大一 / 大二	大三 / 大四	大一 / 大二	大三 / 大四
优秀	100	19	20	56	57
	95	18	19	54	55
	90	17	18	52	53
良好	85	16	17	49	50
	80	15	16	46	47
及格	78	—	—	44	45
	76	14	15	42	43
	74	—	—	40	41
	72	13	14	38	39
	70	—	—	36	37
	68	12	13	34	35
	66	—	—	32	33
	64	11	12	30	31
	62	—	—	28	29
	60	10	11	26	27
不及格	50	9	10	24	25
	40	8	9	22	23
	30	7	8	20	21
	20	6	7	18	19
	10	5	6	16	17

表 2-9 耐力跑（男生 1000 米、女生 800 米）单项评分标准（单位：分、秒）

等级	单项得分（分）	男生 1000 米评分标准		女生 800 米评分标准	
		大一 / 大二	大三 / 大四	大一 / 大二	大三 / 大四
优秀	100	3 分 17 秒	3 分 15 秒	3 分 18 秒	3 分 16 秒
	95	3 分 22 秒	3 分 20 秒	3 分 24 秒	3 分 22 秒
	90	3 分 27 秒	3 分 25 秒	3 分 30 秒	3 分 28 秒
良好	85	3 分 34 秒	3 分 32 秒	3 分 37 秒	3 分 35 秒
	80	3 分 42 秒	3 分 40 秒	3 分 44 秒	3 分 42 秒

续表

等级	单项得分（分）	男生 1000 米评分标准		女生 800 米评分标准	
		大一 / 大二	大三 / 大四	大一 / 大二	大三 / 大四
及格	78	3 分 47 秒	3 分 45 秒	3 分 49 秒	3 分 47 秒
	76	3 分 52 秒	3 分 50 秒	3 分 54 秒	3 分 52 秒
	74	3 分 57 秒	3 分 55 秒	3 分 59 秒	3 分 57 秒
	72	4 分 02 秒	4 分 0 秒	4 分 04 秒	4 分 02 秒
	70	4 分 07 秒	4 分 05 秒	4 分 09 秒	4 分 07 秒
	68	4 分 12 秒	4 分 10 秒	4 分 14 秒	4 分 12 秒
	66	4 分 17 秒	4 分 15 秒	4 分 19 秒	4 分 17 秒
	64	4 分 22 秒	4 分 20 秒	4 分 24 秒	4 分 22 秒
	62	4 分 27 秒	4 分 25 秒	4 分 29 秒	4 分 27 秒
	60	4 分 32 秒	4 分 30 秒	4 分 34 秒	4 分 32 秒
不及格	50	4 分 52 秒	4 分 50 秒	4 分 44 秒	4 分 42 秒
	40	5 分 12 秒	5 分 10 秒	4 分 54 秒	4 分 52 秒
	30	5 分 32 秒	5 分 30 秒	5 分 04 秒	5 分 02 秒
	20	5 分 52 秒	5 分 50 秒	5 分 14 秒	5 分 12 秒
	10	6 分 12 秒	6 分 10 秒	5 分 24 秒	5 分 22 秒

2. 加分指标评分标准

加分指标评分标准如表 2-10、表 2-11 所示。

表 2-10　男生引体向上、女生 1 分钟仰卧起坐评分标准

加分（分）	男生引体向上评分（次）		女生 1 分钟仰卧起坐评分（次）	
	大一 / 大二	大三 / 大四	大一 / 大二	大三 / 大四
10	10	10	13	13
9	9	9	12	12
8	8	8	11	11
7	7	7	10	10
6	6	6	9	9
5	5	5	8	8
4	4	4	7	7
3	3	3	6	6
2	2	2	4	4
1	1	1	2	2

注：引体向上、1 分钟仰卧起坐均为高优指标，学生成绩超过单项评分 100 分后，以超过的次数所对应的分数进行加分。

表 2-11 男生 1000 米、女生 800 米跑评分标准

加分	男生 1000 米评分标准		女生 800 米评分标准	
	大一 / 大二	大三 / 大四	大一 / 大二	大三 / 大四
10	-35 秒	-35 秒	-50 秒	-50 秒
9	-32 秒	-32 秒	-45 秒	-45 秒
8	-29 秒	-29 秒	-40 秒	-40 秒
7	-26 秒	-26 秒	-35 秒	-35 秒
6	-23 秒	-23 秒	-30 秒	-30 秒
5	-20 秒	-20 秒	-25 秒	-25 秒
4	-16 秒	-16 秒	-20 秒	-20 秒
3	-12 秒	-12 秒	-15 秒	-15 秒
2	-8 秒	-8 秒	-10 秒	-10 秒
1	-4 秒	-4 秒	-5 秒	-5 秒

注:男生 1000 米跑、女生 800 米跑均为低优指标,学生成绩低于单项评分 100 分后,以减少的秒数所对应的分数进行加分。

第三章　田径运动

第一节　田径运动概述

一、田径运动的起源与发展

远在上古时代，人们为了在大自然中生存和获得生活资源，在与大自然及野兽的斗争中，经常出没于崇山峻岭、平原沼泽，跨障碍，越溪流，使用石块、木棒等工具捕猎；在日常生活劳作中，这些运动能力成了人类的劳动技能和原始战争的手段，为了种族的繁衍和社会的进步，他们必须把这些技能一代一代地传授下去，出现了以掌握这些技能的教育和发展身体技能的锻炼为目的的专门的走、跑、投练习，并在一些活动中出现了展示这些能力的表演和比赛。原始社会→延续生命→渔猎活动→生存技能→技能传授→教育活动→劳作之余的娱乐竞赛→田径运动，这就是田径运动产生的过程。

田径运动是经外国传教士于 20 世纪初带进中国的，当时只在教会创办的学校之间开展，后来逐渐扩展到全国的各级国立、私立学校。

中华人民共和国成立后，田径运动得到迅速普及，技术水平得到迅速提高。从 1953 年起，几乎每年都举行规模较大的全国性的田径运动会，在群众性体育运动广泛开展的基础上，我国田径技术水平和成绩与国际间的差距逐步缩小。1957 年，跳高运动员郑凤荣以 1.77 米打破了当时的世界纪录。20 世纪 60 年代有 10 个项目，进入了世界前 10 名。1983 年，在上海举行的第五届全运会上朱建华以 2.38 米打破了他自己保持的 2.37 米的世界纪录。同年，徐永久以 43′ 13″ 4 的成绩打破女子竞走世界纪录，成为我国第一个在世界比赛中获得冠军的田径运动员。20 世纪 90 年代是中国女子中长跑最辉煌的时期，马家军创造了一批女子中长跑世界纪录，王军霞还赢得了“东方神鹿”的称号。2004 年 8 月 27 日，雅典奥运会男子 110 米栏决赛中，刘翔以 12 秒 91 的成绩打破了奥运会纪录，成为中国田径项目上的第一个男子奥运冠军，创造了中国人在男子 110 米栏项目上的神话。2021 年，在东京奥运会男子 100 米半决赛中，苏炳添以 9.83 秒的成绩刷新亚洲纪录。2022 年，在世界田径锦标赛男子跳远决赛中，中国选手王嘉男以 8.36 米的成绩创纪录地勇夺金牌，这是中国取得的第一枚世锦赛跳远金牌。张竣在东亚运动会上创造出 20.41 米的中国男子铅球世界纪录，我国田径运动水平有了显著的提升。但是我国的田径成绩同世界田径水平相比仍有明显差距，把我国建设成为世界体育强国，提高田径运动水平的任务十分艰巨，这也是我们今后奋斗的目标。

二、田径运动相关知识

（一）田径运动的概念

田径运动由走、跑、跳、投等身体练习和竞技项目组成，以时间计量成绩的称为径赛，以高度和远度计量成绩的称为田赛，田赛和径赛合称为田径运动。

（二）田径运动的双重属性

田径运动竞技与健身的双重性决定了田径竞技运动和田径健身运动有不同的目标。以“跑得更快，跳得更高更远，投得更远”为目标的田径竞技运动，是在不断完善运动技术、最大限度地发展专项素质、挑战人体运动的极限中发展。而以健身为目标的田径运动，是在合理、适度、持之以恒地进行田径健身锻炼，保持和发展人的基本运动能力，从而达到增强体质、促进健康的目的。对大多数人而言，参加田径运动的主要目的是健身。

无论是田径竞技运动，还是田径健身运动，都具有竞技与健身的双重属性，但两者各有侧重（表 3-1）。田径竞技运动的健身性表现在运动训练过程对人的身体素质和运动技能发展的积极作用，而田径健身运动的竞技性则表现在练习者自身或练习者与同伴之间的基本运动能力的比较，了解两种属性，可以更好地理解田径健身运动的概念，推动田径健身运动在学校体育中的开展，发挥田径健身运动的基础功能和作用。

表 3-1 田径运动两种属性的比较

健身运动属性	竞技运动属性
①面向全体学生和练习者	① 面向少数具有田径运动天赋的运动员
② 掌握基本技术，选择健身性运动负荷，达到最佳健身锻炼效果	② 掌握完善的特定技术，进行大运动量训练，达到向运动极限冲击的目的
③ 以健身基础理论为指导，科学健身	③ 以专业训练理论为指导，科学训练
④ 有丰富的练习内容、形式和方法	④ 有规定的比赛项目、规则和要求
⑤ 对运动场地、器材没有严格规定	⑤ 对运动场地、器材有严格规定
⑥ 全面发展基础运动能力	⑥ 提高专项运动技术水平

（三）田径运动的功能

1. 健身功能

田径是体育运动中开展最早的项目。它具有广泛的群众基础，无论是哪个年龄阶段，身处哪座城市、哪个乡村，无论有无专业的场地、器材，人们都可以锻炼，因此田径运动易于在群众中广泛开展。田径又是人们增进健康、增强体质、延年益寿的重要手段。经常参加田径锻炼，不仅能提高人体走、跑、跳、投等基本能力和基本运动技能水平，促进青少年健康成长，还能有效地增进人体心血管系统和呼吸系统机能，发展速度、力量、耐力、灵敏和柔韧等身体素质，提高神经系统兴奋性和身体的免疫力。

2. 竞技功能

竞技体育是社会文化不可缺少的组成部分，每年在国际和国内举行的田径运动竞赛有很多，除原有的世界田径锦标赛、世界杯赛，又增加了大奖赛和黄金联赛等多种比赛。在奥运会等大型综合性体育运动会上，田径项目奖牌数最多、影响最大，故有“得田径者得天下”之说，田径竞技运动的功能很多，如促进田径运动的普及和开展、加强国内和国际的交往、提高国家威望、振奋民族精神等。原奥林匹克“更快、更高、更强”的口号就源自田径运动。

3. 基础功能

田径运动基础功能包括三个方面。第一,人类进入发达社会以后,生产力高度发展,人类虽然已从原始社会依靠走、跑、跳、投获取生活资料和延续生命中解脱出来,但是人类仍然需要依靠走、跑、跳、投等基本运动技能去提高自身的生活、生存和生命质量。第二,很多体育运动项目都离不开走、跑、跳、投等动作,因此田径运动成为很多运动项目的基础。第三,田径运动能有效和全面地发展人的各种身体素质,因此很多竞技项目都把田径运动的训练方法作为身体训练的重要手段,田径运动也因此被称为"体育运动之母"。

4. 教育功能

在田径运动项目教学、训练和竞赛中,参加者在技术学习中不仅要提高心智,还要承受一定的生理、心理负荷,同时必须遵守一定的规则和要求,田径运动是在严密的组织下,按照严格的规则和技术要求,经过无数次艰苦、枯燥的重复训练而获得成功体验的运动项目,有利于良好的思维、心理、品行、习惯的养成。

5. 审美功能

参与田径运动可以锻炼身体,陶冶身心;观看高水平田径比赛,能够满足人们的审美需要,获得精神享受。田径运动在走、跑、跳、投等技术中表现出的人类对控制身体和驾驭器械的精湛技艺和能力,淋漓尽致地展现了田径项目更高、更快、更强的独特之美。

6. 回归自然功能

走、跑、跳、投是人类在与自然环境斗争中产生的技能,也是人类改造自然环境的重要手段。在现代社会中,随着城市人口的激增,环境污染日益严重,人们渴望回归自然。人们已经把户外运动、定向越野等内容划归到田径运动中。所以,利用自然、贴近自然、回归自然,在自然环境中积极开展学生田径运动以提高他们的生存能力和基本体能。

(四)田径健身运动自身的特点

第一,田径健身运动是以个人为单位进行的走、跑、跳跃、投掷等练习,可以是个人的锻炼,如晨练长跑,也可以是多人合练,如集体长跑、接力游戏等,参加者无人数限制,灵活方便。

第二,田径健身运动内容极为丰富,广义地说,凡是人以自身能力进行的走、跑、跳、投等自然动作的练习,都可以成为田径健身练习的内容,这些健身练习内容的集合构成了田径健身运动。

第三,田径健身运动规则简便,有些练习本身就是人类的基本运动方式,不受规则限制,因此能够为大多数人接受,使人们在无所约束的条件下进行锻炼。

第四,田径健身运动的练习负荷可以随着练习者年龄、性别和身体状况进行自我控制和调节,以最适宜的健身锻炼负荷进行练习,常年坚持,老少皆宜。

第五,田径健身运动可以全面发展人体的力量、速度、耐力、灵敏等素质,也可提高机体对外界环境变化的适应能力,对促进青少年生长发育,维持和提高成年人旺盛的生命力及延缓老年人的衰老过程,都有积极的作用。

第六,田径健身运动对运动场地、器材的要求不高,走、跑运动可在平坦的各种道路上进行,跳跃运动可在沙坑或松软的土地上进行,投掷运动则可利用各种投掷物在空旷的场地做投远或投准的练习。

第二节　田径技术

一、竞走

走是人体运动的基本方式。正是由于走在日常生活中随处可见，人们似乎已经忽视了走的意义。一个健康充满活力的人可以“健步如飞”。而一个体弱多病的人却“步履蹒跚”。可见，通过走姿、走速，可以判断一个人的健康情况。

通过多种多样的“走”的锻炼可以达到强身健体的目的。休闲散步是最为常见的“走”的练习方法，养生谚语“饭后百步走，能活九十九”就是对散步的健身效果的总结。坚持散步锻炼有助于消除身心疲劳，保持人体基本运动能力，对中老年人健身非常有益。“齐步走”“正步走”有助于培养正确的走姿，塑造良好的体形；快步走可以发展腿部力量和耐力；而竞技项目“竞走”则是运用“走”来发展人体走的运动能力的最高表现形式。

（一）竞走技术

1. 建立正确的竞走技术概念

（1）讲解学习竞走的目的意义、竞走规则与技术要点。

（2）竞走技术示范（让学生从侧面、正面观看）。

（3）学生试走 2~3 次（60~100 米）。

要求：让学生懂得学好竞走技术没有捷径，要一步一个脚印地来完成练习。

2. 竞走的上肢与摆臂技术

（1）上体姿势。上体正直稍前倾，挺胸抬头，收腹，屈肘约 90°：前摆时略小于 90°；后摆时略大于 90°，上臂几乎与地面平行。

（2）原地摆臂。原地站立，两脚并拢，两臂屈肘前后摆动，前摆稍向内，手不超过身体中线，后摆稍向外。

（3）原地摆臂转髋。原地站立，两脚并拢，两臂屈肘前后摆动，腰髋配合向前后转动，两膝交换前送。

要求：动作放松、自然，节奏明快，与下肢动作协调配合。

3. 转髋技术

（1）围绕垂直轴前后转动。手支撑墙壁向前送膝，同时髋前后转动。

（2）原地站立送膝。前后摆臂，随膝的前送，腕前后转动。

（3）行进间大步走。直臂前后大幅摆动，双腿大步向前走；注意用髋同步前后转动向前走。

（4）沿直线走。体会髋向前与同侧腿前摆时，围绕垂直轴转动的技术。

要求：髋部转动的幅度至关重要，在加强髋前后转动的同时，还应注意髋部左右和上下转动的练习。做髋部转动的练习时，必须与发展柔韧、力量和上下肢动作协调进行。

4. 腿部技术

（1）前摆过程技术。后蹬离地后膝带动大小腿向前摆动，当膝摆过垂直支撑面后，踝与脚部加速超越膝关节的位置，形成直腿着地状。

（2）后蹬与前摆技术。后蹬结束离地瞬间，膝与小腿角度控制在 150° 左右，以防小腿和脚向上撩造成腾空；同时要防止踝与脚部加速超越膝关节时小腿打开过早，形成直腿摆，影响摆速；摆动腿的脚应贴近地面前摆，着地时足跟落地要明显，以防屈腿。

（3）垂直支撑与后蹬。当身体重心移过垂直支撑点时开始后蹬，要注意充分后蹬技术，通过大步送髋走培养后蹬意识。

（4）前摆着地与垂直支撑。前摆着地至垂直阶段腿必须伸直，此阶段成为竞走技术的一个过程，因此着地时注意足跟着地和足尖自然上翘。脚落地时不能距投影点过近，根据身高和走的速度情况，一般在 25~35 厘米较为合适。

要求：要学好腿部所涉及的技术，首要的是掌握髋关节部位的转动技术和发展核心力量。

5. 完整技术

（1）50~60 米普通走过渡到大步走，大步走过渡到竞走。

（2）80~100 米慢、中速度竞走，学习和体会竞走技术。

（3）400~800 米中速竞走。

（4）利用上、下坡走，逆时针、顺时针弯道走，公路走改进技术。

要求：严格按照竞走要求不得屈腿、不得腾空的规定进行竞走练习，并以规范的竞走技术进行完整技术练习。练习过程中注意身体正直，眼睛平视。做完整技术练习时，注意身体的协调性和上下肢的配合。

（二）练习方法

1. 上肢技术练习

（1）原地摆臂：原地站立，两脚并拢或前后站立，两臂屈肘前后摆动，前摆稍向内，手不超过身体中线，后摆稍向外。

（2）原地摆臂转髋：原地站立，两脚并拢，两臂屈肘前后摆动，腰髋配合做前后转动，两膝交换前送。

2. 髋部技术练习

（1）支撑原地转髋交叉竞走：手扶肋木或支撑物，原地站立，两脚开立约 1 米宽，左腿向右摆动，以脚跟领先着地；右腿向左摆动，以脚跟领先着地，交互进行。

（2）行进间转髋交叉竞走：左腿向右前方摆动，以脚跟领先着地；右腿向左前方摆动，以脚跟领先着地，交互前进。

（3）原地转髋跳：手扶支撑物，原地站立，两脚分开约 1 米宽，左腿以足跟着地，右腿以足尖着地，利用髋关节转动，交换成左腿以足尖着地，右腿以足跟着地，反复进行。

（4）仰卧交叉摆腿转髋：仰卧在垫子上，两手侧平举撑地，左腿摆动至右手方向，髋随腿的方向转动，然后还原；右腿摆动至左手方向，髋随腿的方向转动，反复进行。

3. 下肢技术练习

（1）直臂摆大步走：两臂在体侧大幅度摆动，配合两腿做大步竞走。

（2）足跟着地直腿走：以足跟着地竞走，步子小，腿伸直。

（3）体前屈竞走：上体前屈与地面平行，两臂自然下垂，前摆腿以足跟领先着地，并滚动至全脚，在后蹬结束瞬间，交换腿向前迈步。

（4）绕“8”字或弯道竞走：沿着两个相连的直径5~8米的圆圈竞走，或沿着弯道线做顺时针和逆时针方向的竞走。走时随着身体重心的变化，调整动作的幅度和转髋的方向。

二、短距离跑

短距离跑是人体在最短时间内通过最大距离的一种运动形式，反映人的速度素质，表现为反应速度、动作速度和位移速度。短距离跑运动的生理学机制是神经系统兴奋与抑制过程的快速交替，大脑皮层兴奋性高，能量代谢以无氧代谢为主。

由于短距离跑强度大，持续时间短，故在健身方面的作用不如长跑。但对大学生而言，在生长发育阶段坚持短跑锻炼，可以有效地提高人体运动在缺氧情况下的工作能力，发展无氧代谢能力；提高大脑皮层兴奋与抑制的交替速度，使反应速度加快、反应时间缩短，对发展速度、力量、灵敏等素质有积极的作用。

（一）短距离跑技术

1. 起跑

起跑是从静止到起动的过程，使身体迅速摆脱静止状态，并获得良好的向前冲力，为起跑后的加速创造条件。

起跑器有拉长式、普通式两种。

起跑：要求用蹲踞式。

起跑包括三个阶段“各就位”“预备”和鸣枪。

当听到“各就位”口令时，运动员应轻快地走到起跑器前，两手撑地，两脚依次踏在前、后起跑器的抵足板上，后膝跪地，两臂伸直，两手间距离略宽于肩，四指并拢与拇指相对成“八”字形并紧靠起跑线后沿做弹性支撑。躯干略微弓起，颈部放松，使身体重心投影点落在两手、前脚和后膝关节之间。

听到“预备”口令后，运动员应平稳地抬起臀部，臀部与肩同高或稍高于肩。然后，重心逐渐前移，使肩部稍超出起跑线，双手用指尖的掌侧撑地，双臂略向后用力，双腿膝关节形成适宜的用力角度，并稍用力踏紧起跑器抵足板，使背部肌肉绷紧并略成弓形，整个身体犹如压紧了的弹簧那样具有一定的张力，颈部自然放松。集中注意力听发令枪声。在“预备”姿势中，膝关节的角度对起跑具有重要意义，此时前腿膝关节成90°~100°、后腿膝关节成110°~130°为最佳角度。

鸣枪时，两手应迅速离开地面并有力地屈肘前后摆动，两腿依次有力地蹬踏起跑器抵足板，使身体向前上方移动。后腿在快速蹬离起跑器后，便迅速屈膝向前上方摆出（后腿前摆时脚掌不应离地过高，以利于摆动腿迅速着地和过渡到下一步），同时，前腿有力地蹬伸，形成“起跑步”姿势。此时，前腿后蹬角为42°~45°，躯干与地面形成15°~20°的前倾角。

2. 加速跑

跑时上体正直稍前倾，头要正，眼看前方。第一步不宜过大，以后逐渐增大，前几步躯干有较大前倾，随步长和跑速增加逐渐抬起。前脚掌迅速做扒地缓冲动作，腿后蹬，髋、膝、踝关节依次迅速伸直，摆动腿的大腿迅速有力地向前上方摆出且带动骨盆前送。同时两臂屈肘，以肩关节为轴，自然前后摆动。利用鼻和半张的口进行呼吸，一般跑二三步一呼，再跑二三步一吸，并特别注意加强呼吸的深度和跑的节奏的配合。身体前倾角度随着速度的增大而逐渐增大，最后达到途中跑的姿势。

3. 途中跑

途中跑是全程中速度最快的一段，要充分利用向前的冲力，尽快达到最快速度。

途中跑分三个阶段：后蹬与前摆、腾空和着地缓冲。

第一阶段：后蹬与前摆

在垂直支撑时，身体重心投影点与支撑腿脚掌重叠。此时，身体重心在跑的周期中处在最低点，支撑腿的髋、膝、踝关节屈曲，膝关节为 136°~142°，踝背屈角为 85°~90°；摆动腿的大小腿折叠角一般在 28° 左右，处于最小状态，脚跟几乎触及臀部。垂直支撑时，伸肌群处于拉长压紧待发状态，为支撑腿的后蹬和摆动腿的前摆做好了准备。

第二阶段：腾空

当支撑腿的脚蹬离地面瞬间，两大腿即开始了新一轮的“剪绞”动作。此时，小腿随着蹬地后的惯性和大腿的前摆，迅速向大腿靠拢，形成大小腿边折叠、边前摆的动作，与此同时，摆动腿以髋关节为轴积极下压，膝关节放松，小腿随摆动腿下压的惯性自然向前下方伸展（即小腿的鞭打动作），准备着地。

第三阶段：着地缓冲

在着地瞬间，支撑腿脚掌在身体重心投影点前方，不可避免地会产生一定的水平阻力。但是，此时水平速度的损失与水平阻力无关，而与其冲量密切相关。因此，缩短着地缓冲的时间是减少水平速度损失的有效方法。

整体动作是上体稍前倾，头部正直并与上体保持一致，颈部放松，摆臂以肩为轴，半握拳或自然伸掌得到瞬间放松和休息。

半握拳或自然伸掌，轻快有力地前后摆动，前摆手稍超过下颌，后摆肘关节稍向外，摆至大臂约与肩平，注意动作自然，直线性和平稳性好。

4. 弯道跑

起跑器安装位置靠近外侧分道线，起跑时右手撑在起跑线后、左手撑在起跑线后 5~10 厘米处，身体正对切线方向，加速跑阶段上体抬起要早些，当从直道进入弯道跑时，身体应向内倾斜，并加大右侧动作的力量和摆动幅度，进入弯道后，后蹬时右脚前脚掌内侧用力、左脚前脚掌外侧用力，前摆时右膝稍向内、左膝稍向外，右臂前摆稍向左、后摆偏外，左臂稍离躯干做前后摆动，从弯道跑进直道，身体应逐渐减小内倾程度，直到转入正常途中跑。

5. 终点跑

终点跑是全程最后冲刺阶段，应尽可能地保持途中跑的最高速度。其技术与途中跑基本相同，由于体能下降，运动员为了增大后蹬力量，要尽量保持上体前倾角度或略增大前倾角度，同时，加大摆臂的幅度和力量；在增大步幅的同时，尽量保持步频，更加积极地、竭尽全力地冲向终点线。

（二）练习方法

1. 蹲踞式起跑和起跑后加速跑技术

模仿蹬离起跑器技术练习——站立式起跑练习。要求两腿前后站立，然后屈膝并身体前倾，两臂自然下垂，按“跑”的口令，迅速完成蹬摆动作，并以身体前倾姿势跑出。按口令起跑出发后，快跑 50~60 米。

2. 途中跑技术

结合摆臂练习的后蹬跑 + 后踢折叠跑；后踢折叠跑 + 高抬腿跑；高抬腿跑 + 小步跑；后蹬跑 + 后踢折叠跑 + 高抬腿跑；后蹬跑 + 后踢折叠跑 + 高抬腿跑 + 小步跑等，体会跑的专门练习技术之间动作合理正确的衔接。

重复 30~80 米慢跑、中距离跑、加速跑、快跑，30~60 米变换速度的变速跑、惯性跑、往返跑、放松大步跑，30~50 米行进跑等练习。

3. 弯道跑

在半径 10~15 米小圆上用慢速跑、中速跑、快速跑进行练习，体会弯道跑技术；在弯道上用中速、加速、快速跑 60~80 米，体会和掌握弯道跑技术；练习由直道跑入弯道或由弯道跑入直道，体会和掌握进、出弯道的技术衔接等。

训练中要注意弯道跑是在直道短距离跑技术基础上进行的，应侧重掌握弯道途中跑技术；在不同速度练习中，体会速度快慢与身体内倾程度的协调；在弯道跑时要注意整个身体的内倾，防止只有上体向内倾斜的缺点，并尽量保持直道途中跑的技术和速度。

4. 终点跑

反复练习 30~50 米快速跑，60~100 米计时跑，100 米、200 米、400 米等距离全力跑等。根据个人特点选择用胸或肩撞线，练习原地、上步、走几步、跑几步的撞线技术。

三、中长跑

中距离跑和长距离跑统称为中长跑。中长跑是发展耐力素质的项目，要具备合理的技术，在保持一定速度的情况下，最大限度地减少能量消耗，这样才能在途中跑的任何阶段具有加速跑的能力。在跑的过程中，掌握正确的技术和合理分配体力是非常重要的。

（一）中长跑技术

1. 站立式起跑

起跑前，先做 1~2 次深呼吸，然后站在起跑线后 3 米集合线处听候起跑口令。当“各就位”口令下达后，慢跑或走向起跑线，两脚前后开立，将有力腿的脚放在起跑线的后沿，另一脚放在距离前脚跟约一脚长的地方，两脚左右间隔约半脚长。两腿弯曲，上体前倾，身体重心落在前脚上，后脚用前脚掌着地。两臂在体前自然下垂或前腿异侧臂在前，同侧臂在后。身体保持稳定，集中注意力听枪声。听到枪声后，后腿立即蹬地以膝领先并迅速前摆，前腿也迅速用力充分蹬伸。两臂配合两腿动作做快速而有力的前后摆动，使身体迅速向前冲出，进入加速跑阶段。

2. 站立式起跑后加速跑

加速跑时，上体前倾较大，两腿交替跑进速度较快，摆臂、摆腿和后蹬都应迅速而积极。应尽量按跑道内突沿的切线方向和朝着有利跑进位置跑去。加速跑的距离，根据项目的距离长短、个人特点与临场比赛情况而定。

3. 途中跑

后蹬动作应该迅速而积极，髋、膝、踝三个关节依次伸展，后蹬角度一般在 55° 左右。在支撑腿后蹬的同时，摆动腿前摆。前摆时，小腿应自然放松，依靠大腿的前摆动作，膝关节领先并带动髋部向前上方摆出。支撑腿离地后，身体即进入腾空阶段。因此，蹬离地面的支撑腿应该放松，依靠后蹬反作用力的惯性和大腿的向前动作，使小腿折向大腿，形成膝关节弯曲，大、小腿折叠动作。但是，这种折叠动作比短跑要小一些。

中长跑时，由于机体能量消耗大，因此对氧气的需要量也更大。为了保证机体对氧气的需求，呼吸必须有一定的频率和深度，还必须与步伐相配合。一般是跑 2~3 步一呼气，跑 2~3 步一吸气。随着跑速的加快和疲劳的出现，呼吸的频率也会增加，可采用跑 1 步一呼气，跑 1 步一吸气的方法。呼吸一般用鼻子与半张开的嘴同时进行。冬季练长跑或顶风跑时，为了避免冷空气和强气流直接刺激咽喉，应将舌尖上翘，微微抵住上颚。

4. 终点跑

运动员要以顽强的意志，加快摆臂，加强腿部的蹬摆，奋力跑到终点。终点冲刺跑的距离应根据项目、训练水平、战术要求、个人特点和临场情况而定。通常 800 米可在最后约 300 米，1 500 米在最后约 400 米，3 000 米以上在最后 400 米或更长一些距离进行冲刺跑。不论终点跑距离是长还是短，在冲刺跑之前，都必须抢占有利位置，并注意观察对手情况，动员身体全部力量冲过终点。

（二）练习方法

1. 着地缓冲技术

（1）由前脚掌过渡到脚尖和由脚跟滚动过渡到脚尖的慢步走，然后接快步走练习 20~40 米。

（2）小步跑接前脚掌滚动的加速跑练习 20~40 米。

（3）脚跟着地滚动到前脚掌的快步走接相同着地方式的加速跑练习 30~60 米。

（4）小幅度车轮跑接快速下压的加速跑练习 30~60 米。

2. 蹬伸技术

（1）低重心的后蹬跑练习 60~150 米。

（2）后蹬跑 30~60 米接加速跑练习 60~100 米。

（3）单足跳接跨步跳然后接加速跑练习 60~120 米。

（4）完整跑中，进行迅速有力的蹬伸练习 60~150 米，并逐渐加大练习的距离。

四、接力跑

接力跑是田径运动中唯一的集体项目。以队为单位，每队 4 人，每人跑相同的距离。

（一）起跑技术

第一棒起跑：第一棒运动员必须采用蹲踞式起跑，以惯用手持棒，起跑的基本技术与短跑弯道起跑相同，但接力棒不得触及起跑线前的地面。持棒的方法有如下三种。

①右手的中指、无名指和小指握住棒的一端，用拇指和食指分开撑地，大多数运动员采用这种持棒方法。

②右手的食指握住棒的一端，其余四指撑地。

③右手的中指、无名指握住棒的一端，其余三指成三角撑地。

接棒人起跑：第二、三、四棒队员站在接力预跑区内选定的起跑位置上，采用半蹲踞式或站立式起跑，选择何种起跑姿势，主要取决于能否快速起跑和进入加速跑，并能清晰地观察到传棒队员的跑进位置以及设定的起动标志线。第二、四棒队员站在各自分道的外侧，若采用半蹲踞式起跑，则右腿在前，两腿前后开立成半蹲，右手撑地保持平衡，身体重心稍偏右，头左转，目视传棒人的跑进位置和起动标志线。一旦传棒人踏上起动标志线，接棒人就要迅速起跑。第三棒运动员站在各自分道的内侧，采用左腿在前，左手撑地，身体重心稍偏左，头右转的半蹲踞式起跑姿势。

（二）传接棒技术

上挑式：接棒人听到接棒信号后，手臂自然后伸至与躯干成 40°~50° 角，掌心向后，拇指与并拢的四指分开，拇指在内，四指在外，虎口向下，传棒人将接力棒由下向前上方"挑"送到接棒人的手中。接棒人握棒后，传棒人立即松手。

上挑式传、接棒的优点是接棒人手臂后伸的动作较自然放松，技术简单，容易掌握。缺点是运动员接棒后，手已握在接力棒的中部或前端，给下一次传、接棒带来了一定的困难，需要在跑进中调整手与棒的接触部位，此时容易掉棒。

下压式：接棒人听到接棒信号后，手臂自然后伸至与躯干成 50°~60° 角，手腕内旋，掌心向上，拇指与并拢的四指分开，拇指在内，四指在外，虎口向后，传棒人将接力棒的前端由上向下"压"送到接棒人的手中这种方法的优点是接棒人每一次接棒时手均能握住棒的一端，不需要在跑进中调整手与棒的接触部位，并能够利用接力棒和接棒人手臂的长度。缺点是接棒人手臂后伸时相对紧张，掌心向上易引起跑进中的手臂后伸时相对紧张、跑进中的手臂晃动或身体前倾，从而影响跑速的发挥。

（三）练习方法

（1）两人配合，按口令集体做上挑式和下压式的传、接棒练习。传棒人与接棒人前后相距 1.5 米左右，传棒人的右侧对着接棒人的左侧。

（2）两人在慢跑和中等速度中做上述练习。

（3）两人一组在接力区完成传、接棒技术的练习。当传棒人用较快速度跑至标志线时，接棒人迅速起跑，在高速跑进中完成传、接棒技术动作。

（4）两人一组，进行 2×50 米的接力跑练习。要求在接力区末端约 3 米处完成传、接棒技术动作。

（5）4 人成队的连续进行 50 米或 100 米的接力跑练习。

（6）4×100米接力跑或教学比赛。

五、跳远

跳远技术是一个完整的动作体系，由助跑、起跳、腾空和落地组成。具有高强度、高速度的运动特点。

（一）助跑技术

跳远助跑技术基本上与短距离跑技术相同。开始几步助跑时，身体前倾较大，脚着地有力。着地点离身体重心投影点较近，摆动腿积极前摆，两臂前后用力摆动。到助跑中段时，躯干与地面几乎垂直，上、下肢摆动幅度加大，脚的着地点稍远些，脚着地后，身体重心要加速前移，加强后蹬，使身体快速向前推进。最后6~8步步长达到最大，步频在起跳前达到最高，躯干与地面基本成垂直状态。

助跑的最后几步是跳远技术中的重要环节。这几步的助跑动作，能够影响起跳前的速度、踏板的准确性和起跳动作的合理性，在助跑的最后阶段，为了准备起跳，助跑的节奏稍有变化，主要是倒数第二步的步长稍有增加，身体重心稍有下降，最后一步由于加快起跳腿的放脚动作，步长比倒数第二步又稍短20厘米左右，从而形成加速的助跑节奏使身体重心升高进入起跳。助跑节奏的变化，可以缩短缓冲阶段的时间，增加起跳效果。最后几步助跑不能过分下蹲或故意拉大步长，否则会破坏助跑的节奏，影响速度的发挥和起跳的效果。

（二）起跳技术

当身体重心及时而准确地移至起跳腿上时，起跳腿就快速用力蹬地，髋、膝、踝三个关节充分蹬直，同时摆动腿以髋发力带动大小腿成折叠状，以膝领先，快速而协调地向前上方摆动，大腿摆至接近水平位置，两臂协调一致地配合腿的动作向前上方摆动，摆至上臂与肩平时，要有意识地做“突停”。蹬伸动作结束时，起跳腿的髋、膝、踝三个关节充分蹬伸，蹬地角约为75°，摆动腿大腿接近抬平，小腿自然下垂，躯干和头部保持正直，两臂摆出体侧上方。

（三）腾空技术

跳远起跳离地后，身体向空中腾起，并在空中完成各种动作的过程为腾空阶段。跳远腾空阶段的任务是维持身体平衡，最大限度地利用身体重心的抛物线轨迹，将两腿充分向前伸出，为合理、完善的落地动作创造有利的条件。起跳腾空后，摆动腿屈膝前摆，大腿摆至接近水平位置，起跳腿自然、放松地跟在后面，这一起跳结束时身体姿势在空中的延续，叫“腾空步”。

（四）落地技术

落地前，上体不要过于前倾，以免引起身体的前旋，大腿要向前提举，膝关节主动向胸部靠拢，小腿前伸，最大限度地加大着地点和身体重心投影点之间的距离，即将落地时，膝关节伸直，脚尖勾起，同时两臂后摆，脚跟接触沙面后，紧接着前脚掌下压，两腿迅速屈膝，骨盆前移，两臂积极前摆，使身体重心迅速移过落点，避免后倒坐于沙坑中。

（五）练习方法

（1）原地模仿起跳。体会蹬与摆、上下肢的协调配合。要求起跳脚快落、摆动腿向前上方摆出，随着加大摆动的速度和幅度，由不离地起跳过渡到起跳蹬离地面跳起。

（2）在 20~30 米距离行走中连续完成起跳技术模仿练习。注意力集中在上、下肢的配合和蹬、摆动作的配合上。

（3）在 40~50 米距离内连续 3 步助跑起跳成腾空步练习。

（4）短、中距离助跑起跳成腾空步练习。

（5）利用俯角跳板或斜坡跑道进行短、中距离助跑起跳练习。

（6）行进间空中动作模仿练习。

（7）从高处跳下，完成空中模仿动作。

（8）短、中距离助跑，完成跳远练习。

（9）原地跳起或行进间模仿空中换步动作。

（10）从高处跳下，完成空中换步动作。落地时起跳腿在前，摆动腿在后。

六、背越式跳高

完整的背越式跳高由预先助跑、助跑、起跳、过杆和落地五个连贯的部分组成。运动员经过一段直线和一段弧线助跑后，以远离横杆的脚起跳，在空中背对横杆，以手、头、肩领先身体依次越过横杆，用肩、背部先接触落地区。

（一）背越式跳高技术

1. 预先助跑

预先助跑的形式有两种：一种是采用走或慢跑的方式，在脚踏上助跑起点或标志线后开始正式助跑；另一种是原地助跑。

2. 助跑

助跑的直线部分是加速跑，要求上体稍微前倾，跑动轻松、自然、有弹性，节奏合理。在助跑的弧线部分，身体内倾，跑动技术与弯道跑相似，摆侧脚以前脚掌内侧着地，跳侧脚以前脚掌外侧着地，脚的着地点距身体重心投影点较近，摆侧肩高于并领先于跳侧肩；在获得适宜助跑速度的同时，为起跳做好准备。

3. 起跳

起跳点的位置一般位于助跑侧跳高架横杆的四分之一处，距横杆投影线 50~80 厘米。起跳从助跑最后一步起跳脚着地瞬间开始，到起跳脚离开地面的瞬间结束。由于背越式跳高弧线助跑最后两步具有特殊作用，背越式跳高的起跳又分为准备起跳、放脚、缓冲和蹬伸五个部分。

1）准备起跳

准备起跳阶段是指从倒数第二步摆动腿脚着地至最后一步起跳脚着地前的这一部分技术动作，为运动员起跳做好技术准备。

背越式跳高倒数第二步摆动腿的支撑应采用快速的“硬”支撑技术，即膝关节弯曲度小，后蹬角度较大，摆动脚前脚掌内侧快速、有弹性地撑地，以使起跳腿能够快速踏上起跳点。在起跳腿迈向起跳点的过程中，由于弧线助跑，身体已出现较大的内倾。此时要注意保持身体右侧的提升状态。

2)放脚

背越式跳高起跳脚的着地是主动的动作,是以髋带动大腿,大腿带动小腿,主动地向前着地。着地时脚跟外侧先着地,并迅速沿外侧滚动到前脚掌。起跳腿快速的着地动作使整个身体在弧线助跑内倾的基础上又形成了后仰的姿势,此时起跳腿与地面之间的夹角为60°~70°,起跳脚沿助跑弧线的切线方向放脚,方向在0°~10°。

3)缓冲

起跳脚着地后,起跳腿迅速弯曲缓冲,身体重心快速向垂直支撑面移动起跳腿,在最大缓冲瞬间膝关节角度为138°~148°。此时,摆动腿摆至支撑腿一侧,髋关节角度为130°~140°,身体重心基本在支撑点上面稍偏内,整个身体呈"压紧"的状态。

4)蹬伸

缓冲结束,起跳腿开始积极蹬伸,摆动腿折叠配合双臂加速上摆。蹬伸动作结束瞬间,起跳腿的三个关节充分蹬直,摆动腿沿横杆垂直面方向上摆,大腿高于水平,此时摆动腿与两臂同时制动使身体重心加速向上运动。

起跳过程中摆臂一般采用自然交叉单臂摆动的方法。当起跳腿踏向起跳点时,两臂仍自然地做前后摆动,随着起跳腿的蹬伸和摆动腿的摆动,起跳腿的同侧臂协同摆动腿自然上摆,而摆动腿同侧臂在摆到高点后不做下摆,而是顺势迅速上举,及时制动。

4. 过杆

起跳脚离地后,运动员要保持较伸展的姿势向上腾起,并在摆动腿和同侧臂的带动下逐渐形成背对横杆。当运动员头部超越横杆后,两肩开始放松,顺着身体重心的运动方向上杆。当头、肩越过横杆后,及时仰头、倒肩、展体,利用身体重心向上的速度积极挺髋,两大腿自然下放,两小腿放松下垂,形成杆上背弓姿势。当身体重心移过横杆时,及时含胸收腹,控制上体继续下旋,同时以髋部发力,带动大、小腿加速向上方伸腿,使整个身体越过横杆。

5. 落地

落地阶段是指人体过杆后身体下落到着垫的过程。当人体的臀部和大腿越过横杆后,身体已经下落,此时应在挺髋的基础上,以大腿带动小腿加速向后上方甩腿,使整个身体脱离横杆,然后低头含胸、屈髋伸膝,以肩背部及双臂着垫并借过杆旋转力顺势后翻,做好缓冲。

(二)练习方法

1. 起跳技术

(1)原地摆腿和摆臂练习。摆动腿有明显的折叠摆动动作。加速上摆时,要注意带动髋部向上。

(2)原地和行进间起跳练习。练习时不宜过分强调起跳前降低身体重心,应在自然用力的情况下完成动作。对于完成起跳动作的速度,要提出较高要求,以便形成快速起跳的动作节奏。

(3)上1步和2步助跑起跳练习。

(4)沿圆圈或弧线做上1步和2步助跑起跳练习。

2. 助跑与起跳结合技术

（1）2~4 步弧线助跑起跳练习。

（2）2~4 步助跑起跳跳上海绵台。

（3）对着高横杆（或用皮筋）做 2~4 步助跑起跳练习。助跑速度要快，也应保证起跳技术的正确完成。

（4）2~4 步助跑起跳，用头、手、摆动腿的膝做“触高”练习。要尽量避免出现减速和停顿现象。

3. 过杆技术

（1）原地起跳模仿动作结合转体做倒肩挺髋练习。

（2）原地跳起腾空后做倒肩挺髋模仿练习。

（3）原地跳起挺髋后做向上、向后甩腿练习。体会过杆时的身体姿势和动作过程。

（4）4~6 步助跑起跳，背卧上高台（架）练习。

4. 完整技术

（1）全程节奏跑练习。

（2）全程助跑起跳跳上海绵台练习。

（3）全程助跑过杆练习。通过全程节奏跑和全程助跑起跳练习，检查助跑步点的准确性。

七、铅球

铅球是一个以速度为核心、以力量为基础的体现速度力量性的运动项目。铅球技术可以分为背向滑步推铅球技术和旋转推铅球技术两大类。

（一）背向滑步推铅球技术

完整的背向滑步推铅球技术可分为：握球、持球、滑步前的预备姿势、预摆和准备滑步、滑步、过渡、最后用力和维持身体平衡技术。

1. 握球技术（以右手持球为例）

四指并拢或五指自然分开，把铅球放在靠近食指、中指和无名指的指根处上方，拇指扶在球体侧面，掌心空出，手腕背屈。手指和手腕力量较强者，可将铅球适当地移向手指的第二指节处。手指和手腕力量弱者，铅球可放在更靠近指根处。

2. 持球技术

握好铅球后，将铅球持于肩轴线前，抵住或靠近颈部或下颌，头部略向右转，拇指处在肩的上面、球体的下面，其余四指大体上处在球体的侧面，掌心向内，右臂屈肘，肘部略低于肩或与肩平，躯干保持正直，左臂前上举。

3. 滑步前的预备姿势技术

滑步前的预备姿势分为高姿势和低姿势两种。

1）高姿势

身体背对投掷方向，两脚前后站立，右脚以全脚掌着地，靠近投掷圈后沿。左脚位于右脚后 20~30 厘米处，以前脚掌或脚尖着地，脚跟提起。右腿伸直，重心放在右腿上，左腿自然屈膝，髋部稍向上提。右手持球于肩上，肘略外展。躯干正直放松，左臂前上举。目视投掷相反方向前下方 3~5 米处。

2）低姿势

背对投掷方向，两脚前后站立，右脚以全脚掌着地站于靠近投掷圈后沿处。左脚位于右脚后 50~60 厘米处，以前脚掌着地。两腿弯曲，重心落在右腿上。躯干前倾几乎与地面平行，低头含胸，目视前下方 2~3 米处，右手持球于肩上，肘略外展，左臂自然下垂。铅球的投影点在右脚的右侧前方。

4. 预摆和准备滑步技术

1）高姿势

做好预备姿势后，身体前屈，使躯干接近水平位置。左腿向后上方抬起，右腿伸直，使体重均匀地分布在整个右脚掌上。

完成预摆动作并维持好身体平衡后，紧接着低头、含胸收腹，右腿屈膝下蹲，左腿屈膝回收至靠近右膝处，形成团身动作。随着屈膝团身动作的完成，开始向投掷方向平移臀部，完成准备滑步动作。

2）低姿势

做好预备姿势后，弯曲的左大腿平稳地向后上方摆动，同时身体保持前倾姿势，左臂前伸，躯干与地面平行。左腿摆动到一定高度并保持身体平稳。右腿弯曲，体重均匀地分布在整个右脚掌上。

完成预摆动作并维持好身体平衡后，迅速回收左腿并靠近右腿。与此同时，右腿逐渐屈膝形成弓背团身姿势，并向投掷方向平移臀部，完成准备滑步姿势。后续动作同高姿势推铅球。

5. 滑步技术

完成准备滑步动作后，臀部开始向投掷方向平移，当身体重心超过右腿支撑点时，左大腿带动小腿以脚跟为力点向抵趾板方位积极摆插；右腿开始积极蹬伸，右脚重心由脚掌向脚后跟移动，以脚跟积极用力进行蹬伸或者是内扣的右脚以脚掌为力点积极蹬伸配合左腿的摆动。大腿主动内收、提拉。身体在左、右腿的摆蹬用力下形成一个低腾空形态，躯干保持前倾姿势，左臂伸向投掷反方向后下方，目视投掷反方向下方 2~3 米处。当右腿蹬直，右脚跟（右脚掌）即将离地时，两大腿的夹角约为 125°，躯干与右大腿夹角约为 80°。

6. 过渡阶段技术

完成滑步动作后，从右脚着地至左脚着地为过渡阶段。在低腾空的下落阶段，右腿积极内收、提拉，超过投掷圈圆心 10~30 厘米，右脚前脚掌内侧着地，右脚尖与投掷方向成 135° 左右角，右腿弯曲，右膝关节弯曲角度在 135° 左右。右脚着地后，立即向投掷方向前下方用力转动右髋，带动右腿向投掷方向转蹬。左腿在插向抵趾板时，以前脚掌为力点伸踝外翻，带动大腿小腿外展，以左脚掌内侧为力点着地。左脚外展与投掷方向夹角约为 30°，左脚的脚尖与右脚的脚跟在一条直线上，左膝角约为 160°。身体重心落在弯曲的右腿上。躯干保持前倾姿势与地面夹角约为 45°，左臂伸向投掷反方向后下方，目视投掷反方向的后下方。

从整个动作的外形看，由左脚、左腿、左髋、左侧躯干至左肩形成一个圆滑的弧形，使身体形成“三紧”状态：背部拉紧、腰部和髋部拧紧及右腿压紧。

7. 最后用力技术

完成过渡动作后，左脚一着地即开始了最后用力动作。左臂屈肘积极快速向左前上方弧形运动，在左臂的积极引领下，躯干开始逐渐抬起，同时右髋向投掷水平方向前下方快速用力转动，在髋的作用下右腿积极用力转蹬，保持一定弯曲程度向前运动。由右脚掌内侧开始转动并向前滑动，躯干稍抬起。此时，以左脚着力点到左膝、左髓、左侧躯干、左肩，形成与之对抗的左侧支撑轴。

左臂继续向投掷方向弧形运动停至身体左侧并固定左肩和左侧支撑轴。左臂大小臂夹角约为 90°，左手掌心朝向投掷方向。在左侧支撑轴的对抗用力下，右髋向投掷水平方向前下方继续转动用力，带动右腿继续向投掷方向转动蹬伸，足跟转向投掷反方向。右脚向投掷方向移动两脚间距离的 1/3。由于右髋、右腿的运动，推动右侧躯干抬起，向投掷方向转动。抬头挺胸，眼睛看前上方。右臂屈肘外展朝向投掷反方向并略低于肩，将铅球用力顶在颈部。形成最后用力出手前的良好姿势。

8. 维持身体平衡技术

铅球出手后，通常采用两腿交换并降低重心来减小向前的冲力，以维持身体平衡。铅球出手后，应快速下放推球臂，低头、含胸、收腹，弯曲双腿，降低身体重心，左右腿及时换步以维持身体平衡。待铅球落地和人体稳定后，从投掷圈的后半部走出。

（二）练习方法

1. 最后用力

（1）握球和持球。握好球后，为了能够体会球的质量，熟悉手感，两手交换握球。

（2）原地正面推铅球。面对投掷方向，两脚前后开立，单手持球。推球前身体后仰成背弓，然后挺胸将球推出。

（3）原地背向推铅球。背对投掷方向，两脚左右开立，身体重心落在右腿上，推球前身体成侧弓，然后转身将球推出。

2. 背向滑步

（1）徒手背向滑步成最后用力姿势。经过团身、臀部后移、及时向后蹬摆左腿，接着蹬伸右腿，回收右小腿。随着右脚滑动的结束，左脚迅速有力支撑着地，完成滑步向最后用力转换。

（2）持实心球或胶球完成背向滑步动作。

3. 背向旋转

（1）圈内背向滑步推轻铅球或标准铅球练习。

（2）学习两腿交换维持身体平衡动作。

4. 背向滑步推铅球完整动作

（1）学习持球预摆动作。

（2）学习进入旋转技术。

(3)学习侧向旋转技术。

(4)学习背向旋转技术。

(5)学习背向旋转推铅球技术。

八、掷标枪

掷标枪要求人在快速助跑中充分发挥自身的力量,以正确的动作技术将标枪掷出。掷标枪技术是一个完整连续的过程,可分为握枪、持枪、助跑、最后用力和出手后的身体平衡五个阶段。

(一)掷标枪技术

1. 握枪(以右手为例)

握枪的方法通常分为普通式握法和现代式握法两种。

(1)普通式握法:将标枪斜放在右手掌心上,用拇指和食指握在缠绳把手末端上沿,其余手指依次握在缠绳把手上。

(2)现代式握法:将标枪斜放在右手掌心上,用拇指和中指握在缠绳把手末端上沿,食指自然弯曲斜放在枪身上,无名指和小指自然地握在缠绳把手上。

目前现代式握法运用较为广泛,其优点是在掷标枪出手瞬间能充分利用长而有力的中指对标枪施力,有利于增加最后用力的工作距离,有效提高标枪出手初速度,并使标枪产生旋转,保持空中飞行的稳定性。

2. 持枪(以右手为例)

持枪方法通常分为肩上持枪法和先肩下后肩上持枪法两种。

(1)肩上持枪法:右手持枪于右肩上方,右臂弯曲,上臂与前臂的夹角约为90°,肘关节稍向外,根据个人习惯,持枪手可以稍高于头或在头侧,枪尖稍低于枪尾或枪身与地面平行。

(2)先肩下后肩上持枪法:在预备姿势和预跑的前半段,右臂自然下垂,右手持枪于髋侧或腰间,枪尾向前,随着向前的跑进动作两臂自然前后摆动。在预跑的后半段,右臂举起成肩上持枪姿势。

目前肩上持枪法运用比较广泛,这种方法动作简单,有利于控制标枪,能使持枪助跑平稳地转入引枪。

3. 助跑

助跑是使人体和标枪获得一定的初速度,随之完成引枪动作,为最后用力创造有利的条件。

掷标枪采用直线助跑,助跑包括预跑和投掷步两个阶段。

1)预跑

预跑通常是面对投掷方向,两脚前后站立,左脚在前并踏在第一标志点的延长线上,迈右腿开始助跑,这种方法助跑步点较稳定,能够准确踏上第二标志点。也可采用持枪向前走或小步慢跑几步,以左脚踏上第一标志点的延长线开始进入预跑,这种方法易使跑的动作放松,有利于发挥助跑速度。

2）投掷步

投掷步是掷标枪的专门助跑阶段，运动员不但要以较高的助跑速度完成引枪、交叉步动作，而且要实现由助跑向最后用力的过渡和衔接。投掷步的步数一般是4步或6步，用2步完成引枪动作；也可采用5步，通常用3步完成引枪动作。当采用偶数步时，以左脚踏上第二标志点的延长线，迈右腿开始投掷步；当采用奇数步时则反之。

4. 最后用力

最后用力从投掷步第三步右脚着地、身体重心前移超过支撑点垂直面、右腿转入蹬地动作时开始，这是一个由投掷步向最后用力的过渡性动作，随着第四步左脚着地形成双脚支撑，为人体肌肉收缩发挥强大力量和最大速度提供了条件。右脚继续蹬地，推动右髋向投掷方向加速运动，使髋超越肩并引肩向投掷方向转动。右胸前挺带动投掷臂向上转动，前臂和手腕向上翻转，当上体转至正对投挪方向时形成了“满弓”姿势。此时投掷臂伸直留在体后，与肩同高，与躯干几乎成直角，右腿、右髋、右胸和右臂的连线像“弓”一样向后反张。形成“满弓”后，立即转入屈体挥臂的“鞭打”动作。标枪离手瞬间，手腕和手指要积极甩动，使出手后的标枪沿纵轴按顺时针方向自转飞进，提高飞行的稳定性。标枪最佳出手角在32°左右。

5. 出手后的身体平衡

为了防止由于惯性作用使人体继续向前运动而造成犯规，在标枪出手后，右腿应及时向前跨出一大步，屈膝降低身体重心，两臂配合自然摆动，以便缓冲人体向前的冲力，维持身体平衡。

（二）练习方法

1. 最后用力

（1）握枪和持枪。

（2）双人互相做“满弓”练习。

（3）利用肋木、橡皮带、标枪等做“满弓”练习。

（4）“鞭打”练习。

（5）正面插枪。正对投掷方向，两脚与肩同宽，左右平行站立，右手持枪于肩上稍向头后，枪尖低于枪尾，对着前方约10米处的标志，双膝稍弯曲。

2. 助跑掷标枪

（1）上1步徒手“鞭打”或掷小球（石块）练习。

（2）上1步掷标枪。

（3）4步投掷步，引枪后接“背弓”动作练习（从走步到慢跑）。

（4）投掷步接“鞭打”动作、掷小球或石块。

（5）预跑4步接投掷步，做引枪与“满弓”练习。

（6）预跑4步接投掷步做“鞭打”动作、掷小球或石块。

（7）预跑4步接投掷步投标枪。

（8）预跑8~10步接投掷步。

（9）预跑 8~10 步接投掷步徒手投小球或石块做“鞭打”动作。

（10）预跑 8~10 步接投掷步掷轻标枪（中等强度）。

3. 完整投掷标枪技术

确定自身的助跑距离、速度和节奏及各个环节的技术后，进行中上强度的投掷练习。

第三节　田径竞赛规则

一、田径竞赛规则

（一）比赛通则

（1）参加比赛的运动员必须佩带号码布，否则不得参加比赛。

（2）在径赛分道跑和部分分道跑项目的比赛中，运动员应自始至终在自己的分道内跑进。

（3）径赛运动员挤撞或阻挡别人从而妨碍别人走或跑进，应取消其比赛资格。在比赛中如发生此类情况，有关裁判长有权命令除被取消资格以外的运动员重赛。如该情形发生于预赛，可允许任何由于受推或阻挡而受到严重影响的运动员参加下一赛次的比赛。在田赛的某一次试跳、试掷中，因故受阻的运动员，有关裁判长有权给予其重新试跳、试掷的机会。

（4）如果运动员因兼项时轮到他试跳（掷）未到，一旦该试跳（掷）时限已过，则应将该次试跳（掷）按免跳（掷）处理。

（5）在所有的田径比赛项目中，测量成绩时应以 1 厘米为最小测量单位，不足 1 厘米不计。

（6）各项竞赛名次判定与成绩相等时的处理办法。

①径赛项目名次的判定与成绩相等的处理方法：径赛项目中，判定运动员到达终点的名次，是以运动员躯干（不包括头、颈和四肢）的任何部分抵达终点线后沿垂直面的先后顺序为准。以决赛成绩判定该项目最后名次，而不是以预、次、复赛的成绩判定最后名次。如遇两人或两人以上成绩相等时，应在任一赛次中，按成绩录取进入下一赛次。如遇运动员成绩相等（手记时），应根据判读的 1/100 秒 的时间处理。如果成绩依然相等，则有关运动员均应进入下一赛次，如实际条件不允许，应抽签决定进入下一赛次的人选。决赛中出现第 1 名成绩相等，有关裁判长有权根据实际情况决定这些成绩相等的运动员重新比赛，如该裁判长认定无法安排重赛，则成绩相等的运动员名次并列。

②田赛高度项目的名次判定与成绩相等的处理方法。在田赛高度项目比赛中，每名运动员应以其最好的一次试跳成绩，包括因第 1 名成绩相等而进行的决名次比赛的试跳成绩，作为其最后的决定成绩，然后以运动员个人最高成绩排列名次。如出现成绩相等，则在出现成绩相等的高度中，试跳次数较少者名次列前。如成绩仍相等，在包括最后高度在内的全赛中，试跳失败次数较少者名次列前。如成绩仍然相等，如不涉及第一名，则成绩相等的运动员名次并列；如涉及第 1 名，在造成其成绩相等失去了继续试跳权利的最低失败高度上，每

人再试跳1次。如有关运动员都跳过或都未跳过而仍不能判定名次,则横竿应提升或降低,提高或降低的高度,跳高为2厘米,撑竿跳高为5厘米。他们应在每个高度上只试跳1次,直到分出名次为止。决定名次的试跳,有关运动员必须参加。

③田赛远度项目的名次判定与成绩相等的处理方法。田赛远度项目的名次是以该项目全部试跳、试掷中,每名运动员最好的一次试跳、试掷成绩来判定。如成绩相等,应以其次优成绩判定名次;如次优成绩仍相等,则以第3优成绩判定,依此类推。如仍相等,并涉及第1名者,则令成绩相等的运动员按原比赛顺序,进行新的一次试跳(掷),直到决出名次为止。

④全能项目的名次判定与成绩相等的处理方法。全能项目以各运动员全部单项得分的总和排列名次,总积分多者列前。如总积分相等,应以单项得分多的项目较多者名次列前。如仍不能判定,则以任何一个项目单项得分高者名次列前。

(二)竞赛项目

400米及400米以下(包括4×100米接力和4×400米接力的第1棒)各个项目,运动员必须采用蹲踞式起跑(正式比赛必须使用起跑器)。在听到"各就位"口令时,双手和一个膝盖必须触地,双脚必须接触起跑器。在听到"预备"口令时,运动员应立即抬高身体重心,做好最后的起跑姿势。此时运动员的双手必须与地面接触,两脚不得离开起跑器。当运动员就位时,其双手或双脚不得触及起跑线或起跑线前地面。运动员做好预备姿势之后到鸣枪之前开始做起跑动作,应被判起跑犯规。

跨栏项目必须在自己的分道内完成比赛,而且当参赛者跨越栏架时,若其腿或足从低于栏架项的水平线跨越或跨越并非自己分道上的栏架,均应被取消参赛资格。若裁判员认为参赛者故意以手或足撞倒任何栏架,亦应取消其参赛资格。

接力跑时运动员必须持接力棒跑完全程。如发生掉棒,接力棒必须由掉棒人捡起。允许掉棒运动员离开自己的分道捡棒,但不得因此缩短比赛的距离,如果捡棒时缩短比赛距离或侵犯其他运动员,则取消其比赛资格。在所有接力赛跑中,运动员必须在接力区内传递接力棒。仅以接力棒的位置决定是否在接力区内完成接力,而不取决于运动员的身体或四肢的位置。

4×400米接力的第三、四棒运动员应在指定裁判员指挥下,按照同队传棒运动员跑完4×200米时的先后顺序(由内向外)排列各自的接棒位置。

(三)田赛项目

跳高比赛应抽签排定试跳顺序。必须用单脚起跳。试跳后横杆未能留在横杆托上,则判为试跳失败。在越过横杆前,身体的任何部分触及立柱前沿(离落地区较近的边沿)垂直面以外的地面或落地区,也判试跳失败。如果在试跳中一只脚触及落地区,而裁判员认为其并未从中获得利益,则不应判为试跳失败。在任何高度上,只要连续3次试跳失败,即失去继续比赛的资格。因第1名成绩相等而进行的决名次赛的试跳除外。比赛时,可以在横杆升高计划中的任何一个高度开始试跳,也可在以后任何一个高度根据自己的愿望决定是否试跳或请求免跳。但在某一高度上请求免跳后,不准在该高度上恢复试跳。丈量高度时,须使木尺与地面垂直,从地面量至横杆上沿的最低处。

田赛远度项目的比赛应抽签决定试跳或试掷的顺序。当人数超过 8 人时，则每人先试跳或试掷 3 次，成绩最好的前 8 人再试跳或试掷 3 次，试跳或试掷的顺序与前 3 次试跳后的排名相反。如果在第 3 试跳或试掷结束后出现第 8 名成绩相等的情况，按田赛远度项目成绩相等处理办法处理。当比赛人数只有 8 人或少于 8 人时，每人均可试跳或试掷 6 次。

跳远比赛试跳失败情形包括：在未做起跳的助跑中或在起跳中，以身体任何部位触及起跳线前面的地面；从起跳板两端之外的起跳线的延长线前面或后面起跳；在落地过程中触及沙坑以外地面，而沙坑外触地点较沙坑内最近触地点更靠近起跳线；完成试跳后，向后走出沙坑。

三级跳远比赛时，第 1 跳（单足跳）用起跳腿落地，第 2 跳（跨步跳）用另一腿（摆动腿）落地，第 3 跳（跳跃）用双脚落入沙坑，才算完成试跳。在试跳中摆动腿触地不应视为试跳失败。其余同跳远比赛规则。跳跃远度项目测量成绩的方法应从运动员身体任何部位触地的最近点量至起跳线或起跳线延长线，测量线应与起跳线或其延长线垂直丈量。

铅球比赛时，应从投掷圈内从静止姿势开始试掷。推铅球时，运动员应将铅球抵住或靠近颈部或下颌，用单手从肩部将球推出，在推球过程中持球手不得降到此部位以下，不得将铅球置于肩轴线后方。运动员进入圈内开始投掷后，如果身体任何部位触及圈外地面，或触及铁圈和抵趾板上面，或以不符合规定的方式将铅球推出均判为一次试掷失败。在器械落地后方可离开投掷圈；离圈时，必须从后半圈走出；铅球必须完全落在落地区角度线以内，试掷方为有效。每次有效试掷后，应立即测量成绩。从铅球落地痕迹的最近点取直线量至投掷圈内沿，测量线应通过投掷圈圆心。

其他投掷项目比赛，除场地、器械和投掷方法与铅球有差异外，比赛规则与铅球基本相同。

第四章　体操运动

体操运动的出现由来已久，其本身具有的特色为人类文化宝库增添了一笔浓厚的色彩。体操一词来自古希腊语，其原意是指在古代希腊人运动时穿的衣物很少，古希腊人将从事体育锻炼的运动统称为体操，是当时所有运动的总称。在 19 世纪到 20 世纪，欧美的运动项目发展较好，涌现一些新型运动项目，并建立了“体育是以身体活动为手段的教育”这一概念。也是在这一时期，随着体育界学者对体育研究的不断深入，引入体育一词并取代原有体操的概念，而体操在这一时期也从内容和方法上区别于其他的身体运动形式，形成了自身独立的运动项目和现代概念。

体操在我国初期的普及与发展比较缓慢，一直到新中国成立以后才迅速地发展起来。经过几代人的艰苦奋斗，我国体操水平飞速提高，不仅提高了体操各项目的竞争力，而且推动了体操在我国的普及与发展。

第一节　体操概述

一、体操的起源与发展

1. 古代体操的发展

体操的产生与发展是伴随人类社会的产生与发展而来的，在这悠久历史中，人类最初的生活环境极其恶劣，人们除了与自然灾害作斗争以外，还必须时刻防备各类凶禽猛兽以及各类疾病。为了生存人们从事打猎、捕鱼、采集等活动，并从这些活动中提高了体能和智力，获得了各项生活技能和运动技能，因此也产生了人类最初的体操活动萌芽。

原始体操主要是通过生活中的生产劳动以及劳动之余的娱乐活动发展而来，除此以外，还有一些祭祀活动、部落间的冲突等，这些活动也在很大程度上影响着体操活动的发展。

公元前 21 世纪—公元前 476 年，奴隶社会时期，战争频发，因此我国古代的体操和军事活动得到良好的融合，军事活动的内容也使体操活动更为丰富、形式也更加多样。例如西周时期，由于祭祀活动的需要，统治阶级将舞蹈的学习划入了贵族学校的正式课程；武王令军队在丰镐表演了大型团体操《大武舞》，使得团体操得到初步的发展。

总的来说，我国古代体操根据其目的和性质的不同，主要分为两类：一是以强身健体、预防疾病为特点的医疗体操；二是以歌舞、戏曲、杂技等主要形式的技巧运动。

2. 近现代体操的发展

1840 年到 21 世纪 20 年代初，我国的体操运动得到飞速发展，尤其新中国成立后，我国的体操运动水平的提高尤为明显。

1840 年之后，器械体操的引入带动了我国体育事业的发展，并且日常的军事训练或者教育教学也都运用到了器械体操，这在很大程度上提高了我国的军民体育素质。例如在

1908年，上海专门成立了一所体操学院，其教学内容已经与现代体操高度相似，主要包括徒手体操、器械体操和垫上运动。但是，当时国家内部动荡不安，世界大局紊乱致使我国体操的发展特别缓慢，并且动作类型较少，社会流传面较窄。

自1949年后，我国的体操项目得到蓬勃发展。从1951年11月24日，国家体委公布第一套成人广播体操起，广播体操在全国掀起时代浪潮，紧随其后陆续发布了多种类型的徒手操；1954年在全国普遍推行的《劳卫制》，更是对学校体操的发展起到重要的作用；1979年教育部和国家体委联合颁发试行的《高等学校体育工作暂行规定》和《中小学体育暂行规定》成了学校工作的指导性文件，也为学校体操的发展提供了有力的指导。

1964年，我国退出国际体操组织，1978年我国在国际体操的合法地位得到恢复。紧接着在1979年，第20届世界体操锦标赛上，我国女队运动员马燕红一鸣惊人，获得女子高低杠冠军，翻开了中华竞技体操历史上华丽的新篇章。

20世纪80年代到20世纪90年代，我国竞技体操运动员一直在奋力拼搏，先后获得23个世界体操锦标赛冠军、9个奥运会冠军和12个世界杯体操冠军。进入21世纪，我国竞技体操持续稳定地保持世界领先水平。自2000年悉尼奥运会到2012年伦敦奥运会，我们的成绩一直在续写新的篇章，尤其2008年北京奥运会，男队、女队双双获得奥运会团体冠军，在竞技体操项目上一举获得9枚奥运金牌。在2016年里约奥运会经历了一次低谷时期后，在2020年日本东京奥运会打了翻身仗，一共获得3枚金牌，这三个项目分别是女子平衡木、男子双杠和吊环。

从体操的发展历程来看，我国的竞技体操之路是一条曲折的发展之路，从中华人民共和国初期的百废待兴，经过一代代人的艰苦奋斗，到如今的体操强国，这是充满汗水的发展之路，是由低到高、由弱到强的奋斗史，这过程中出现了很多以我国运动员名字命名的技术动作，为世界体操的发展作出了巨大的贡献。

二、体操的概念与分类

（一）体操的概念

随着社会的不断发展，体操的定义也在逐渐发生着变化，并且更具有针对性以及时效性，从古代的体操泛指体育运动，而现代体操专指某项体育运动可以看出，现代对于体操的定义有了更加准确的定位。现代体操根据其特征来看，趋向于两极分化，一类是根据竞技体操的方向进行划分，一类是基于增强身体素质为目的的各种非竞技体操的发展方向。因此，体操可以分为广义的概念和狭义的概念。

广义的体操是练习者根据自身需要，采取相应的练习方式，例如运用徒手体操来矫正自身的不良形态、运用器械体操来锻炼自身的身体素质等。广义的体操主要是通过体操各类技术动作，调动全身各器官系统，发展自身的身体素质，达到锻炼身体的目的，以此展现出自身的力量、柔韧、协调、平衡、耐力的实践活动。

狭义的体操通常称为竞技体操。依据国际体联的规则要求，男性项目和女性项目有所不同，并以生理学、解剖学特征以及生物力学原理设计的不同难度的技术动作，通过自身的身体能力展现出来的整套技术动作，从而促进身体素质的均衡发展，在挑战自身的极限、潜能的目的下，展现出的高超技艺，以此来表现力量、健康、姿态等的一种实践活动。

（二）体操的分类

根据体操练习形式的不同，可以将体操分为：队列队形、徒手体操、轻器械体操、器械体操、实用类体操5类。

1. 队列队形

队列队形分为队列和队形两部分，队列主要包括稍息、立正、跨步、蹲立、原地的转法以及行进间的队列动作；队形主要包括散开、靠拢、对角线行进、蛇形行进、螺旋形进、裂、并、分、合等。

队列队形常用于体育课教学、操化类动作的编排、军事训练等，其明显的特征表现为身体姿态、动作整齐、路线规划，队列队形可以有效地培养组织纪律性、优良的生活作风和行为习惯以及集体主义观念。

2. 徒手体操

徒手体操是由人体各个部位通过一系列不同的徒手动作，以不同的方向、路线、幅度、频率和节奏，通过动作的编排，组成专门成套的动作。

徒手体操不受场地和器械的限制，并容易被大众所接受，具有广泛的群众性以及传播性，例如大众所熟知的广播体操。经常练习广播体操，既可以舒经活络、促进血液循环、加速身体的新陈代谢，也能预防疾病、延缓衰老等。

3. 轻器械体操

轻器械体操是在徒手体操的基础上，通过手持轻器械进行身体练习。

轻器械体操主要利用一些轻器械（例如：体操棍、木哑铃、圈、球、绳），增加运动过程的趣味性和娱乐性，提高运动健身的效果。另外，轻器械体操与艺术体操也有一定的联系，可以说轻器械体操是艺术体操的基础，艺术体操是轻器械体操的最高表现形式。因为艺术体操可以培养练习者的良好身体姿态，动作的协调性，具有很强的观赏性，并且是以轻器械为基础发展起来的，它包括了轻器械体操的特点，但是又高于轻器械体操水平，以及形成了一门独立的项目。

4. 器械体操

器械体操是练习者通过器械，利用人体局部环节生物链，使内力与外力和谐统一，调整身体姿态，以此完成器械体操专门性的、有一定难度的、单个或成套的技术动作。

器械体操，顾名思义是通过器械进行练习的一种运动方式，依赖器械以及场地，所受限制较大，难度较高，对身体素质有一定的要求，因此在进行器械体操练习过程中，练习动作的难度应当由易到难，穿插保护与帮助，以此来完成并掌握技术动作。

5. 技巧运动

技巧运动包括翻滚、平衡、柔韧、倒立、空翻等动作，辅以抛接、造型、舞蹈、音乐等组合出的一项运动。技巧运动对发展力量、柔韧、平衡、协调等有很大的帮助，是各项器械体操的基本练习和其他项目的辅助练习内容，也可以培养正确的身体姿态、节奏感、表现能力，并能提高自身的艺术修养。

第二节　体操术语

体操术语是有效进行体操知识传播的统一规范，是进行体操交流所不可缺少的重要工具，在体操发展过程中，体操术语也在不断地发展，它因体操的技术训练以及理论知识而成为一门专门用语，意义重大，因此，体操术语是进行传播、交流体操信息必不可少的沟通工具；是编写体操文献、体操技术要领、进行体操科学研究的统一文字标准，对促进我国体操事业的发展有着重要的意义。

术语是指各领域的专门性用语，体操术语是基于体操理论和技术等方面的专门用语，其文字简练并适用于体操项目的专门性体操用语。

在进行体操术语运用的过程中，一方面能够方便体操教学训练的顺利进行，另一方面也有助于体操科学研究、技术推广等方面的发展。但是要注意，在进行体操术语运用的过程中，不是简单地对体操动作的描述，而是能够确切、详细地表明体操技术动作的名称以及动作结构的特点。

一、体操基本术语

体操术语目前主要分为结构术语和命名术语两种类型。结构术语是指描述动作形式及其本质特征的专门用语，要求在使用时准确、规范，是目前使用的主流。命名术语是以国名、地名、人名等命名的某动作的名称，最大的特点是便于记忆。

（一）身体轴的术语

（1）纵轴：是指连接身体重心上下的线。在体操项目中，围绕纵轴进行运动的动作：原地跳转 360°、双杠支撑前摆内转 180°下等。

（2）横轴：是指连接身体重心左右的线。在体操项目中，围绕横轴进行运动的动作：前空翻、单杠慢翻上等。

（3）前后轴：是指连接身体重心前后的线。在体操项目中，围绕前后轴进行运动的动作：侧手翻、侧空翻等。

（二）基本技术要领术语

（1）梗头：是指头颈部正直上顶、下颚内收的技术，如跳马推手时的梗头技术。

（2）低头：是指头部以环枕关节为轴做前屈技术，也是常规意义上的垂下头的意思。在体操技术中往往团身滚动类的动作要求将头低下，例如前滚翻技术动作。

（3）抬头：是指头部以环枕关节为轴做后屈技术，也是常规意义上的头部上仰的意思。在做挺胸、身体后屈等动作时，往往采用抬头技术，如技巧燕式平衡、手倒立、双杠肩倒立等。

（4）顶肩：是指手臂在支撑用力过程中，需要推离地面或器械，肩胛骨外展或上回旋，是用以加固、提高身体重心及加大推撑力量的技术。如技巧前手翻技术的顶肩推手动作以及双杠支撑摆动需要运用到顶肩技术。

（5）推手：是指在支撑过程中伸前臂肌群及屈臂肌群的短发性收缩，配以顶肩做推离支点的技术，如技巧前手翻和跳马的推手技术等。

（6）跟肩：是指肩部向前加速移动，上体前跟的技术；或者肩部向后加速移动，上体后跟的技术，如单杠骑撑前回环后半部分动作的跟肩技术或者支撑后回环后半部分动作的跟肩技术。

（7）含胸：是指两肩和胸内收，稳定和提高身体重心，从而能够更好地进行翻或转的技术，如技巧手倒立或者在进行空翻转体过程中也需要含胸。

（8）挺胸：是指肩背肌群收缩、胸廓扩展，防止身体前翻，或使动作更富有美感的技术，如技巧前手翻技术动作落地的挺胸展体。

（9）立腰：是指通过腰腹部肌群收缩，使脊柱充分伸直、倒立上体做短暂固定的紧腰技术，例如技巧动作跳起前时的准备状态，或者手倒立过程中的立腰。

（10）送髋：是指在摆动过程中，腿前摆加速，使髋关节做向前上远离支点的动作，主要是为了加大摆动幅度的技术，例如，单杠悬垂摆动的向前阶段。

（11）提臀：是指髋关节做前驱动作，使臀部由低位到高位的一种动作技术，如双杠慢起肩倒立、慢起手倒立等。

（三）动作关系术语

（1）同时：本义是指同一时间，同时发生。在体操项目中，单个动作中身体不同部位要在同一时间内完成时或两个动作必须在同一时间内完成时用“同时”表示。例如，徒手体操左脚向左一步成开立，（同时）两臂侧举；单杠支撑后摆（同时）转体 90°下。

（2）依次：本义是指按照次序。在体操项目的单个动作中，身体某些动作部位有先后动作时，用“依次”表示。例如，做技巧鞬子时，两手依次落地；做前滚翻时，经后脑、背、腰、臀依次滚动；双杠支撑摆动后摆下时需要两手依次换握杠。

（3）接：本义是连接的意思。在体操项目中，两个单个的完整动作之间的衔接，在进行术语讲解时要用“接”字把它们连接起来。例如，双杠长振屈伸上接肩倒立；技巧鞬子小翻接后空翻等。

（4）经：在完成动作过程中，途经某个方向（非最短路线）再到达某个指定位置时用“经”，如徒手体操两臂经前至侧举。

（5）成：在做完动作之后的结束姿势。如单杠翻上成支撑；双杠跳上成分腿坐；徒手体操的结束动作：成直立。

（四）基本动作的术语

（1）悬垂：人体肩轴低于器械轴的动作。在体操项目中悬垂分为两种，一种是单纯悬垂，只用于悬垂器械；另一种是混合悬垂，手和其他身体部位一起悬垂于器械。例如：单杠悬垂摆动、单杠挂膝上。

（2）支撑：是指手、手臂或者身体其他部位支撑在器械上，保证整个身体不倒，并使肩关节位于器械轴以上（或平行）的动作，如单杠的支撑、十字支撑、双杠的分腿坐等。

（3）摆动：是指通过肌肉发力，使身体进行运动，从而改变身体各部位的位置，形成向前、向后或者向左右的摆动动作，如支撑摆动、悬垂摆动、鞍马的左右摆动等。

（4）摆荡：是指身体在进行升降或者旋转过程中身体进行的弧线移动，在体操项目中是指身体和器械一同摆动的动作。如典型的吊环动作:前后摆荡。

(5)鞭打:通俗讲是类似抽鞭子时的动作,在体操项目中是指通过髋关节有节奏的急速屈伸(甩腿或踢腿)加速摆动的动作,如单双杠悬垂摆动中的鞭打发力。

(6)弧形:是指由支撑或悬垂开始,通过髋关节的屈伸使身体重心沿抛物线轨迹运动的动作,如单杠支撑后到弧形下、双杠弧形上成支撑等。

(7)极点:是指身体做摆动动作时,所能达到最大幅度的那一点。

(8)转体:是指绕身体纵轴转动的动作,例如自由体操跳转 360°。

(9)回环:是指身体绕器械轴,或两手握点的连线,转动一周或一周以上的动作,如单杠支撑后回环、向后大回环等。

(10)腾越:本义是指跳跃并跨过,在体操项目中是指整个身体腾起后从器械上越过,如跳马分腿腾越。

(11)摆越:是指腿从器械的上面或下面越过的动作,如单杠支撑单腿摆越成骑撑。

(12)全旋:是指通过两手来回交替支撑中,带动下肢做一周或一周以上的绕环式动作,如鞍马单腿同侧全旋、双腿全旋等。

(13)横向移位:俗称平移,是指身体横轴与器械轴平行的左、右移位动作,如双杠支撑后摆下时,身体由杠中平移至杠外。

(14)纵向移位:也称纵移,是指身体横轴与器械轴垂直的前、后移位动作,如鞍马的马乔尔纵向前移或纵向后移等。

(15)倒立:是指足部朝天,手臂或头在下,用来支撑身体重量的一种支撑姿势,如手倒立、头手倒立等。

(16)滚动:是指身体不同部位依次接触地面或器械,但不经过头部翻转的弧形动作。如团身前后滚动、挺身滚动等。

(17)滚翻:是指身体的不同部位依次支撑器械或地面并经过头部的翻转动作,如鱼跃前滚翻、双杠挂臂挺身后滚翻等。

(18)手翻:是指用手或头手支撑经过头部翻转的动作,如技巧前手翻、侧手翻、头手翻等。

(19)空翻:是指身体腾空时做围绕横轴或前后轴,经过头部翻转的动作,如直体后空翻、屈体前空翻、直体分腿侧空翻等。

(20)空翻转体:也称旋,是指把空翻和转体同时做成一个动作,以人体横轴或前后轴为轴的空翻,同时完成以人体纵轴为轴的转体,如团身后空翻两周(同时)转体 360°、屈体前空翻一周(同时)转体 180° 等。

(21)上:是指由悬垂转为支撑或由较低的支撑改为较高的支撑以及由地面跳上器械成支撑的动作,如双杠挂臂前摆上、单杠悬垂摆动接长振屈伸上、双杠跳上成直角支撑等。

(22)下:是指由支撑转为悬垂或由较高的支撑转为较低的支撑以及从器械上到地面的动作。其中,肩部由上而下做弧形运动称倒下,肩部由上而下做垂直运动称落下,如双杠支撑后倒成屈体挂臂撑、手倒立落下成肩倒立等。

(23)上法:是指整套动作或联合动作中第一个上器械的动作,如单杠一脚蹬地翻身上、双杠挂臂屈伸上等。

(24)下法:是指整套动作或联合动作中最后一个离开器械直到地面的动作,如双杠支撑前摆转体180°下、单杠支撑后摆下等。

(25)转肩:是指以肩关节为轴做的两臂旋内或旋外的动作,如吊环直体前转肩。

二、徒手体操动作术语

(1)立:是指人体站立的姿势,如直立、开立、并立、点地立和提踵立等。

①直立:与立正相同,但五指伸直。

②并立:与直立相同,但两脚并拢。

③开立:两脚左右分开,与肩同宽,如有其他开立会专门性指出。

④点地立:一脚脚尖点地、重心落在另一腿上的站立,如侧点地立、前点地立等。

⑤起踵立:两脚跟同时提起,以前脚掌撑地。

(2)蹲:是指两膝并拢同时屈膝的一种姿势,成蹲时,一般指两腿并拢,全脚掌着地,主要分为全蹲、半蹲和微蹲。

①全蹲:大腿与小腿夹角小于45°。

②半蹲:大腿与小腿夹角约为90°。

③微蹲:大腿与小腿夹角大于90°。

(3)跪立:是指膝盖与小腿前面着地,两腿并拢,上体与地面垂直。

(4)撑:是指两手支撑在地上的姿势,如俯撑、仰撑、侧撑、蹲撑、跪撑等。

(5)弓步:是指一脚向某方向迈出一大步,膝关节弯曲成90°左右,另一腿伸直,上体正直,如前弓步、侧弓步等。做弓步时,一般为全脚掌着地。

(6)劈腿:也称劈叉,是指两腿分开成180°的一种姿势,如左右劈腿、前后劈腿和半劈腿(一腿弯曲)。前后劈腿时必须指明哪条腿在前。

(7)坐:是指坐在地上或器械上的姿势,如直角坐、跪坐(有单腿和双腿之分)。

(8)卧:是指人体在地面上躺着(或趴着)的姿势,如俯卧、仰卧、侧卧等。

(9)倾:是指身体偏离垂直面又不失去平衡的姿势,如前倾。

(10)平衡:是指以身体某(些)部位支撑地面,保持一定时间的静止姿势,如燕式平衡、搬腿平衡等。

(11)桥:是指身体背向地面,手和脚支撑成弓形的一种姿势,如前桥、后桥等。

(12)举:是指四肢移动范围不超过180°而停止在某一部位的动作,如前举、上举、侧上举、后斜下举等。

(13)振:是指臂或躯干做快速用力的弹性动作。如胸前平屈后振。

(14)屈:是指关节角度缩小或弯曲的动作,如胸前平屈、上体前屈、屈膝等。

(15)伸:是指关节角度扩展或伸直的动作,如臂上伸、腿前伸等。

(16)摆:是指四肢做匀速较放松地挥动并还原的摆动动作。做摆时,应指出极点的方向,如两臂经侧摆至上举。

（17）踢：是指腿向各方向做加速摆动动作，如腿前踢、后踢等。

（18）转：是指全身、上体和头绕人体纵轴转动的动作，如上体左转、头向右转等。

（19）出：是指一脚迈出一步或半步的动作。脚向任何方向做“出”时，一般两脚距离与肩同宽，但半步或脚尖点地等应指出，例如出左脚略宽于肩。

（20）压：是指四肢或上体做向下加力压的动作，例如压肩、压腿、五指下压等。

（21）跳：是指脚蹬地使身体腾空的动作。做“跳”时，一般用双脚，方向朝上，如跳起成开立、并立或左腿在前弓步等。

（22）绕：是指关节某环节做大于 180° 且小于 360° 以下的弧形动作。绕的方向由动作的开始姿势与身体的关系而定，绕时应指明结束姿势，如直立，两臂向经侧绕至上举。

（23）绕环：是指身体某部位做 360° 或大于 360° 的圆形动作。绕环的方向与绕的要求相同，如由直立或两臂上举姿势开始，可做两臂向前、向后绕和绕环，还可做向内、向外绕和绕环。

（24）波浪：是指身体某部分相邻的关节按顺序做屈伸的动作，如手臂波浪、身体波浪和跪波浪等。

第三节　徒手体操

一、徒手体操动作内容

徒手体操是基础类体操的主要内容，主要是通过徒手的形式，对身体各部位进行简单、对称的动作练习，从而起到锻炼身体，增强体质的目的。练习内容主要包括不同的上下肢及身体躯干动作组成的成套操纵动作。

徒手体操一般包括头部运动、上肢运动、腰部运动和下肢运动，徒手体操的练习，可以养成正确的身体姿态，改正错误的身姿，提高自身内脏器官功能，增强肌肉力量，提高身体免疫力等。

头部运动主要有前屈、后屈、左侧屈、右侧屈、向左转、向右转、绕、绕环等。

上肢运动主要有前举、上举、前上举、前下举、侧举、侧上举、侧下举、侧前上举、侧前下举、后举等，胸前平屈、胸前立屈，上振、侧振、后振、胸前平屈后振，前后的绕或绕环、左右的绕或绕环等。

腰部运动主要以屈、转、绕为主，主要有前屈、左侧屈、右侧屈、腰绕或腰绕环、向左转、向右转。

下肢运动主要有前举、后举、左举、右举、前踢、侧踢、后踢、微蹲、半蹲、全蹲、单脚跳、双脚跳、交叉跳、开合跳、脚点地、坐等。

除上述以外，徒手体操还有一些全身性的动作，如俯撑、仰卧、波浪等，此类动作主要通过身体多部位来进行锻炼，因此徒手体操动作包含了全身各个关节的运动，能够有效地锻炼全身各部位。

徒手体操的内容非常丰富，锻炼部位非常全面，能够有效地满足各类人群的运动需要，也是进行简单锻炼的必要手段。因此,选择合适的徒手体操内容进行锻炼是达到运动目的的前提。

二、徒手体操练习的形式

徒手体操具有内容丰富、形式多样、灵活多变等特点,因此其练习形式也呈现出多样化的特点,如单人练习、双人之间的对抗性或协同性练习以及集体的团体操练习。

(一)单人练习

单人练习是指在练习时,不受其他人的干扰和约束,自身根据节拍节奏,完成相应的动作,其动作较为简单,以活动全身各个部位为目标,主要有头颈运动、上肢运动、下肢运动、全身运动等。

单人练习相对来说更容易被大众接受,首先练习时间更加灵活,不受他人的约束;其次,在练习的内容上,有绝对的自主权,在锻炼身体过程中,能够根据自身所需,选择合适的内容进行练习。

(二)双人练习

双人练习是指在单人练习的基础上,利用两人相互配合做动作的方法练习。此种练习的方式能够提高练习内容的难度,增加练习的兴趣,也能更好地达到运动的目的。

双人练习的方法主要包括助力性动作、协同性动作和对抗性动作三类。

1. 助力性动作

助力性动作是指一人辅助另一人做动作,使被帮助者更好地得到锻炼的方式,如辅助拉肩、坐位体前屈的辅助练习、搬腿等。

2. 协同性动作

协同性动作是指两人互相配合用力,最终使双方都可以同时得到练习的方式。如双人压肩;两人背对左弓步站立,两臂侧举互握扩胸等。

3. 对抗性动作

对抗性动作是指两人相互对抗用力的一种练习方式,如背对背信任半蹲、两人面对面弓步顶肩互推动作。

(三)集体练习

集体练习是指在单人和双人练习的基础上,有多人互相配合进行练习的形式,可分为多人互相配合做同类动作和多人互相配合做不同动作。其主要通过原地或者行进间,配合音乐节拍,每个人在同一拍中完成相同动作或者不同动作,或相同动作但方向不同的动作,但要保证集体的美感与节奏,以此来完成整套的集体动作。

在集体动作的练习过程中,团队每个成员都应该相互配合,使整体的动作、节拍或造型能够凸显出整体的效果。

总之,徒手体操的练习形式丰富多样,选择多,安全性较其他项目的练习高,对自身健康更有保障,对自身的身体要求也较低,是进行良好锻炼的有效手段。练习者可根据自身的实际,选择单人、双人或者集体的练习形式,来满足自身的需求。

三、全国第九套广播体操

以广播体操本身所具有的灵活性来说，所受限制很少，尤其对于人数来说，单人练习、双人练习或者多人练习都可以，并且根据人数的不同，也可进行不同类型的练习，以下是全国第九套广播体操的动作要领及要求。

全国第九套广播体操完整拍次展示。

1. 预备节：原地踏步（2×8 拍）

预备姿势：两脚立正，手臂垂于体侧，抬头挺胸，眼看前方。

口令至原地踏步时，半握拳。

第一拍，左脚向下踏步，右腿抬起，膝盖向前，脚尖离地 10~15 厘米，同时，左臂前摆至身体中线，右臂后摆。

第二拍与第一拍动作相同，方向相反。

2. 第一节：伸展运动（4×8 拍）

预备姿势：直立。

第一拍，左脚向侧一步，与肩同宽，同时，两臂侧举，头向左转 90°。

第二拍，右脚并于左脚，同时半蹲，双臂屈臂于胸前，含胸低头。

第三拍，手臂伸出至侧上举，同时抬头挺胸眼看前上方。

第四拍，手臂落下，还原至体侧。

第五、六、七、八拍，动作同，方向相反。

3. 第二节：扩胸运动（4×8 拍）

预备姿势：直立。

第一拍，左脚向前一步同时手臂经前举扩胸至侧举，握拳，拳心向前。

第二拍，身体向右转 90°，手臂经体前交叉，曲臂向后扩胸。

第三拍，身体向左转 90°，同时，手臂经体前交叉，向后扩胸。

第四拍，左脚收回成立正姿势，同时手臂经前举，还原至体侧。

第五、六、七、八拍，动作同，方向相反。

4. 第三节：踢腿运动（4×8 拍）

预备姿势：直立。

第一拍，左腿向侧摆起 45°，同时，两臂侧平举，掌心向下。

第二拍，双腿并拢，屈膝半蹲，同时两臂还原至体侧。

第三拍，左腿向后踢起，离地 10~20 厘米，同时，两臂经前摆至侧上举，掌心相对。

第四拍，收手收脚，还原成立正姿势。

第五、六、七、八拍，动作同，方向相反。

5. 第四节：体侧运动（4×8 拍）

预备姿势：直立。

第一拍，左脚向侧一步比肩稍宽，同时左臂侧平举掌心向下，右臂胸前平屈，掌心向下。

第二拍，下肢保持第一拍的姿势，同时上体侧倾 45°，左手叉腰，右手摆至上举，掌心向内。

第三拍,左腿并于右腿,同时半蹲左臂上举,右臂贴于体侧。

第四拍,还原至立正姿势,同时,左臂还原至体侧。

第五、六、七、八拍,动作同,方向相反。

6. 第五节:体转运动(4×8 拍)

预备姿势:直立。

第一拍,左腿向侧迈出,比肩稍宽,同时,两臂侧平举,掌心向下。

第二拍,下肢保持第一拍姿势,身体向左转 90°,同时,双手胸前击掌两次。

第三拍,上体向右转 180°,同时,双臂伸直至侧上举掌心向内。

第四拍,左脚还原成立正姿势,同时,身体转正,两臂经侧还原至体侧。

第五、六、七、八拍,动作同,方向相反。

7. 第六节:全身运动(4×8 拍)

预备姿势:直立。

第一拍,左脚向左迈出,比肩稍宽,两臂经侧 摆至上举交叉,掌心向前,抬头看手。

第二拍,身体前屈,双臂体前交叉,掌心向内,低头看手。

第三拍,收左脚,成半蹲姿势同时双手扶膝,肘关节向外低头,眼看前下方。

第四拍,站起,成立正姿势。

第五、六、七、八拍,动作同,方向相反。

8. 第七节:跳跃运动(4×8 拍)

预备姿势:直立。

第一拍,跳成左脚在前的弓步,同时撑手叉腰,肘关节向外,虎口向上。

第二拍,跳成立正姿势。

第三拍,跳成右脚在前的弓步。

第四拍,跳成立正姿势。

第五拍,跳成两脚开立,脚尖微微向外膝盖向脚尖方向缓冲,同时,两臂侧平举,掌心向下。

第六拍,跳成立正姿势。

第七、八拍,动作同五、六拍。

第二至第四个八拍,动作同第一个八拍。

9. 第八节:整理运动(2×8 拍)

预备姿势:直立。

一至四拍,原地踏步四拍。

第四拍还原至立正姿势。

第五、六拍,左脚向侧迈出,比肩稍宽,手臂经侧摆起至侧上举,抬头 45°,眼看前上方。

第七、八拍,左脚收回,同时手臂经体侧还原成立正姿势。

第二个八拍同第一个八拍动作,但方向相反。

现有的成套广播体操众多，可根据自身年龄、体质等结合自身的实际需要，选择合适的成套操化动作；另外广播体操不拘泥于原有的成套操化动作，也可根据自身的运动经验和需求，自编徒手操来进行锻炼，因为自编徒手操更具有针对性和吻合性，针对自身的锻炼效果更好，但是自编也应该遵循科学规律，合理地进行编排。无论是原有的成套广播体操，还是自编的广播体操，在进行锻炼过程中都应该根据自身的身体状况，选择合适的锻炼环境，进行有效的锻炼。

四、体操广播操竞赛规则

体操的比赛是指组织者为了完成特定的体操任务，而将运动员临时组合在一起的一项团体活动。这就要求竞赛的组织者，必须将团体中参与体操竞赛活动的每个人，都安排到特定的工作岗位上，建立起一个有组织的职务系统。明确每个人应该做什么，谁对结果负责，消除工作执行中的障碍，提高工作效率。

1. 制定竞赛规则

竞赛规程是所有参赛单位或团队必须遵守的准则。在制定竞赛规程时，应根据比赛的目的、任务和具体条件来决定。一般是由主办方指定专人负责起草，经专业人士讨论修改后，送至主管单位机关审批。规程要写得简明、具体、准确，使参赛单位或比赛人员不会因此产生误解，并按照规程进行有效准备。

规程制定应包括下列基本内容：

（1）比赛名称；

（2）比赛的主办者、承办者和协办者；

（3）比赛时间、地点；

（4）比赛目的、任务；

（5）参加人员；

（6）竞赛项目或内容；

（7）参赛办法；

（8）竞赛办法；

（9）录取名次；

（10）奖励；

（11）报名和报道；

（12）裁判员；

（13）其他；

（14）下发竞赛规程。

2. 召开工作会议

比赛前应有竞赛委员会负责人召开领队会或相关方面的会议。参会人员应包括：主办单位负责人、参赛单位的领队、总裁判长、竞赛委员会成员。

会议主要内容如下：

（1）比赛场地及设备等情况；

（2）裁判长解释竞赛规程和评分规则；

（3）抽签、确定比赛顺序。

在体操竞赛中，抽签是竞赛中必不可少的一项会议议程，通过抽签可以确定参赛单位和运动员的顺序。确定比赛顺序有抽签、安排、抽签与安排相结合三种形式。一般多采用抽签的形式。抽签包括名称、出场顺序或比赛项目顺序。

3. 广播操比赛规程

案例：校园第九套广播体操竞赛规程

为了更好地贯彻“健康第一”的指导思想，切实加强学校体育工作，丰富学生课余体育生活，增强学生体质，促进学生的身心健康，培养学生的集体主义荣誉感，展示各学院的精神风貌，经研究决定，举行广播体操比赛。具体事宜如下。

一、比赛时间：2023 年 3 月 17 日（星期五）上午（暂定）。

二、比赛地点：某某学校田径场。

三、比赛内容：第九套广播体操。

四、参赛单位：以学院为参赛单位，各个学院均组队参赛。

五、比赛办法

（1）参赛人数：每学院须有 46 名学生组成（领操员 1 名，各学院呈 9×5 方队，每排 9 人），每缺席 1 名参赛学生扣 1 分，缺少 5 名以上不进行评分。比赛分 4 组依次进行。

（2）各学院赛前抽签决定上场顺序，抽签时间另行通知。按抽签顺序入场比赛，入场后每队的领操员举手示意准备完毕，裁判长宣布比赛开始。

（3）从列队入场起开始评分，直至离开比赛场地回到原位评分结束。

（4）总成绩计算：比赛成绩满分为 100 分，以 0.5 分为最小单位对错误进行扣分。最后得分的计算方法：由七名裁判参与评分，去掉最高分和最低分，取有效得分的平均分为最终得分。

（5）宣布分数：广播操比赛结束后适时宣布各队的得分及名次。

（6）比赛时遇到突发事件应立即停止比赛（如音乐播放错误、停电、场地问题等），待事故处理后重新比赛。

（7）比赛程序：列队入场；做广播体操；操毕列队退场。

（8）进场注意事项：各学院引导员将本学院学生带入指定比赛场地位置（赛前抽签决定），领操员指挥本学院学生成广播体操队形散开，准备比赛。

六、评分标准

见表 2-2《第九套广播体操比赛评分表》中评分细则。

七、录取名次、奖励办法

（1）录取名次按成绩取前八名。如最终得分相同，则有效得分最高者名次列前，以此类推，直至排出先后名次。

（2）大会设优秀组织奖四名。

（3）奖励办法：对获奖的学院颁发奖牌。

八、其他

本规程未尽事宜，由校体育学院负责解释。

表 2-2　第九套广播体操比赛评分表

参赛单位______________________

<table>
<tr><th>内容</th><th>分值</th><th>得分</th><th>评分细则说明</th></tr>
<tr><td>预备节</td><td>5 分</td><td></td><td rowspan="12">1. 进退场评分细则
进退场队伍整齐有序，步调一致，领操员的口令清晰、声音洪亮、节奏准确；少于 30% 的人队列队形变化不整齐扣 1 分，在 30%~50% 之间扣 2 分，50% 以上扣 4 分。
2. 精神面貌评分细则
精神面貌是指队员自始至终表现出充沛的精神，充满自信，以自身的活力和激情完成动作并感染观众（包括服装统一、整洁、合身，符合学生特征；领操员精神状态朝气蓬勃、充满活力，表情优美、自然；领操员动作节拍与音乐节拍相符，规范、有力）；30% 以下的人欠缺上述精神面貌扣 1 分，在 30%~50% 之间扣 2 分，50% 以上扣 4 分。
3. 动作完成标准及动作错误评分细则
（1）准确度：动作技术规范、动作路线、动作方向明确；始终保持正确的身体姿势，大幅度舒展地完成动作；动作力度要轻松而不懈怠，有力度而不僵硬；所有参赛者以均衡一致的动作准确度、动作幅度、动作力度及精神面貌完成动作。
（2）与正确动作、姿势和节拍有微小的偏差或动作错误角度与方向小于 15°~30° 之间的扣 2 分；与正确动作、姿势和节拍严重偏离或动作错误角度与方向在 30°~45° 之间的扣 3 分；没有清晰的身体位置、失去平衡扣 5 分；漏做一节或部分节拍，扣去该节的全部分值；在同一节中出现附加动作扣 1~3 分。
4. 动作一致性评分细则
动作不齐的人数在 10% 以下扣 1 分，10%~30% 之间扣 2 分，30% 以上扣 3~4 分。
5. 缺席评分细则
按规定参赛人数要求（每队 46 人），每缺席一名参赛队员扣 1 分，缺少 5 名以上不进行评分。
6. 总成绩计算
比赛成绩满分为 100 分，以 0.5 分为最小单位对错误进行扣分；最后得分的计算方法，由七名裁判参与评分，去掉最高分和最低分，取其他的分的平均分为最终得分</td></tr>
<tr><td>伸展运动</td><td>10 分</td><td></td></tr>
<tr><td>扩胸运动</td><td>10 分</td><td></td></tr>
<tr><td>踢腿运动</td><td>10 分</td><td></td></tr>
<tr><td>体侧运动</td><td>10 分</td><td></td></tr>
<tr><td>体转运动</td><td>10 分</td><td></td></tr>
<tr><td>全身运动</td><td>10 分</td><td></td></tr>
<tr><td>跳跃运动</td><td>10 分</td><td></td></tr>
<tr><td>整理运动</td><td>10 分</td><td></td></tr>
<tr><td>进退场</td><td>10 分</td><td></td></tr>
<tr><td>精神面貌</td><td>10 分</td><td></td></tr>
<tr><td>总　分</td><td>100 分</td><td></td></tr>
</table>

第四节　持轻器械体操动作

在学校体育中持轻器械体操是常用的练习方式之一，也是体操类型之一，它是在徒手操的基础上进行的训练，训练者应该在学习持轻器械体操之前先进行理论知识学习。根据学校体育课程教学，本节仅介绍体操棍。

一、轻器械体操特点

轻器械体操的主要特点是种类多样化、内容丰富、形式多样化、特点鲜明、健身功效显著。练习者可根据练习目的选择轻器械;可根据运动负荷、身体部位的要求对练习的难度进行控制;可利用不同器械的使用方法,变换练习的方式,从而达到锻炼的目的。

二、轻器械体操的种类

根据轻器械的材料质地,轻器械可分为硬器械、软器械和弹性器械。硬器械包括体操棍、实心球、火棒、木哑铃等;软器械包括纱巾、彩旗、彩带、跳绳等;弹性器械包括健身球等。无论是什么材质的轻器械,其体操都在不断的发展中。

三、轻器械体操的基本练习

本节只介绍体操棍的基本练习。

1. 握棍方法

(1)正握:双手正向握棍,与肩同宽,虎口相对。

(2)反握:双手反向握棍,与肩同宽,虎口朝外。

(3)正反握:一手正握,一手反握,两手间距与肩同宽。

(4)交叉握:两臂体前交叉双手握棍。

(5)单手握棍:一只手做正握或反握。

(6)垂直握棍:双手握棍,两臂前平举与地面垂直。

2. 握棍部位

(1)握棍的两端。

(2)握棍的一端。

(3)握棍的中间。

(4)握棍时要与肩同宽。

(5)握棍 1/3 或 1/4 处。

3. 换握方法

(1)换握方法:在进行棍操的过程中,练习者可以将棍从一端换至另一端。

(2)单手换握:单手离开握点,换至另一个握点。

(3)滑动换握:在手不离棍的情况下,滑动换至另一个握点。

4. 基本持棍动作

1)立正持棍

立正姿势,右手握棍,手臂自然下垂,棍子垂直于右肩靠拢。

2)稍息持棍

稍息姿势,右手握棍,棍子一端轻落在左脚尖。

3)行进持棍

立正姿势,右手握棍,手臂自然下垂,棍子垂直于右肩靠拢,进行行进间走。

5. 持棍动作内容

1)持棍举动作

立正姿势,右手握棍,手臂自然下垂,棍子垂直于右肩靠拢。

【动作做法】双手正握持棍,棍子做上下水平运动。

臂侧举:双手持棍,做左右单手滑棍。

前举滑棍:双手垂直握棍,同时将棍垂直前举。

上举臂棍:双手正握持棍上举,单手滑棍,成一臂上举,一臂胸前平屈。

斜侧举棍:双手持棍正握两端,一臂侧举,一臂上举,棍子成斜线。

单臂上举:单臂上举包括前下举、前举、前上举、臂下垂、侧下举、侧举、侧上举、后举等。

2)持棍绕环和绕动作

练习者在操化过程中可持棍进行绕和绕环动作,转动手中的体操棍。

小绕环动作:可双手持棍也可单手持棍,以腕关节为轴做转动动作,通常单手持棍做绕环动作较多。

中绕环动作:双手持棍,以肘关节为轴做转动动作,通常单手持棍做向外或向内肘关节绕环动作。

大绕环动作:双手持棍,以肩关节为轴做转动动作,通常单手持棍做向内或向外绕环动作,也可双手持棍做前后、左右绕环动作。

第五章　足球运动

第一节　足球运动概述

一、足球运动的起源

足球运动有着悠久的历史，不管是运动人数方面还是商业价值方面，都可以被称为世界第一大运动。2004 年在中国北京举行的第三届国际足球博览会上，国际足球联合会（FIFA）正式向世界宣布，足球运动起源于中国春秋战国时期的都城临淄，至今已有 2300 年的历史，后经一些国家的辗转传到了英国，并且在英国得到了推广。在国际足球联合会宣布这一结论后，把山东淄博的临淄正式认定为足球运动的发源地，并且专门颁发了“足球起源地认证书”。由此可见，我国足球有着悠久的历史，对于现代足球运动的产生与发展做出了巨大的贡献。

（一）古代足球的鼻祖——蹴鞠

古代足球是专门指中国古代的足球。在中国古代称为“蹴鞠”。在我国的春秋战国时代，就有人开始参与蹴鞠游戏，根据文献记载，“蹴鞠”一度被称作“蹋鞠”。“蹴鞠”这一说法最早见于《史记·扁鹊仓公列传》中，书中记载了以下内容：西汉时身为“安陵阪里公乘”的项处，因迷恋“蹴鞠”，虽患重病仍不遵医嘱继续外出蹴鞠，结果不治身亡。后来，《汉书》中也多次出现“蹴鞠”一词。但是经过学者考证，在汉代以前的战国，称足球为“蹋鞠”。《战国策·齐策》这一著作中记载齐国首都临淄人的生活时言：“临淄之中七万户甚富而实，其民无不吹竽、鼓瑟、击筑、弹琴、斗鸡、走犬、六博、蹋鞠者。”这段话也在《史记·苏秦列传》中出现过，当时描述了在富裕起来的临淄，市民们开展了多种多样的文体活动，包括吹奏、击打、弹拨乐器，斗鸡、赛狗、下棋和踢球等。以上史料表明，战国时期的齐国都城临淄，称为“蹴鞠”的运动已经发展成一种在当时民间广为盛行的娱乐方式。

（二）现代足球的起源

众所周知，现代足球起源于英国。这个结果绝非偶然，因为现代运动的三大基石中就包括了“英国户外运动”，同时英国也被称为“户外运动之乡”，许多现代运动项目都产生于近代的英国。据史料记载，中世纪的欧洲足球活动已经随处可见。比如在英国的柯克沃尔等地区，在圣诞节期间一直有一个传统，就是举行一种叫作“上上下下”的球类运动，场地是街道、田野等。其中，不限制参与者的数量，不管是踢球还是抱着球跑等行为都是比赛允许的，有的时候比赛甚至会出现击打对手的状况，更有甚者用利器捅伤对手。所以，英国早期的足球运动被贴上了“粗暴”“无秩序”等标签。除此之外，比赛用球、球门和规则等都存在很大的地区差异，造成了地区与地区之间的比赛无法进行的状况，所以，规则的统一就成了当时很多足球爱好者和推广者想要达成的愿望。

现代足球起源于英国却存在不同说法。一种说法主张现代足球起源于英国的两个城市，一个是切斯特，一个是德比。起源时间大约在公元1世纪。其中，切斯特人认为，足球是他们祖先为了庆祝战争胜利，将俘虏来的士兵斩首后，把头颅踢来踢去，由此发明的游戏；德比人则宣称在公元217年击败古罗马步兵后，足球是其举行的庆祝游戏，《德比城志》中记载："城镇与城镇、村庄与村庄之间的足球赛是从公元217年开始的。"除此之外，另一种说法主张现代足球是由古希腊盛行的一种名为"哈巴斯特姆"的足球游戏发展演变而来的，于1066年传入英国。在当时的古希腊，"哈巴斯特姆"这项游戏没有产生太大的影响，但在传入英国后却得到了空前的发展。但不管哪种说法都证实了现代足球起源于英国。

关于足球的规则是如何制定的，也流传着很多种说法，一种说法认为在19世纪早期的英国伦敦，牛津大学和剑桥大学之间进行足球比赛时临时制定了相应规则。临时制定规则的主要原因是有队员在比赛中用手拿起球，像现代的橄榄球一样，一路抱球跑到球门里。这一行为引发了两派人的争论，其中认为可以手持球一派演变成了现在的橄榄球，认为不能手持球一派演变成了现在的足球。另外一种说法在1848年，足球运动的第一个文字形式的规则——《剑桥规则》诞生了。所谓的《剑桥规则》，即在英格兰的剑桥，来自5所中学的学生对部分足球规则进行了制定，并且达成了统一。《剑桥规则》是足球运动的第一个有明文规定的规则书。

1857年10月24日，在英国的谢菲尔德，业余足球队谢菲尔德足球俱乐部成立，这是世界足球历史上成立的第一支足球俱乐部。但在建队之后的数年间，由于没有对手，所以谢菲尔德足球俱乐部只能在队内举行已婚球员与未婚球员之间的足球对抗训练赛。1862年，在英国的诺丁汉郡，诺茨郡足球俱乐部宣布成立，世界上诞生了第一支职业足球俱乐部。

1863年10月26日，一些狂热的足球爱好者在英国伦敦女王大街的弗雷马森酒店举行了聚会，聚会中讨论并通过了成立英格兰足球总会的议案，这是世界现代足球历史上成立的第一个足球协会，其成立标志着现代足球的正式诞生，于是，1863年10月26日成了"现代足球日"。除此之外，此次聚会还草拟出了一份简单的足球竞赛规则，这也标志着现代足球竞赛规则的诞生。随着英足总成立，在英格兰的带动下欧洲和拉丁美洲的部分国家的足球运动蓬勃发展，并且各个国家陆陆续续成立了自己国家的足球协会。

综上所述，随着以英国为首的欧洲国家足球运动的普及和规则的制定，现代足球运动的初具雏形，并且随着时代的发展不断完善和改良，这也奠定了英国作为现代足球发源地的基础。

二、足球运动的发展

（一）国际足联的诞生与发展历程

国际足球联合会（FIFA）于1904年5月21日在法国巴黎正式成立，参加大会的共有来自8个不同国家的组织，分别为法国体育运动联合会、比利时体育运动联合会、丹麦足球协会、荷兰足球协会、西班牙马德里足球俱乐部、瑞典足球协会、瑞士足球协会。

在成立大会召开两天后的1904年5月23日，国际足联内部举行了第一次公开选举，法国人罗伯特·格林当选第一任国际足联主席。在国际足联成立之初，可以说是一无所有，若要想真正建立起一个能够代表各个国家足球协会的世界性组织的话，还有很多任务要完成。首要的任务就是需要说服现代足球起源地——英国加入国际足联。

但是，直到1909年，国际足联的成员还仅包含欧洲部分国家的足球协会，根据此种状况，国际足联开始吸纳其他大洲的足协组织，南非足协于1910年成为第一个非欧洲成员组织，随后阿根廷和智利于1912年也加入国际足联，1913年又增添了美国。自此之后，国际足联逐渐开始了世界范围内的交流，这也为后来发展壮大、成为最具影响力的国际单项体育组织奠定了坚实的基础。

国际足联目前下设欧洲、南美洲、亚洲、非洲、中北美和加勒比地区、大洋洲等6个洲际性组织，1932年其总部由法国巴黎移至瑞士苏黎世。国际足联的官方工作主要用语为法语、英语、西班牙语和德语。因为，足球运动是世界第一大运动，每四年一届的足球世界杯又是全世界球迷共同的节日，凭借这股全球影响力，国际足联也成了最富有、最有权势、最有话语权的国际体育性组织。

国际足联从成立至今，已经吸纳了203多个成员国和地区，直至目前，国际足联的成员中，亚足联有48个会员（其中1个为非国际足联会员）；欧足联有53个会员（2016年5月，国际足联第66届大会上正式投票通过了科索沃和直布罗陀加入国际足联的决议）；非足联有56个会员（其中2个为非国际足联会员）；南美足联有10个会员；中北美和加勒比地区足联有41个会员（其中6个为非国际足联会员）；大洋洲足联有14个会员及2个准会员（其中3个会员及2个准会员为非国际足联会员）。

（二）足球世界杯的诞生与发展

现代足球起源于英国，随后随着交通的便利和通讯的发达，足球运动逐渐开始风靡世界。在足球运动迅速普及开展下，相关的国际足球赛事也随之产生了。1896年在雅典举办的第一届现代奥林匹克运动会中，足球就被列为正式的比赛项目，丹麦在决赛中9：0大胜希腊，成为现代奥林匹克运动会的第一个足球冠军。在安特卫普1920年举办的奥林匹克运动会上，南美、亚洲及非洲的14个国家参加了奥运会的足球项目，1928年17个国家参加了阿姆斯特丹奥运会，因为当时的国际奥委会规定不允许职业运动员参加奥运会，所以在阿姆斯特丹奥运会之后，足球比赛已无法持续。

在1928年的阿姆斯特丹奥运会结束后，国际足联召开了代表会议，一致通过了举办四年一次的世界足球锦标赛这一决议，此次会议的内容对世界足球运动的进一步发展和推广起到了决定性的推动作用。在最初阶段，世界杯足球比赛被称为“世界足球锦标赛”。1956年，国际足联在卢森堡召开的会议上，决定更名为“雷米特杯赛”，这是为了表彰前国际足联主席雷米特为足球运动的发展做出的贡献。雷米特担任国际足联主席33年间，承担了世界足球锦标赛的发起者和组织者的角色。后来，有人建议将“世界足球锦标赛”和“雷米特杯”两个名字联系起来，称为“世界足球锦标赛——雷米特杯”。于是，在赫尔辛基会议上决定更名为“世界足球锦标赛——雷米特杯”，简称“世界杯”。巴西队在1958年、1962年、1970年三次获得世界杯，永久保留雷米特杯。现今世界杯足球赛奖杯为“大力神杯”。

（三）奥运会足球比赛的诞生与发展

现代奥林匹克运动会起源于希腊，第一届奥运会于1896年举办时，足球这项赛事还只是新兴运动。虽然在西欧各国，尤其是英伦三岛，足球俱乐部已经如雨后春笋一般出现，但是在国家层面上，已经成立足协的国家依然很少。当19世纪末第一届奥林匹克运动会筹办时，大多数参赛国并没有足够的时间去寻找可以参加足球比赛的人员。因此，足球在第一届奥运会中没有成为正式的比赛项目，而只是一项具有表演性质的项目，参赛球队也是组委会临时邀请的，包括丹麦队、希腊士麦泥队和希腊萨洛尼卡队等，当届奥运会的冠军是丹麦队。

从第二届奥运会开始，足球加入正式比赛项目的行列，只是在随后的两届奥运会中，参加足球赛事的球队依然是俱乐部指派的。1900年巴黎奥运会，参加男足赛事的球队包括英国阿普顿公园俱乐部队、法国社区联盟俱乐部队和比利时布鲁塞尔大学联队等，当届的冠军是英国阿普顿公园俱乐部队。1904年圣路易斯奥运会，参加男足赛事的球队包括加拿大加尔特足球俱乐部队、美国圣路易斯基督教兄弟学院队和美国圣路易斯玫瑰教区学校队，当届的冠军是加拿大加尔特足球俱乐部队。

1904年国际足联成立，之后世界各国的足协相继组建，此后参加奥运会男足赛事的都是以国家或地区的名义派出的代表队，俱乐部参加奥运会男足赛事的历史就此结束。

1908年奥运会的男足项目参赛队首次以国家队的形式参赛，当时已经有职业化联赛的英国派出的代表队轻松夺得赛事冠军。四年后，英国蝉联奥运会男足冠军。当时的奥组委认为职业球员与业余球员的实力差距太大，影响了男足赛事的观赏性。而且，奥运会在初创阶段属于精英人士的运动会，一些社会上层人士不愿意与职业化球员同台竞技。由此，奥组委顺理成章地禁止职业球员参加男足赛事。

随着职业化足球在世界范围内广泛普及，足球运动带来的商业收益已经非常可观。但是当多年后奥组委认可职业化足球的效益时，国际足联早已将世界杯赛事运作成一项足以与奥运会相媲美的大型赛事。这时，虽然奥组委不再限制职业球员参加奥运会男足赛事，但是这也导致了国际足联的不满。

为了确保世界杯赛事能够做到利益最大化，国际足联在二战结束后就开始限制职业足球运动员参加奥运会的足球比赛，这样做先是配合奥组委，但当奥组委放开限制后，国际足联依然进行全面限制。1977年，国际足联禁止参加过上届世界杯足球比赛的运动员参加奥运会的足球比赛；1984年，国际足联禁止欧洲和南美洲参加过世界杯决赛的运动员再去参加奥运会的足球比赛；1988年，国际足联正式决定参加奥运会的足球运动员的年龄必须在23岁以下，且每队最多允许有3名超龄球员，但不再限制职业运动员参赛。这几乎已经是国际足联愿意做出的最大妥协，要知道当时除了已经成为世界第一赛事的世界杯之外，国际足联还成功运作了世青赛。奥运会男足赛事的存在，无疑会压缩世界青年足球锦标赛的商业空间。

23岁及以下的球员才能够参加奥运会男足赛事的决定从1992年奥运会开始执行，并一直沿用至今。从此，奥运会男足的赛场上，就出现了所谓的超龄球员，并且奥组委对超龄球员进行了严格的限制。

中国男足历史上曾两次打入奥运会男足赛的决赛阶段，第一次是在1988年的汉城奥运会上，另一次则是在2008年北京奥运会上，后一次是以东道主的身份直接入围的。两次参赛的成绩都很不理想，唯一值得纪念的是2008年北京奥运会上，当时的希望之星董方卓在对阵新西兰的比赛中打入一球，该进球成为中国男足在世界大赛截至目前的唯一进球。

（四）现代足球运动在我国的开展现状

1. 多项政策提出2020年足球场地建设目标

2015年3月16日，国务院颁发了《中国足球改革发展总体方案》，这是中国足球发展与改革的纲领性文件，同时也是中国足球史上里程碑式的标志性事件。

足球场地建设是竞赛开展和人才培养的必要硬件保障，在《中国足球改革发展总体方案》（以下简称《总体方案》）中，加强足球场地建设管理是十项重要工作之一。其中第一条便是扩大足球场地数量。《总体方案》要求制定全国足球场地设施建设规划。把兴建足球场纳入城镇化和新农村建设总体规划，明确刚性要求，由各级政府组织实施。要因地制宜建设足球场设施，充分利用城市和乡村空旷资源以及废弃资源，发挥其特点建设一大批简单实用的非标准足球场地，创造条件满足校园足球活动的场地要求。同时，对足球场地建设予以政策扶持，对社会资本投入足球场地建设，应当落实土地、税收、金融等方面的相关优惠政策。在《总体方案》发布一年之后的2016年5月，国家发展改革委、教育部、国家体育总局、国务院足球改革发展部际联席会议办公室等共同编制了有关场地建设方面的配套政策——《全国足球场地设施建设规划（2016—2020年）》（以下简称《规划》），《规划》提出的建设目标是：到2020年，全国足球场地数量超过7万块，平均每万人拥有足球场地达到0.5块以上，有条件的地区达到0.7块以上；足球场地设置的利用率有较大提升，经济社会的效益有明显提高，形成合理、类型多样的足球场地设施网络。

2. 建设现状

为了达成以上目标，在“十三五”时期，国家体育总局等相关单位，在指导地方足球场地设施建设的基础上，开展了全国足球场地设施建设专项行动。按照“中央出资金、地方出台政策、企业出服务”的方式，先后确定两批共41个重点推进城市，破解了球场建设规划、土地、融资等难题。在2020年，预算投资足球场地35亿元，比2019年增长33%，重点支持社会球场设施建设，成功激发带动地方性财政资金投入约85亿元。总体来看，专项行动成功带动了全社会建设足球场地的热情，根据国家相关部门统计的数据来看，在“十三五”时期共带动各地新建社会足球场地26 957块，全国社会足球场地数量较“十二五”末增长了4倍之多。从地区来看，河南、广东、云南、山东等12个省份新建足球场数均达到千块以上，湖南、贵州、西藏、青海等10个省份足球场地设施数量均增长数倍。同时从球场类型看，5人制球场是“十三五”时期全国各省市新建球场时首要选择的球场类型，占比达到了67%，11人制球场占比为16%，7人或8人制球场占比为14%，其他制式球场占3%。从建设运行方式看，新增社会足球场中，公建公营球场占71.7%，民建民营球场占19.3%，公建民营球场占9%，由社会资本参与建设和运营的社会足球场地较“十二五”时期提升了近3倍，初步形成了政府作用充分发挥、社会力量积极参与的足球场建设运营格局。

3.“十三五”社会足球场地建设指导目标超额完成

从国家体育总局发布的数据上看，截至2020年底，全国的足球场地设施数量达到了11.73万块，场地面积达到了惊人的3.20亿平方米，与此同时结合第七次人口普查的相关数据得出，全国平均每万人拥有足球场地达到0.83块，均超额完成建设目标。

4.国字号球队建设

中国现有中国国家男子足球队、中国国家女子足球队、中国国家青少年足球队、中国国家U-23男子足球队、中国国家U-21男子足球队、中国国家男子室内五人制足球队、中国国家女子室内五人制足球队、中国国家U-20男子室内五人制足球队、中国国家沙滩足球队。所有队伍归中国足协管理，代表中国参加各级别世界级、洲际赛事。

5.联赛建设

中国现有中国足球协会超级联赛、中国足球协会杯、中国足球协会甲级联赛、中国足球协会乙级联赛、中国足球协会超级杯赛、中国足球协会冠军联赛、中国足球协会会员协会冠军联赛、全国青少年男子足球联赛、中国足球协会杯赛（女子）、中国足球协会女子足球超级联赛、中国足球协会女子足球甲级联赛、中国足球协会室内五人制足球超级联赛、中国足球协会室内五人制足球甲级联赛、中国足球协会女子室内五人制足球联赛。所有联赛归属中国足协管理。

第二节　足球基本技术

一、踢球

踢球是指运动员有目的地用脚的某部位将球击向预定目标或击出当前区域的动作方法，它是组织进攻、变化战术、渗透突破、创造和完成射门的重要手段，也是比赛中应用得最多的一项技术。足球运动中，通常踢球主要表现为3种形式：本队配合传递推进，这种技术称为传球技术；将球踢进对方球门，称为射门技术；将球踢出本区域，称为解围。其中射门与传球可作为基本技术进行练习，而解围踢球技术则与抢断球技术和实战技术结合更为紧密。

（一）踢球动作的技术环节分析

踢球的方式不同，其动作要素也不尽相同，但其技术结构却是一致的，都是由助跑、支撑脚站位、踢球腿摆动触击球及其后的随前动作5个环节依次组合构成。其中，支撑脚站位、踢球腿摆动、脚触球或击球3个环节是技术精确完成的重要环节，其中脚触击球是踢球技术环节的重中之重，因为无论何种踢球形式，触击球环节都不能缺失。例如抢点射门过程中，在特殊的时空环境中，有时不需要支撑脚站位这一技术环节，甚至不需要踢球腿摆动环节。

1.助跑

助跑是指运动员踢球前的几步跑动。助跑的重要目的是通过步伐的移动，使支撑脚站在准确位置，同时提升踢球腿摆动过程中的加速度。助跑的前几步为调整步伐，可碎步也可正常步伐，但最后一步一定是一个“跳跨步”，从而提升踢球腿的摆动幅度、增加摆动力量、提升动作速度，同时能够进行有效的身体制动，防止身体重心前移。助跑主要有斜线助跑、直线助跑两种方式,斜线助跑是指踢球者—目标足球—目标位置非一条直线;而直线助跑则是三者成一条直线。在基本技术练习中,直线助跑与斜线助跑主要由踢球的部位决定。

2. 支撑脚站位

支撑脚站位对于初学者极为关键,它是决定摆腿幅度、踢球方向、保持重心稳定的重要环节。

支撑脚要指向目标方向,支撑腿弯曲,重心落在支撑脚上,以支撑腿支撑身体全部,能够为踢球腿的自由摆动奠定基础;髋部为中心的身体要与支撑脚的指向一致,防止侧倾或旋转。两臂自然摆动,辅助维持身体平衡。

支撑脚站位的位置依据踢球方式的不同而不同。一般而言,支撑脚站在球的侧方或侧后方,决定着脚触球一瞬间二者各自触碰的位置,也就是常说的不同脚法;决定着踢球的力量;决定着踢球的高度。需要注意的是,在球运动过程中,运动员要进行一定预判,因为在动作实施过程中,球的位置也在改变,因此运动员应按照预期支撑脚站位技术环节完成时球的位置,进行支撑脚落位位置的选择。

支撑脚站位的方法决定了身体重心的保持及移动,因为踏步到支撑这一连续环节,使身体有效制动,另外在制动过程中,它还需要做出适应踢球动作的重心的合理移动。

3. 踢球腿摆动

踢球腿的摆动是踢球技术的第三环节,它是踢球力量的决定因素。摆动幅度越大、摆动速度越快,其踢球力量就越大。依据技术的动作要素,动作轨迹是以髋关节为轴,由伸向屈的移动过程;也是以膝关节为轴,由屈向伸的过程。两者是相互联系,相互支撑,在一定的节奏下进行先后摆动的。从动作的基本结构来看,踢球腿摆动可分为大腿摆动和小腿摆动两个基本环节。

大腿摆动:在跳跨步支撑这一环节,跨步越大,其踢球腿的相对位置就越靠后,也就是伸展的程度就越高,这就会使接下来的摆动更加充分,摆动距离更长,能够获得更快的动作速度。在大腿向前摆动的过程中,膝关节一直要成屈的状态,从而减少大腿的摆动半径,提升摆动效率。大腿摆动的幅度越大、速度越快,给予小腿摆动的加速度就越大,从而能提升踢球的力量。

小腿摆动:在大腿由后向前摆动快要接近球的垂直距离时,小腿由屈迅速向伸的状态转换。其技术动作是以膝关节为轴,在大腿的摆动过程中,借助大腿的摆速,继续快速地摆动小腿,以使其触球一瞬间达到最大摆动速度。因此,踢球力量除取决于肌肉力量外,还取决于大小腿摆动的协调和速度。

踢球技术中大小腿的摆动由踢球所需力量、时间特征(即能够给予踢球动作完成的时间)决定。从射门角度而言,如果距离较远,时间空间环境都较为轻松,一般采用大腿带动小腿摆动进行技术的完成;从传球角度而言,在距离较短,防守较为紧迫的状态下,就不再强调大腿的摆动幅度;在抢点射门,或是解围过程中,由于时间很短,逼抢状态很紧,可以忽略大腿的摆动,仅用小腿摆动即可;甚至有时在抢点射门中,大小腿均不需摆动,直接借助球的力量进行射门,也就是将球挡进球门。小腿不摆动属于实战中的踢球技术,因此不在基本技术中过多阐述。

4. 脚触球或击球

脚触球或击球是踢球技术最重要的核心要素，是决定出球质量的关键。脚触球、击球主要包括脚的部位和球的部位。在基本技术中，脚触击球的部位包括脚内侧、脚背内侧、脚背正面、脚背外侧和脚外侧五个部位，而在实战技术中，还包括脚跟部、脚尖、脚底等。球的部位主要包括球的内侧部、中部、外侧部、上部和下部，依据传射需要，有时会触及两个以上部位的结合部，如内侧中下部、中上部等。

一般而言，脚触击球的部位主要决定球的旋转方向，球的旋转方向在与空气阻力的对抗摩擦过程中，会改变运行路线，尤其在空中更为明显。如球顺时针旋转，在空中会出现向外侧的运行弧度；逆时针旋转会出现向内侧运行的弧度；前旋转会出现快速下落的轨迹；向后旋转会在直线范围内形成上下的大弧线，提升球在空中的滞留时间。脚内侧触击球主要触击球的中部、中上部、中下部；脚外侧触击球主要触击在球的内侧部；脚背内侧主要触击球的中部和外侧；脚背外侧主要触击球的内侧；脚背正面主要触击球的中部。

脚触击球部位还影响着球的运行速度，通常触击球是利用大腿摆动实施力量传递的，因此触击球的过程中，踝关节应保持固定，但在部分技术动作中，有时踝关节也需要转动。如脚外侧传球时，在摆腿不充分的情况下，踝关节外展可以改变球的方向和速度。

脚在触击球的过程，有时并不与球直线碰撞，而是加大与球的摩擦。在踢空中向前旋转方式的球时，脚在触击球的一瞬间，给予从球的中下部向上的摩擦用力，触击中下部是为了保证球能够离地在空中移动，向上摩擦是为了让球速更快并迅速下落；在前点用脚内侧后蹭也是基于这个原理，因为球门在自己的侧后方，我们选择用脚内侧触击球的侧部，同时向前进行摩擦，使球进行逆时针旋转并向侧后方的球门运动。

5. 随前动作

随前动作是踢球后，击球腿随着摆动腿继续摆动后的制动过程，是摆腿惯性的表现。它最重要的功能是提高对球运行路线的控制、限制和加大球的力量，如在脚背内侧踢内弧线时，有时出现触球方向过于向外侧，因此随前动作的过程中可加上踝关节内旋，保证球的运球方向。另外，摆动腿的摆动越快，随前动作越大，踢球的力量越大，球速越高。随前动作不是必需的，在小力量传球和射门中，有时会省略这个动作，如将球挡进球门，脚内侧传球后向后移动的场景中皆是如此。我们经常会看到回传后反身直插，因为如果回传后还进行随摆，势必会影响转身速度，因此通常选择触击球后迅速转身，而省去随前动作。

（二）传球技术动作要领

传球技术是踢球技术的组成部分，它是以队友和场上空当为目标进行的踢球活动。基本的传球技术依据脚触击球这一环节部位的选择，分为脚内侧传球、脚背内侧传球、脚背正面传球、脚背外侧传球、脚外侧传球。

1. 脚内侧传球（又称脚弓踢球）

1）特点

脚内侧传球是用脚的内侧部，由跖趾关节、舟骨、跟骨等所形成的平面，触击球的中部区域。其特点是脚与球接触面积大,出球准确平稳,且易于掌握。但由于踢球腿摆动过程中,要求髋关节外旋外展,膝关节需要屈,因此摆动速度会受到限制,影响了击球的力量,导致球速相对而言较为缓慢。

2)动作要领

(1)传定位球。

直线助跑。

支撑脚踏在球侧,与球的左右距离一般在15厘米左右,依据个体脚的大小适当调整,总体而言要使正常摆动踢球时脚内侧能舒服地触击球的中部区域;与球前后距离的对比中,依据触球的高低选择后与前的关系,但最前距离脚尖不应超过球的前面横切线,最后距离脚尖不应超过球的后面横切线;膝关节微屈,重心落在支撑腿上,上身尽量避免倾斜,两髋关节正对传球方向,脚趾指向出球方向。

踢球腿摆动过程中髋关节适当外旋外展,以髋关节为轴由后向前摆动,同时踝关节外展、脚尖稍翘,以脚内侧对准球,当大腿摆至接近与球垂直上方时,小腿加速前摆。击球刹那,脚跟前顶,脚型固定,保证脚底与地面平行,踢球脚与支撑脚成直角。

触击球的过程中,依据踢空中球或地平球,选择触击球的中下部或中部。

随着踢球腿摆动—触击球技术的完成,自然随前并停止,初期练习要保证脚型不变并固定几秒,以促进正确脚型的形成,方便练习者观察脚型是否准确。

(2)传空中球。

移动选位,判断球的落点,选择合适的地点进行支撑脚站位。

支撑脚要站在球的移动侧方,方便踢球腿进行空中踢球。支撑腿弯曲,身体正直或稍后仰倾斜。

踢球腿摆动过程中,应先进行髋关节屈及外旋外展,稍向前摆动即可,膝关节屈,并向前摆动,踝关节固定,以脚内侧部位准备迎击球。

依据选择传球的高度,脚内侧触击球的中部区域的上、中、下部位。

触击球后踢球脚自然随前下落。

(3)传反弹球。

移动选位,判断球的落点,依据球触碰地面的位置选择支撑脚站位。

若传低平球,支撑脚要稍微靠前;若传高球,支撑脚要稍靠后。其动作姿势与踢定位球相同,踢球腿摆动幅度不必过大,重要的是摆动时机,确保球落地时摆动完成。踢球腿摆动的要领同传定位球基本一致。传反弹球主要是借助来球的速度进行推挡反弹,因此踢球腿不需要大幅摆动。

在球落地的一瞬间,依据传低平或空中球,触击球的中上部或中下部自然随前,一般传反弹地平球时,可省略随前动作,以保证踢球时脚的位置不太过靠前。

3)教学训练过程中的注意事项

足球教学训练中,脚内侧传球技术中应最先进行学习和训练,它是足球场中最重要的战术手段,也是应用最多的技术,因此脚内侧传球应作为足球全部技术的基础,一定要将动作定型。在脚内侧传球技术的学习过程中，经常会出现以下 3 个问题。

（1）身体重心落位错误，踢球脚的脚型错误。

（2）触球部位不够正确。

（3）踢球腿各关节的旋转不够。

依据问题给予相应的解决措施如下。

（1）身体重心落位错误主要是最后一个跨步的制动不够，即支撑腿用力不够，因此可以采用分解技术动作的固定力量耐力练习，例如做支撑腿站位的静止练习，在静止过程中强调技术细节，包括支撑腿的弯曲，重心落在支撑腿上，身体保持相对正直并含胸，保持动作持续进行，增加腿部力量和支撑等。在支撑静止过程中踢球腿自然悬空，而后将助跑、支撑腿站位和踢球腿摆动连接，在无球状态下进行动作完整练习。

（2）采用变换动作节奏的方式进行练习，减慢踢球腿摆动速度，将注意力集中于触球部位；另外可通过持续训练法，通过对墙近距离（20 厘米）踢球的手段进行持续练习，同时提升球感。

（3）增加柔韧素质练习，在准备活动和训练结束后进行髋关节和踝关节的静力性拉伸训练。

2. 脚背内侧长传球

1）特点

脚背内侧长传球是用第一跖骨及跖趾关节部位触击球的传球方法。它一般是长传高空球时采用的技术动作，脚接触球的面积相对较大，同时触球过程因击球的外侧，能够使整个脚部由内至外包裹住球，保证传球的准确性。另外，其踢球腿的摆动过程与脚内侧传球不同，不需要过大的旋转，因此摆动幅度大，踢球有力，适用于中远距离的传球。

2）动作要领

（1）传定位球。

斜线助跑，起跑位与球、目标位三点成 135° 左右，先调整步伐，最后一步为大跨步。调整步伐的速度对传球力量有影响，尤其是最后几步，速度越快，给予踢球腿向前摆动的速度越快，但由于动作频率和动作速度的加快，其触球部位的精准性也随之下降，因此应从慢速助跑训练开始，强调触球部位。最后的大跨步连接支撑过程，身体应随支撑脚的指向进行转动。

支撑脚应站在球的侧后方，与球左右距离约为 22 厘米，依据脚的大小适当调整；与球的前后距离以脚尖略超过球后面横切线为宜。支撑脚脚尖冲传球目标方向，支撑腿弯曲，支撑身体的全部重量，使踢球腿能够随意控制摆动。重心向支撑腿方向、后方倾斜，控制向前移动，两臂自然随摆。

踢球腿的摆动以髋关节为轴，由后向前积极摆动，依据股四头肌超等长收缩原理，摆动过程中小腿尽量屈紧，由后向前摆动至接近与球垂直上方时，小腿爆发式摆动，同时踝关节外旋，脚背绷直。踢球腿摆动过程中，由于人体运动方向有转换，因此踢球摆动方向不是单纯的直线，也不是成角度突然转向，而是缓慢地随身体转向，形成向内弧形的运动轨迹。

脚触球过程中，膝关节向前顶送，脚趾扣紧，踝关节稍外旋，以脚背内侧击球的后中下部，使球在空中向前移动过程中自身向后旋转，如果触击球的右侧中下部，则球在空中向前过程中逆时针旋转，球运行路线为向内弧线。

随着身体的旋转，击球过程中触球脚的运动轨迹即为由后至前至左，随前动作也随之旋转，落于内侧斜前方。

（2）空中球直接传球。

根据来球高低、快慢及运行轨迹，进行移动选位。

支撑脚落地支撑，膝关节弯曲，一般用脚内侧传空中球都是向支撑脚方向远端不停球直接传递，因此支撑脚落地过程中指向传球方向身体向支撑脚一侧、向后倾斜，展腹。

大腿带动小腿由后—向前—支撑腿方向弧线摆动，当大腿摆至接近与击球点成一直线时，小腿做爆发式摆动，用脚背内侧击球的中部，同时身体向出球方向扭转。

击球后，踢球腿顺势摆动以维持身体平衡。

（3）传反弹球。

移动选位，判断球的落点，依据球触碰地面的位置选择支撑脚站位。

支撑站位环节与踢空中球类似，但其选择站位要依据球落地处，较踢定位球略向后。

踢球腿摆动随支撑脚转向，轨迹由后向前向左成小弧线。大腿摆动带动小腿，注意踢反弹球的重点是触球时机，大腿摆动越大，其预判难度越大，而踢球的力量又借助反弹的反作用力，因此大腿不应尽力大幅度摆动，一般选择小幅摆动，以提升触球的准确性。

当球落地弹起一瞬间，触击球的侧后部，使球向支撑脚方向移动。

踢球后随弧线及身体转动自然随摆，也可省略随前动作，以保证踢球时脚的位置不太过靠前。

3）教学训练过程中的注意事项

足球教学训练中，脚背内侧长传球是在脚内侧传球和熟悉球性后所应学习的第二种传球技术，它是长传球最基本的技术，因此在练习过程中要先注重技术的准确度，传球的力量应循序渐进地施加。初学者在脚背内侧长传球技术学习过程中，经常会出现以下 3 个问题。

（1）支撑脚的站位错误、重心移动及控制错误。

（2）小腿屈摆不够，常出现大腿撅球。

（3）触球部位不准确，常出现靠上或靠外。

依据问题给予相应的解决措施如下。

（1）初学者由于学习脚内侧传球的惯性思维，因此支撑脚站位一般都会太靠近球和靠前，因此以球为标志物，采用助跑加支撑的组合练习过程中要强调大跨步结合支撑，使学生形成大跨步大预摆时正确站位思维，与脚内侧传球的助跑支撑形成对比。初学者一般无法对重心有效制动，主要原因是重心没有落到支撑腿上，同时随前速度向前移动。在助跑加支撑的组合练习中，强调支撑度，使学生支撑后向侧后方倾倒、支撑后定位练习，增强支撑腿的支撑感受力度。

（2）进行原地摆动练习，强调大小腿折叠和爆发摆动，循序渐进地进行原地大摆动踢球练习、完整动作无球练习、完整动作有球练习。

（3）两人一组，一人踩住球（注意踩球位置应与踢球成反方向，同时踩球脚面不能平行于地面，而应与地面成45°，成“踩、挡”状。），练习者进行反复踢定位球练习，强调触球部位。

3. 脚背正面传球

1）特点

脚背正面踢球是用脚背的中心部触击球的一种方法，俗称正脚背。此方法一般用于射门技术，在传球技术运用中，主要针对正面或侧面目标，距离较长的场景中进行运用。其脚面触球面较大，摆动幅度大，因此精准性和速度性较强，但其触球路线较为固定，变化相对较小。

2）动作要领

（1）传定位球。

直线助跑，最后一步大跨步，一般而言，传球者、球及目标成一条直线。

支撑脚积极支撑，位于球的侧面10厘米左右，前后距离要依据传球的性质而定。传空中球，支撑脚靠后，以脚尖略超过球后部横切线为佳；传地平球，支撑脚靠前，以脚尖略超过球中部横切线为佳。支撑腿弯曲，支撑身体重心。重心的移动以支撑脚为支撑由后向前移动。

踢球腿摆动的动作轨迹是由后向前，大腿带动小腿由后向前摆动，动作速率要高，摆动至接近与球垂直上方时，传空中球时，小腿要提前快速摆动；传地平球时，小腿稍延后进行摆动。

触击球过程中，脚背绷直，脚尖向下，脚趾扣紧，以脚背中心部位触击球的中部及中下部，踢空中球，击球的中下部；传地平球，触击球的中部。

脚背正面传球过程的随前动作要明显，与身体的移动一致向前。

（2）空中球传球。

脚背正面传空中球一般指传侧面半高球。

移动选位，判断球的落点，依据球的空中位置、移动路线和速度选择支撑脚站位。

支撑脚指向侧面，身体随支撑脚指向转动，身体侧后倾，支撑脚与击球时球的位置之间的距离小于腿长大于大腿长。

踢球腿随身体转动，由后侧后向支撑脚指向摆动，动作轨迹为弧线，从侧身角度来看，是由侧后方向前移动。大腿外展，带动小腿快速摆动，触球时靠小腿爆发摆动。

脚背绷直，用脚背正面触击球的侧面中部。

传球后正常随摆落地支撑。

（3）传反弹球。

移动选位，判断球的落点，依据球触碰地面的位置选择支撑脚站位。

支撑站位环节相较于传定位球略靠后，留给反弹空间。重心尽量前移压住球，防止传出的球“见高不见远”。

踢球腿摆动的动作轨迹由后向前呈直线。大腿摆动带动小腿，借助反弹的反作用力，大腿一般选择小幅摆动，以提升触球的准确性。

当球落地弹起一瞬间，以脚背正面触击球的中部（使传出的球在空中移动）或中上部（地平球），脚尖向下。注意传地平球时重心前压，脚背也尽力前压。使球向支撑脚方向移动。

踢球后控制前摆过程，不宜过大，也可省略随前动作。

3）教学训练过程中的注意事项

脚背正面传球训练主要强调触球部位为脚背中心部和球的中部区域，教学目标触球部位为重点，从而保证各种方式的传球应用。初学者在脚背正面传球技术学习过程中，经常会出现以下 3 个问题。

（1）重心过于靠后。

（2）触击球时，球的部位触击不准。

（3）空中球传球时，摆腿过慢，导致球太过靠近身体，无法发挥力量素质。

依据问题给予相应的解决措施如下。

（1）由于手脚内侧、脚背内侧传球的支撑制动影响，受训者会有意识地后倾身体，因此每次练习传球时，采用矫枉过正练习法，要求传球后必须向前支撑，待完全体会理解重心前移后，再进行正常技术动作要求的练习。

（2）运用减难教学法，不加力量，踢球腿摆动不要求速度，着重体会触球部位，反复练习。在保证触球部位准确的情况下，循序渐进地增加速度；增加正脚背颠球练习，体会脚背触球感觉；近距离（10 厘米）对墙踢练习，每次踢后定住，使球处于脚与墙之间固定。

（3）三人一组，间距 5 米，先进行抛空中球传球练习，循环进行。同时采用矫枉过正法，要求用脚尖触击球，而后再进行脚背正面触击球练习，最后进行正常接空中球传球练习。

4. 脚背外侧传球

1）特点

脚背外侧传球是用第三、四、五趾骨部位触击球的方法。其技术运用过程中，可以与踝关节的灵活变化进行结合，使踢球腿摆动方向、摆动速度、摆动大小、触球方向等更加灵活，使出球更加隐蔽，能很好地应用于实战。其方式灵活，也最难掌握，传球的准确性也不如其他部位。

2）动作要领

（1）传定位球。

助跑与脚背正面传球基本相同。

支撑脚站位的动作姿势与脚背正面传球基本相同，但左右距离相对较远，须留出摆动及触球空间，一般在 30~35 厘米，相当于脚的长度。

踢球腿摆动尽量大幅度高速，动作轨迹与脚背正面传球基本一致，可随触球方向略微内收或外展。

触击球时以脚背外侧部与球的内侧中部及中下部结合，如需传空中球，触球部位尽量靠下，地平球则相反。脚背绷直，踝关节略内收。

随摆动作随摆动方向正常进行。

（2）传反弹球。

与脚背正面传球技术类似，但支撑脚与球的左右距离可以适当延长，随延长的距离选择身体移动，如反弹落点离身体较远，则身体重心向侧前方移动，利用小腿摆动弹击球；如反弹点离身体较近，则身体重心向前移动即可。注意脚背外侧传反弹球主要传向踢球腿一侧的侧方或侧前方。触及球时脚、踝关节及胫骨下端应尽量形成角度包裹住球。

（3）传外弧线球。

稍斜线助跑，传球者、球和最终目标方向成 160°~170°，角度随弧线的弧度进行调整，弧度越大，角度越小；弧度越小，角度越大。

支撑脚站位与传定位球相同，但支撑脚指向略偏于目标位，这样球会以弧线的方式到达目标。

摆动腿摆动由后向前，大腿带动小腿摆动，注意其摆动的指向并非最终目标点，而是与支撑脚指向的方向相同。

触击球的过程中用脚的外侧部击球的内侧中下部，脚背绷直略内扣，与球接触后使球顺时针旋转。

触击球后随摆动方向进行缓冲。

3）教学训练过程中的注意事项

脚背外侧传球的支撑脚站位相对更远，对于学习脚内侧、脚背正面等技术训练的学生来说，会有些许不适，易造成支撑脚站位错误，继而导致触球部位不准确。因此初学者在脚背外侧传球技术学习过程中，经常会出现以下 3 个问题。

（1）支撑脚站位距离球过近，导致触击球部位过于接近球的中部。

（2）触击球时，球的部位触击不准，常常过“薄”，导致向前方向的球速不够。

（3）摆腿时髋关节内转或直腿击球，击球发力不足。

依据问题给予相应的解决措施如下。

（1）每个人试验最佳发力摆动姿势，据此定位球和脚的点位，标记两点并进行反复的支撑脚站位练习，形成脚背外侧传球时支撑脚的落地距离感觉记忆，循序渐进地过渡到完整动作练习。

（2）重点讲解脚“包住球”的概念，并让学生对其进行体会；斜面对墙，短距离对墙踢球；两人一组，一人踩球将球定位，另一人做出击球练习，体会触球部位。

（3）强化练习踢球腿摆动充分；强化练习摆动过程中的动作轨迹由前向后；采用限制法，利用弹力带的方式，使学生专注于关节正确用力。

5. 脚外侧传球

1）特点

脚外侧传球是用第五趾骨外侧部位触击球的方法。其技术运用过程中，通常在身体向前的情况下进行横传，是传给踢球腿一侧的队员。其技术可以通过踝关节的活动旋转将球拨出，省去大腿摆动，小腿摆动幅度相对较小，具有出球快、出球隐蔽等特点，其缺点是力量较小。实战中，在支撑脚无法转向、前方及支撑脚一侧有逼抢的情况下，可以采用脚外侧传球技术。

2）动作要领

（1）传定位球。

由于在脚外侧传球过程中，大小腿无须大幅摆动，因此助跑形式比较灵活，可直线、斜线助跑，更可以横向移动助跑。

脚外侧传球一般属于横向传球，支撑脚站位相对灵活，脚尖向前或向触球方向倾斜都可，脚的长度与球的横切线夹角可在 70° 至 90° 之间，依据传球角度进行调整。左右距离距球 40 厘米左右，可以通过髋关节的内收外展进行调整。前后距离在球的前部横切线以后，最远可距后切线 30 厘米，依据支撑腿的弯曲和程度、重心的移动以及腿的长短进行调整。支撑脚的站位最重要的作用是控制重心的移动，脚外侧传球一般而言重心是向踢球腿一侧倾斜，这点与其他传球方式不同。

踢球腿摆动的幅度较小，动作轨迹为大小腿由内收至外展，同时小腿由屈至伸。在此过程中，小腿与踝关节进行由内旋到外旋的动作。

用脚外侧触击球的侧面中部或中下部，击球时借助小腿带动踝关节外旋的力量。

由于大小腿摆动幅度较小，加之身体重心倾斜，因此踢球后要自然落地支撑。

（2）传反弹球。

助跑移动与脚背外侧传反弹球相同，支撑脚站立在落点侧方或侧后方，重心移动向落点移动。大小腿自然前摆，小腿及踝关节内旋至外旋，小腿微屈伸。当球落地反弹一瞬间，击球的外侧中部，向踢球腿外侧或侧前方传球后，踢球腿落地支撑。

（3）空中球传球。

助跑与脚外侧其他传球方式一致，可灵活选择。

支撑脚的站位较传反弹球更加靠前，球的触击点（在空中）控制在身侧方至侧前方 40 厘米左右，重心依据来球方向、速度等要素进行调整。

踢球腿大腿前伸抬起，用膝关节外展和踝关节外旋。

用脚外侧部触击球的内侧部。

传球后依据需要和重心移动正常落地支撑。

3）教学训练过程中的注意事项

脚外侧传球的重点是踢球腿摆动的方式不同，因此应将其作为重点进行练习。另外其重心移动与其他传球方式亦不相同，应结合重心移动练习脚外侧击球。在练习过程中，经常会出现以下 2 个问题。

（1）习惯性大腿摆动、小腿及脚踝没有旋转，造成传球不协调，动作过于夸张。

（2）在支撑脚站位中不会重心移动，动作过于僵硬。

依据问题给予相应的解决措施如下。

（1）省略助跑，原地进行小腿屈伸 + 踝关节旋转练习，并结合球进行练习，体会旋转发力的过程。

(2)安排传球后向侧面移动、向后移动、向前移动练习，通过强化不同方向练习，提升重心控制。

脚外侧传球的关键是利用踝关节旋转发力，因此常进行原地踢球练习。

(三)射门技术动作要领

1. 射门技术及其分类

射门技术是踢球技术的一个分支，是以球门为固定目标，通过合理的力量以踢球、头顶球、铲球等方式，以合理的速度、角度和高度使球运动到对方的球门中。它是足球进攻的最终目的，也是比赛胜负的关键因素之一。射门的种类很多，以射门时的部位，可分为脚内侧射门、脚背正面射门、脚背内侧射门、头球射门等；依据球的路线，分为低平球、空中球、弧线球等；依据射门时的动作特点，可分为运球射、定位球射、抢点射等。但在基本技术中，射门主要练习的是单个技术动作，也就是混合性固定组合技术动作。综上所述，基本的射门技术主要包括脚内侧推射、脚背正面抽射、脚背内侧弧线射、脚背外侧弧线射。

2. 射门技术要领

1)脚内侧推射

脚内侧推射与脚内侧传球的技术要领相同，动作结构中同样具有 5 个技术环节，但每个技术环节的细节略有不同。脚内侧推射因其力量较小，准度较高，因此针对短距离进行角度射是关键。助跑相对要灵活，因为其射门的目标指向越不明显，对方防守的难度就越大，因此常采用斜线助跑，即助跑起始位、球和最终目标位三者不成一条直线，使对方难以判断射门路线。助跑最后一步一定是一个大跨步，使踢球腿留在身后，形成超等长收缩，获得更大的力量。支撑脚的指向也不过多强调，通过踢球脚踝关节的外旋幅度掌控方向，可以大于 90°。有时可采用踝关节稍微外旋搓击球的外侧部的方式射门。踢球腿摆动幅度大，在触球的一瞬间，使脚内侧面对目标方向踢击球。此过程重心不可起伏过大。

2)脚背正面抽射

脚背正面抽射是以最大的力量进行脚背正面踢球的一种射门方式，其动作结构、动作要领与脚背正面踢球技术基本一致。选择直线助跑或斜线助跑均可，最后一步要大，大腿带动小腿摆动要充分，小腿要爆发式抽击球的中部。为了避免踢高，重心要向前移动，压在球上，踢击后自然随前。在此过程中要保持对重心的控制，尽量避免跳起。

3)脚背内侧弧线射

斜线助跑，最后一步大跨步，重心向支撑腿一侧倾倒，支撑脚站于球侧，大腿带动小腿由后向侧前方摆动，用脚背内侧踢击球的外侧中下部，使球逆时针旋转。踢击过程中踝关节微伸并锁紧，同时踢击球后至随前过程中踝关节内旋，类似于包裹住球，使击球方向不至于太过向外。随前动作类似于在身前画一弧线。

4)脚背外侧弧线射

斜线助跑，最后一步大跨步，支撑脚离球左右距离稍远，给踢球腿摆动留出空间。大腿带动小腿快速向稍内侧摆动，小腿摆动要有爆发性，踢球脚背屈，踝关节内收稍内旋，以脚背外侧部踢击球的内侧中部，踢击后提膝缓冲。

3. 射门技术训练

射门技术的训练一般在踢球技术掌握熟练后再进行，训练方法一般采用有球重复练习，训练手段应先采用定位球练习，再采用自己运球（触球一次）接射门。射门技术的关键是在快速动作中依然能够精准地运用技术，精准地触击球的部位，以此可以循序渐进地增加力量，以技术细节训练为特点。另外，射门训练应结合身体素质训练，进行相应的专项练习。如利用弹力带，将弹力带绑于脚踝部，给予一定的强度，进行大腿带动小腿的摆动练习，提高摆动速度；通过连续立定跳远等一般素质训练，提升快速力量。射门基本技术的训练应采用大强度小量的方式，强调力量和技术细节，避免持续训练造成疲劳影响上述两个环节。

二、接球

（一）接球动作的技术环节分析

接球是指运动员在迎接本方队员传球、对方解围球或是截断对方传球的过程中，用身体的头、肩、胸、大腿、脚等合理部位把运动中的球控制在自己范围内，为衔接下一个技战术做好准备的一种直接停球的方法。常用的接球部位与12部位颠球一致，除此之外，在即兴发挥的情境下，还可采用除手臂以外的其他不常用部位接球，如后背、臀部、小腿等，其最终目的是根据场上时空特征，选择将运动的球按照自己意愿，从控制球的方向、速度等方面考虑，接停至合理区域。初学者学习中常以停在自己为圆心1米左右半径的控制范围内为宜。

接球是一种控制球由快至慢、由动至静、由直向折等运动状态的过程，无论哪一个部位的停球，其动作结构都是由移动选位、接球选择及支撑、接球、随球移动4个技术环节构成的。

1. 移动选位

运动员在接球前，要依据球的速度、方向和下一步的技战术打算等要素，在考虑球的高低因素前提下，判断最佳的接球部位、时间、球的位置并进行移动。

2. 接球选择及支撑

稳固的支撑能够完全解放接球腿，也能够保证身体的稳固，为上身部位接球奠定基础，因此接球效果取决于支撑脚的位置和支撑的稳定性。支撑是重心的保持，因此要依据接球部位的不同选择正确的支撑姿势。如用下肢接球，支撑腿的位置应尽量靠近球的落点，保证接球腿能够舒适地进行接球动作；如用上身部位接球，要做好支撑，防止接球力量大导致的身体后退等问题的出现。同时要做好跳起、下蹲等动作的准备，以使能够用合理的部位触球。

3. 接球

接球的关键是改变来球的速度与方向，通常可采用缓冲、压停和改变球运行路线的方法。

1）缓冲

缓冲是改变球的速度，使速度由快至慢再至停的一个过程。球的运动速度与与其接触时间有重要关系，相同力量下，接触时间越短，速度越快；接触时间越长，速度越慢。这与射门技术中小腿爆发击球的原理一致。为了延长触球时间,运动员可以通过接球部位的前迎至后侧来实施,延长触球时间,从而减少来球速度。迎撤的关键是其速度初始要与来球相当,通过接触球的过程快速降低来球速度,也就是说,来球速度越快,迎撤速度越快,反之则越慢。另外在迎撤过程中要利用关节的灵活度进行缓冲。

2)压停

压停是依据来球力量的方向和接球实际需要,按照反射定律调整入射角,获取理想的反射角度压住来球使球停止运动。压停一般针对速度较慢的来球,主要通过脚部进行接停球的一种接球技术。压停的关键是给球一个反作用力,但这个力不是相对而行,而是将反作用力同平行的地面、脚的部位角度结合形成夹角迎接来球的方式。这个过程的关键要准确判断来球的落点,夹角越接近落地,压停越稳。

3)改变球的运行路线

改变球的运行路线主要是指迎接来球过程中施加一个方向的力,在施加的过程中需要结合缓冲和肌肉部位的弹性,在缓冲的基础上改变球的运动方向。如挺胸式接球、头部接球等都是针对来球给予一个向上的力,使其改变向前的轨迹,由上至下自然落下。在实战过程中,运动员经常运用这项技术,如接球转身过人一气呵成就是在接球过程中改变球的方向,同时进行转身移动,以甩开防守队员。

比赛中常见的接球方式有以下几种。

(1)迎撤:指以接球部位前迎来球,触球瞬间向回迎撤以缓冲来球力量的动作方法。迎球和迎撤动作要协调连贯,迎撤的时机要恰到好处,只有迎撤的幅度与速度应与球速相对应,才能收到较好的缓冲效果。

(2)压停:指以压的方式将球停在自己的脚下,是一种控制球由动到静的过程。压停的重点是精准找到球的落点,采用夹角的方式将球停稳。动作结构是在球落地瞬间,以一定的角度迎着球的反弹方向下压,使球向其作用力与球的反弹力形成的合力方向变向运行并逐渐减速。压停一般运用脚底接球的方式。

(3)切挡:通过下切的动作,给予来球反作用力,同时向意愿方向施加一定力量,使球停止或使球按照自己的意愿运动实施的技术。切挡与压停的最基本区别是用力方向,压停最终目的是停,因此以向斜下为主;而挡是以向下和向自己意愿结合发力。切挡主要运用脚内侧、脚外侧和脚底三个部位进行接球。切挡接球的重点在于把握切挡力量以及下切角度和速度。球速越快,下切角度应适当调小,下切速度则应加快,但给予推的力量越小,反之相反。

(4)收挺:收挺动作多用于上身部位接空中球。收的本质与缓冲相同,其区别在于收仅为后缩、下缩等动作;挺指身体或接球部位成一定的角度主动迎球推送的动作,其作用是通过向上改变来球方向达到控球目的,如头部接球、挺胸式接球等。

4. 随球移动

接球后的身体移动主要针对迎撤和切挡方式进行。接球技术的最终目的不是“停”,而是下一步的“动”,因此接球后身体重心要快速地随球移动。接球动作开始时,重心位置落在支撑脚上，或两腿支撑、或单腿支撑，但有时在跳起接球过程中，需要通过核心力量控制身体的平衡，保证最终接球动作的稳定性。依据接球后的战术需要，重心还要提前或紧随球的方向进行移动。接球动作完成后，重心继续随球移动，最终使身体和球的运动方向一致，并控制球进行下一步的技战术应用。

（二）接球技术的动作要领

从接球的部位来看，接球技术可分为脚部接球、腿部接球、胸部接球和头部接球。

1. 脚部接球

1）脚内侧接球

（1）特点：脚内侧传球能够进行空中球、低平球的接球，可以采用缓冲、压停、切挡的形式，因此应用十分广泛，运用灵活多变。同时其接触球的部位大，接球最为平稳，因此初学者均是从脚内侧接停低平球开始学习的。

（2）动作要领。

①接低平球：判断来球方向、力量，迅速移动到适当位置，定点。

依据定点位置，进行支撑腿支撑，支撑腿弯曲，重心下降且完全移动到支撑腿上，使接球腿能够自如活动。支撑脚的位置与来球的左右距离为 20 厘米左右，前后距离依据方式方法不同随球制定。

接球脚根据来球的状态相应提起，膝、踝关节外旋，脚趾稍翘，用脚内侧对准来球。采用缓冲停球时，据来球位置、时间，接球腿前移，接触球的瞬间，接球腿向后做引撤的动作，动作速度要略快于来球速度，缓慢停止，将球控制在所需的位置上。此接球技术可结合转身移动进行练习。采用压停形式接球，接球腿大腿略向后伸，小腿弯曲，脚内侧与地面成夹角，面对来球保持角度下压。采用切挡球时动作结构轨迹与压停基本相同，但其夹角要略大，用力时在向下的过程中同时向所需方向稍作用力。

②接反弹球：选择最佳支撑脚的位置，同时身体要跟上，接球过程中膝关节弯曲，小腿及脚内侧平面与地面形成一定的夹角，做切挡动作时，踝关节按照切挡方向旋转固定，膝关节要领先，小腿留在后面。

③接空中球：选择最佳支撑脚的位置，一般以球在膝关节的位置时接球为宜，依据此支撑脚距球前后距离应在 20~30 厘米左右，髋关节屈并外展外旋，膝关节屈，小腿及脚内侧迎球，采用迎撤的方式缓冲来球力量，使球落于身体控制范围内。

（3）教学训练过程中的注意事项。

脚内侧接球的重点是移动选位，只有站对位置，才能有效地对来球进行接停，因此在教学训练过程中应反复练习移动选位；而接球技术环节的运用是难点，应着重注意细节纠错。初学者在学习及练习中常出现以下问题。

①移动选位问题，当选定后来不及进行接球技术实施，或者无法正确判断落点。

②各关节屈伸、收展及旋转幅度及灵活性不够，导致无法完成技术动作。

③重心转换慢，接控脱节。

依据问题给予相应的解决措施如下。

①减难训练法，通过固定点传球进行接球练习，而后循序渐进地增加距离、增加球速。在接高空球前，先进行长传球用手接球练习，以此体会选位，提升对落点的判断。

②采用无球动作模仿练习，缓解实际接球压力，同时配合柔韧素质、静力性（保持接球初始动作）等方式进行练习。

③通过重心转向的方式进行协调性及灵敏性练习。

2）脚背正面接球

（1）特点：脚背正面接球的部位是第二、三、四趾骨位置，接球以迎撤缓冲方式为主，其技术动作是以髋关节为轴进行腿部位置调整，动作自如灵活多样，接球稳定度高。但变化较少，常用于缓冲直线、大抛物线来球。

（2）动作要领：身体与来球方向保持一致。面对来球判断落点进行选位，支撑腿弯曲，重心在支撑腿上。接球腿大腿略屈，膝关节微屈，迎接来球。在接触球的瞬间，大腿下落，同时快速屈膝。迎撤过程中，踝关节应适当放松，利用关节的灵活性对球进行一定的缓冲，使球落在自己的控制范围内，接球腿顺势着地支撑。

（3）教学训练过程中的注意事项。

①接球选位不准确，造成髋关节外展过大，影响缓冲动作。

②膝关节及踝关节灵活性差，导致缓冲不够。

依据问题给予相应的解决措施如下。

①进行判断选位手接球练习，再进行技术动作练习。

②单人抛接练习，体会膝关节和踝关节灵活接球感觉。

3）脚外侧接球

（1）特点：脚外侧接球特点是动作幅度小、速度快、隐蔽性强，常与跑动的步伐相结合进行缓冲，也可采用压停及切挡等形式的接球。技术难度相对较大，可用侧方、后方来球进行接停。

（2）动作要领。

①接地平球：常用缓冲方式进行接球，一般在接球腿侧方或者身后来球时运用。当侧方来球时，选位与来球成直线，支撑腿弯曲，支撑身体，支撑脚指向斜外侧，接球腿由外展至内收，由脚外侧触球缓冲于身前，身体保持侧向。触球过程中，踝关节可内旋帮助缓冲，动作完成后接球腿随前落地，可衔接身体转动。面对后方来球时，选择合理站位使球运行于身侧。支撑脚脚尖向前，支撑腿弯曲支撑，身体向接球腿方向转动，接球腿向后屈迎球，踝关节外展，以脚外侧触球，在触球瞬间依据球速向前方摆动，同时踝关节内旋，类似于跑步姿势，将球接于身前，在此过程中身体也向前转向。

②接反弹球：依据球的落点进行移动选位，落地支撑。在球反弹瞬间用脚外侧与地面形成的夹角进行压停。接球过程中支撑脚离球的距离大概20厘米左右，髋关节、膝关节微屈，同时髋关节适当外旋，使小腿、脚踝与地面成小角度夹角，近距离压停球。

③接空中球与接地平球一致，分为侧面来球或后方来球。当侧方来球时，支撑腿弯曲，身体倒向支撑腿一侧，髋关节外展小腿略屈，以脚外侧接触球。触球瞬间向内做收腿动作，

落地支撑使球落在自己身体的控制范围内。当后方来球时，通常身体重心向前移动，大腿后伸外旋，膝关节微屈，脚外侧接触球的同时，大腿带动小腿向前迈进，类似跑步姿势落地，使球落于身体的侧方。

（3）教学训练过程中的注意事项。

①缓冲幅度不够，球落于后方，无法对球进行控制。

②重心转换不灵活，无法应用于停球转身技术，常出现身体无法跟上球运行的情况。

③各关节灵活度不够，动作僵硬，无法形成后续动作快速衔接。

依据问题给予相应的解决措施如下。

①进行无球缓冲练习，要求动作幅度要大。

②练习转身动作，循序渐进地结合球进行练习。

③协调性专项素质练习，辅之柔韧性练习。

4）脚底接球

（1）特点：脚底接球是指以前脚掌为主压停来球的一种方法，主要适用于迎面而来的低平球和反弹球。该技术动作简单，可作为初学者首选学习的接球技术。

（2）动作要领。

①脚底接地平球。

身体面对来球方向，移动至球运行轨迹上并前进。支撑腿弯曲，支撑身体全部重心，支撑脚指向来球方向，也可略外旋。接球腿以髋关节为轴前屈，膝关节略屈，脚底与地面保持45° 左右，脚跟离地 10 厘米左右。当脚底接触球后，在脚底与地面的夹角内向斜下方用力压、挡，停止来球。压停后可自如离开，形成两脚支撑，也可接续下一个技术如“拉球、拨球”等。

②脚底接反弹球。

身体面向来球，快速移动至球的预期运行轨迹上，判断落点。支撑脚在落点侧后 40 厘米处支撑身体重心。接球腿动作结构与接地平球基本一致，在球落地的瞬间，前脚掌触球的中上部，将球压停。若需继续控制，可采用将球回拉，以支撑腿为轴旋转 90° 以上并转身后，接球腿落地。

（3）教学训练过程中的注意事项。

①脚底与地面高度过高且与地面角度小，常出现向下踩的动作，容易“漏球”。

②支撑重心落在了接球腿上，容易摔倒。

③支撑脚离球过近，脚底与地面角度太小，造成脚尖触球或“漏球”。脚底接反弹球时，支撑腿较其他方式接反弹球而言相对远一些，因此出现漏球。

依据问题给予相应的解决措施如下。

①采用分解训练法，固定压停球技术动作，让学生体会压、挡感觉，区别于踩球。

②进行信号刺激无球练习，采用慢跑的方式，每当听见哨声，停住并将接球腿抬起。通过此方式的练习强化支撑。

③脚底接反弹球时，支撑腿较其他方式接反弹球而言更远，因此在练习过程中，强化距

离感觉，感受固定动作与落点的距离。

2. 大腿接球

1）特点

大腿接球是利用大腿股四头肌部位缓冲来球的一种接球方式。它的特点是接触球的面积大，动作结构较为简单，对高空来球较为适用。一般而言主要针对抛物线较大和空中低平的来球进行运用。

2）动作要领

（1）接抛物线来球：身体面向来球快速移动至合适位置，应站于球落在髋部位置为宜。支撑腿膝关节微屈，支撑住身体重心，接球腿以髋关节为轴进行 90° 屈，膝关节 90° 屈，用大腿的中部对准来球。触球瞬间，接球腿正常下落，缓冲来球。

（2）接空中的平球（腰部以下）：合理选位移动，支撑腿支撑身体，依据来球高度调整屈伸角度，使球位于大腿区间。接球腿髋、膝关节微屈，送髋迎球，股四头肌放松，大腿接触球的瞬间，伸大腿缓冲来球，同时接球腿落地。

3）教学训练过程中的注意事项

（1）因来球的运行轨迹为抛物线，力量并不大，加之肌肉弹性，接球腿迎撤不要过快，但由于其他接球技术均需迎撤，因此练习中习惯性出现迎撤过快现象，导致不能缓冲来球。

（2）迎球过晚，出现击球效果。

（3）接抛物线球时触球部位靠前，同时髋关节前屈不够，停球时球离开了身体控制范围。

依据问题给予相应的解决措施如下。

（1）增加大腿颠球练习，体会肌肉弹性。

（2）通过抛接练习进行强化。

（3）采用持续练习法，通过长时间练习改正错误动作，巩固正确技术动作。

3. 胸部接球

1）特点

胸部接球技术的特点是触球点高、面积大，易于掌握，在接高空球，尤其是高点停球时使用，也可用于缓冲胸部高度的平球。胸部接球依据高度和球的路线不同分为挺胸式接球和缩胸式接球。

2）动作要领

（1）挺胸式接球：面对来球并依据落点、运行路线选择站位，两腿支撑，两膝微屈，两脚自然开立。上身稍后仰，下颌微收，两臂自然张开，维持身体平衡。触击来球瞬间，两脚主动蹬地，胸部托球，改变来球方向为向上，同时胸部肌肉能够有效缓冲球速，使球弹起于胸前。选择球在空中或自然落地后进行控制。

挺胸式停球因球的高度不同或进行跳起胸停，因此要保证核心力量，在空中承受来球力量并能做出上挺动作。

②缩胸式接球：常用于与胸部高度基本一致，球速较快、轨迹较平的来球。面对来球两

脚开立,两膝微屈,挺胸迎球,触球瞬间收腹、收胸,将球缓冲并压、挡在自己的脚下。此过程中如果球速过快,可配合向后跳滑步进行缓冲。

3)教学训练过程中的注意事项

(1)球的落点判断不准,常出现接球过前(球落于脸部)或靠后(球落于胸部),无法运用胸部接球技术动作。

(2)挺胸不够,主动性较差(一般由于恐惧),常出现“被砸”的现象。

(3)缩胸式接球动作不协调,缓冲较差。

依据问题给予相应的解决措施如下。

(1)形式为先抛后踢,球速为先慢后快,循序渐进地进行胸部接球练习。

(2)重复进行无球技术动作练习,幅度要大,形成肌肉记忆与动作习惯,形成挺胸主动的意识。

(3)采用无球分解训练法,收胸、收腹、向后跳滑单独练习并两两结合,最终形成完整技术动作,提升协调性,再进行有球练习。

4. 头部接球

1)特点

头部接球主要针对高于胸部的来球,是用前额缓冲接球的一种接球方式。

2)动作要领

依据来球路线和高度,选择下落合适的点位进行头部接球。身体移动到合适位置,头部正向面对来球,双脚支撑或跳起,保持重心的稳定,下颌微抬,两臂自然张开维持身体平衡。触球瞬间,利用颈椎关节的灵活度及身体的塌腰,缓冲来球力量,或缓冲并上挡,使球于身前自由下落在身体控制范围内。

3)教学训练过程中的注意事项

头部接球要结合头部颠球进行练习,常出现以下 2 个问题。

(1)接球部位错误,影响接球缓冲效果。

(2)重心不稳,接球后无法衔接下一技术动作。

依据问题给予相应的解决措施如下。

(1)持续进行个人自抛自接练习,增加头部颠球练习密度,提升头部前额触球感觉。

(2)增加核心力量和专项力量内容训练。

三、运球

运球是指用身体的某一合理部位,通过连续触球并将球按自己意愿移动的一种技术,是控制球的方式方法。在足球运动中,球的运动是靠踢球和运球技术完成的,因此运球也是足球最重要的技术之一。在运球过程中,不可避免地会遇到防守队员进行抢断,因此需要配合重心的移动、假动作、变向、起动等方式与运球衔接,形成一种实战技术,即运球过人。在基本技术的练习中,应将运球作为多元动作结构固定组合的项目类别进行训练。

(一)运球动作分析

运球技术包括跑动与触球两种要素。运球的跑动大多数是在低重心的状态下进行移动的，常采用小步幅、快频率的方式进行快速移动。因运球中的跑动是要与触球紧密结合，与球的运动方向紧密结合，因此需要及时地调整移动的位置，达到“人球合一”的状态。运球的触球环节是一种推拨、触击球的方式，运动员以此改变球的运行方向和运行速度，能够对球进行更加有效、更加自主地运球。运球技术的两种要素不是孤立存在的，而是需要紧密结合衔接，才能完成运球的完整技术动作。

一个运球动作过程包括跑动方式和触球的选择、移动中触球和触球后重心移动三个阶段。

1. 跑动方式和触球的选择阶段

这一环节的进行首先要根据临场情况，包括对方防守阵型、防守队员的位置、本方队员跑动创造的第二空当等，选择合理的移动的方式（方法、方向、速度、节奏等）和触球方法。移动方法可采用快频低重心，能够促进动作速度的提升、变向的突然等；也可采用高重心大步跑，有利于长距离冲刺；亦可进行横向跑、侧向跑等。移动方向可选直线、斜线、弧线、蛇形等。移动速度可选低速、中速、高速。移动的节奏可不变，也可多变。这一环节的关键是观察与想象，需要在极短时间内做出选择。

2. 移动中触球阶段

触球的前提是支撑，支撑脚在支撑过程中需要与身体移动相结合，此支撑与踢球技术的支撑完全不同，在支撑过程支撑腿要发力蹬地，支配重心的移动，在重心移动过程中进行触球。触球这一环节主要涉及触球部位、触球时间、触球力量、触球方向等因素，而这些因素要与支撑移动紧密结合。

3. 触球后重心移动阶段

触球后的重心移动是为了与下一动作的连接能够更加自然。触球动作一旦结束，其重心要依据球的运行方向进行选择移动，一般而言触球力量越小，就越应与球的运动方向保持一致，这就需要通过支撑腿的再蹬地与重心的转移、球的运动方向紧密结合。

以上三个环节是运球技术的全部过程，其中移动中的触球是技术掌握的基础，初学者应重点练习此环节的内容。

（二）运球技术动作要领

运球技术按脚接触球的部位分为脚背正面运球、脚背内侧运球、脚背外侧运球和脚内侧运球 4 种。

1. 脚背正面运球

1）特点

脚背正面运球速度快，但运动路线以直线为主，较为单一，其结合高速移动，主要运用于对手防守纵深较大，防守空当较大时。

2）动作要领

跑动方式一般采用直线、高速、高重心快速跑，支撑腿用力蹬地，位于球的后方，以正常一步距离为宜，给予触球腿充分摆动空间。触球时脚背绷直，脚尖向下，在正常跑动的迈步过程中触击球的中部，击球距离为 2~3 步控制为宜。落地后支撑再蹬地，衔接高速跑动。

3)教学训练过程中的注意事项

脚背正面运球技术训练中,常出现以下3个问题。

(1)触击球后停顿再启动,衔接不流畅。

(2)触击球的部位不正确,方向不定,无法控球。

(3)支撑腿过近,触击球力量和摆腿速度不相适应,造成运球过远。

依据问题给予相应的解决措施如下。

(1)采用无球状态下技术模仿练习,强调在跑动过程中做动作,强化摆腿与触球动作的有效衔接。而后进行有球练习,可先速度慢一些,循序渐进地增加强度。

(2)增加脚背颠球练习频率,提升脚背触球感觉,同时从慢速运球开始,强调触球部位精准性,强调直线触球。

(3)采用矫枉过正法训练,强调支撑脚远离足球,用大步触球方式让练习者体会运球,习惯后再进行正常练习。

2. 脚背内侧运球

1)特点

脚背内侧运球主要用于快速运球中改变球的运球方向,其运用脚背内侧推拨球,动作幅度大,控球较为稳定,是高速运球变向的最佳方式。

2)动作要领

跑动过程中身体重心降低,支撑腿在球的侧后方,前后距离较脚背正面运球相近,易于推拨球的外侧中部。身体放松,重心向支撑脚一侧倾斜并前倾,膝关节微屈,髋关节适当外展,向侧前方推拨球。推拨球时踝关节微外旋外展并绷直。而后触球腿向推拨方向落地,随身体侧前倾跟上球的运动轨迹。

3)教学训练过程中的注意事项

在脚背内侧运球技术训练中,常出现以下2个问题。

(1)身体重心没有适时下落,没有侧前方倾倒,导致跟不上球,无法控球。

(2)触球过程中没有推拨,触击导致球的方向出现问题,无法变向。

依据问题给予相应的解决措施如下。

(1)无球重心移动练习,高速跑练习,听见哨音进行降重心并侧前倾,向内侧方转向继续快跑;再进行有球结合练习。

(2)采用慢速运球练习,不强调速度,重点关注推拨部位,体会正确的技术动作。

3. 脚背外侧运球

1)特点

脚背外侧运球的方式一般有两种,一种是用于向外侧变向;一种用于运球过程中的控制。其运用灵活,能够随时变化,可直线运球也可斜线变向运球。

2)动作要领

(1)变向运球:跑动触球前降低重心,支撑腿向触球腿异侧的侧前方倾倒,并蹬地;在重心移动的过程中,踢球腿正常屈膝前摆,大腿与地面垂直时,膝关节开始伸,随着大腿的继续前摆触球，过程中膝关节伸，并随髋关节外展中推拨球。推拨球时，脚背绷直，从稍内旋到外旋外展的过程触球，而后落地支撑再蹬地。

（2）直线控球。

直线控球的关键是用脚背外侧推拨球的中下部偏内侧，使球侧向旋转，控制球速。跑动中采用小步幅高频率方式，一步一运。支撑脚离球 30~50 厘米，弯曲，重心向前，蹬地。运球腿小幅度摆动，主要依靠膝关节和踝关节的屈伸推拨球，一般推拨过程重心已经在前，所以需要积极的落地支撑再蹬地，循环进行。推拨球时，脚背绷直并内旋，将脚背外侧对于前方。

3）教学训练过程中的注意事项

在脚背外侧运球技术训练中，常出现以下 3 个问题。

（1）直线控球中踝关节不灵活，常以膝关节的屈伸推拨球，力量不容易掌控。

（2）直线控球中重心的移动和推拨球衔接不紧密，无法连续地一步一运。

（3）变向运球时重心前倾不够，常停一下再追球。

依据问题给予相应的解决措施如下。

（1）踝关节灵活性练习，无球状态下按照技术要求做踝关节的屈伸练习，提升踝关节用力感，而后结合膝关节屈伸进行无球模仿技术练习，熟练后进行慢速运球，再进行正常运球练习。

（2）利用信号刺激法依次进行无球慢速到有球快速练习，强调重心控制和一步一运。

（3）采用无球快速重心转换练习提升对重心移动的控制度。

4. 脚内侧运球

1）特点

脚内侧运球主要在反向运球、大幅度变向、护球过程中进行应用，它的速度慢，但变向角度大，易于控制。

2）动作要领

在反向运球中，支撑脚站在球的外侧，重心后倾，支撑脚外旋指向外侧，也就是指向球的一侧，脚尖与球保持在 20 厘米以内，可超过球后部的横切线位于球侧。转体同时用运球脚的内侧部推拨球的前部向原先身后方向运球，同时重心跟上。拨球腿触球后继续后侧方迈步落地，形成转向的同时将球推拨于转向后的前方。

在大幅度变向中，支撑脚位于球后和球的侧方，使球位于两腿之间的外置，重心倒向支撑腿，同时踢球腿前伸内收，利用踝关节和髋关节的展收力量推拨球，触球部位为脚内侧和球的侧面中部。

3）教学训练过程中的注意事项

（1）在反向运球中，支撑脚过远，导致拨球后重心无法快速跟球。

（2）大幅度变向中，支撑脚过近，用脚尖侧部触球导致拨球后球向斜前方运动。

依据问题给予相应的解决措施如下。

（1）采用球侧站位法，支撑脚尽量靠前站于球侧，熟练后慢慢地后移，自然拨球转身。

（2）加强重心前移，即时在支撑脚过远的情况下，通过最后一步的大跨步进行拨球。

四、头顶球

头顶球是指运动员有目的地用前额将球击向预定目标的动作方法。足球运动中球的运动轨迹是千变万化的,当其运动轨迹高于胸部时,便可用头顶球的方式触击球。现代足球运动的激烈性极强,不可能等到球的轨迹落下再进行处理,因此头顶球是争取时间和空间的主要技术手段。头顶球技术可运用于传球、断球、射门等技术,其触击球部位为前额,额骨较为平坦,能够有效地控制方向,是进攻、防守中的重要应用技术。

(一)头顶球的技术动作分析

头顶球是一个自下而上全身协调发力的动作过程,其动作结构主要包括以下 4 个环节。判断与选位、力量的运用与控制、头触球、顶球后身体重心的控制。

1. 判断与选位

头顶球是在其运动轨迹变化的情况下进行的抢点技术,重点是触击球瞬间的时空特征,也就是说头球技术选择的时间点和空间位置,与触击球时球的空间位置恰好重合,因此需要对球的空间位置、速度等性质进行判断后,进行合理的选位。选位的过程首先要时刻注意球的运行轨迹,同时结合自己预计的触球高度进行相应的移动,使自己处于最合理的位置,保证既能够最大限度地触击球,又能够保证触球的效果。

2. 力量的运用与控制

选位结束后,就要为触击球做好发力准备,包括支撑身体或身体腾空的发力、头顶球的发力、重心控制的用力等。

支撑身体或身体腾空的发力:在地面头顶球时(指双脚不离开地面,下同),主要用双支撑腿对身体进行支撑,一般采用两脚开立、前后略分开的方式,保持重心稳定;在身体腾空过程中,需要双脚同时快速用力蹬地使身体腾空。

头顶球的发力:地面头顶球从蹬地开始,协调传递自从展腹到收腹的运动过程,同时身体由后向前进行移动,如侧向面对来球时,可进行蹬地—侧展—侧收的动作过程完成发力。在身体腾空过程中,借蹬地力传递进行展腹和收腹动作,抑或进行侧展侧收动作过程。从中能够发现,头顶球的发力主要依靠腰腹力量,力是通过从腿到腰腹到头部的传导过程以及超等长收缩实现的,因此要强调腰腹收缩能力和协调性的发展。腰腹摆幅越大,力量越大,适用于射门、解围等情况;摆幅小,通过颈部用力,主要适用于传球或小角度射门。

在发力过程中,需要对重心进行有效的控制,能够增加力的传导过程。地面头顶球时,重心是由后向前,或进行侧右向移动,因此要通过双腿的连续蹬地和核心力量进行控制;腾空头顶球时,主要通过核心力量控制身体的方向和形态,保证发力过程的正常完成。另外,经常在身体腾空过程中也有移动过程,因此还需双脚用力蹬地控制身体的空中移动,例如鱼跃冲顶。

3. 头触球

头触球是在发力最后通过头部触击球的方式将球改变运动轨迹并增加力量的表现环节。这一环节决定了头顶球技术运用的最终结果,它与发力结合构成了头顶球的主要环节。头触球这一动作过程的重点包含击球时机、击球部位和击球瞬间颈部发力等因素。

1)击球时机

击球时机是头与球接触时相对于身体的位置,从理论上讲,身体的后展幅度受椎关节限度影响,而前收幅度却非常大,因此击球的最佳时机应是球运动到头顶上方及前方30厘米范围内。如果超过此范围,将会影响触击球的力量。

2)顶球部位

顶球部位是指顶球时头与球的对应部位,包括头的触球部位和击球点,它直接影响顶球的准确性和力量。因此,应根据来球的路线、击球的方向来确定相应的击球部位,以保证球能按预定的目标运行。

3)颈部发力动作

颈部发力动作是整个发力过程的最后阶段。由于颈关节比较灵活,因此这个过程相对来说比较灵活,可短促有力,可固定、可转动,它能够决定头顶球的最终力量和最终方向(包括向前、向下、向高处、向侧、向后顶球)。

4. 顶球后身体重心的控制

顶球后身体重心的控制是为了下一步的技战术运用需要,也是缓冲保护的需要。地面头顶球后,迅速控制重心由前移进行转向,继续前进或向别的方向。在腾空头顶球后,落地过程要继续保持合适的身体姿势落地,若身体失去平衡应迅速调整姿势,进行落地缓冲准备。

(二)头顶球的技术动作要领

按照顶球的部位划分,头顶球可分成前额正面头顶球和前额侧面头顶球两种。

1. 前额正面顶球

1)特点

前额正面头顶球是由额肌覆盖的额骨正面部分去触击球的动作方法。它是头球技术中最常用的方式,由于前额骨较硬,触击面积较大,触击部位平坦,利用展腹收腹发力动作较为顺畅,出球有力,易于控制方向和轨迹。

2)动作要领

(1)原地顶球。

身体正对来球方向,眼睛注视来球运动轨迹,两脚平行站立,前后略有分开,膝关节微屈,重心初始位于两腿中间。上身后仰并展腹,下颌收紧,颈椎关节固定。顶球时,重心由后腿开始,随蹬地动作向前移动。借助腿部力量的传导结合收腹发力,用前额触击来球。触击时间应是球行至身体的垂直上方,以及向前30厘米范围内,用前额正面触击球的后侧中部,随顶球动作完成重心自然前移并站稳,准备下一技术衔接。

(2)跳起顶球。

跳起顶球是身体完全处于空中无实质支撑的状态下进行的头顶球方式,一般可分为原地起跳头顶球、跑动跳起头顶球和鱼跃冲顶三种细分方法。无论何种跳起方式,首先要选好起跳位置。在原地起跳头顶球时,两脚前后站立,左右与肩同宽,两腿弯曲,重心落于两腿之间,根据来球轨迹和时机,双脚蹬地起跳,两臂向上摆动,以加强跳起力量,在空中维持身体平衡。起跳后，挺胸展腹，形成背弓，触击球的过程中，迅速收腹发力顶球。顶球后两腿着地后弯曲缓冲。跑动跳起头顶球时，通过助跑单腿起跳，依据来球的时空特征，选择起跳合理位置，最后一步大一些，借助其加速度在合适的时间起跳，另一条腿向上随摆，两臂自然上提后，通过展腹收腹发力，在空中有效控制重心。触击球方法、位置、时机和落地缓冲参考原地起跳头顶球的要领。鱼跃冲顶时，利用两脚蹬地，使重心向前，两臂展开由前向后划臂，身体俯卧于空中，稍抬头并锁紧颈关节，依据球的空中轨迹和时机，借助向前鱼跃的力量触击球。顶球后两臂肘关节由伸至屈进行缓冲，随后胸腹部及腿部依次着地。

3）教学训练过程中的注意事项

正面头顶球的过程中需要强调颈关节的固定和落地缓冲，这是贯彻"竞技需要和健康保障"辩证原则的重要体现。在正面头顶球的训练过程中，常出现以下 3 个问题。

（1）触击球的过程中颈关节不固定，下意识进行颈关节的屈伸，不仅影响发力，还容易造成运动损伤。

（2）落地无缓冲习惯，容易造成运动损伤。

（3）触击球的时机过晚，发力不够完全，甚至是被动顶球。

依据问题给予相应的解决措施如下。

（1）熟练进行无球技术模仿，强调颈部固定，而后进行固定球练习，即一人手托球，另一人头顶球练习，再进行近距离手抛球 + 头顶球练习，循序渐进，保证安全。

（2）无球缓冲落地专项练习，形成缓冲习惯。

（3）出现击球过晚主要是意识错误，因此进行手托球固定距离头球练习，增加学生展腹和收腹触击球的过程感觉。

2. 前额侧面头顶球

1）特点

前额侧面头顶球是面对直线来球，完成向不同的侧方进行头顶球目标的方式，其触击球的部位是额骨的边缘位置。其特点是击球动作敏捷，方向不定，所以防守队员难以预判，因此在实际比赛中经常运用。但侧面头顶球的技术动作及发力环节较难控制，所以不易掌握。

2）动作要领

（1）原地头顶球。

依据来球的运动轨迹、运动速度，面对来球及时移动到合理位置，准备发力顶球。事先预判好出球方向，相应地向出球的反方向转动身体，两腿前后开立，一般出球方向的异侧脚位于后方较好，形成支撑发力，身体侧后展腹，面对来球，支撑腿蹬地并向触球方向转动身体、收腹，触击来球侧中部，击球后支撑蹬地腿前移缓冲。触击球的过程中，颈关节随身体转动而摆动，用出球方向的前额侧部触击球的中后部。

（2）跳起头顶球。

跳起头顶球分为原地跳起和跑动跳起两种方式。在原地跳起过程中，身体向出球方向异侧展腹，身体向出球方向转动，在空中保持重心的稳定，面对来球向出球方向快速侧摆触击球，颈部旋转甩头，触击球的侧中部，落地缓冲保持平衡。跑动跳起侧面头顶球与原地跳起侧面头顶球技术基本一样，但击球时机相对来说要稍早一些，因为身体在空中有向前移动的过程，因此起跳点及时机的选择尤为关键，要注意提前起跳。

3）教学训练过程中的注意事项

前额侧面头顶球技术相对较难掌握，动作细节和时机把握是训练中的重点，在训练过程中易犯的错误如下。

（1）起跳点离球过近，忽视身体向前移动过程，触击球的时机过晚，无法正常发力或是转向不够。

（2）由于前额正面顶球的习惯，造成颈关节过于固定僵硬，触击球的部位常出现错误。

（3）腰腹展收不够，常靠甩头发力，力量小、速度慢。

依据问题给予相应的解决措施如下。

（1）通过固定球跳起前额侧面头顶球练习，体会身体空中移动过程，再结合来球的不同速度进行强化训练。

（2）无球技术动作模仿练习，从原地到移动跳起，循序渐进地进行练习，时刻强调转头动作。

（3）侧展侧收专项练习，结合跳起展收练习，强化动作习惯。

五、抢截球

抢截球技术是在规则允许的范围内，防守队员用合理的身体部位及准确的时机将对手控制的足球抢夺过来或破坏掉其传球，抑或将对手的传球截断的技术。从抢截的范围来说，分为抢球、断球和破坏球。抢截球技术是破坏对方进攻、本方攻守转换的重要环节，对比赛的控制有着举足轻重的作用。

（一）抢截球的技术动作分析

抢截球技术的动作结构是由合理选位、抢截动作的实施以及抢截球后的技术衔接 3 个环节构成。

1. 合理选位

抢截球的实施是在对方及球的运动中进行的，因此需要对位置进行精准的判断，选择最合理的位置，以待抢截球技术动作的实施。合理选位的重点是观察与判断，要对对方控制球情况、接应位置、传球意图、运动方向做出精准的观察与判断，使自己及时地移动到合理的位置。合理位置的选择要考虑对手在场上的位置、对手的朝向、与对手的相对位置、球与控球人的距离、对方其他队员的跑动路线等方面。一般而言，在本方半场内，防守的站位是在控球人与本方球门的直线上。当对手面对球门时，应保持 2 米左右的距离，并随对手移动方向而移动；当对手背向球门时，应迅速紧贴对手背部。另外，足球的抢截技术并不是一个人完成的，在抢截的过程中，协防队员也要站在本方队员身后 3 米处，并重点关注其他跑位对手的移动路线，以保证本方队员抢截失败后能够迅速担起抢截任务。在球门范围（本方罚球区附近），则应尽量进行贴身抢断。在截断传球的过程中，主要依靠预判能力，在传球前即移动到合理区域，当对方传球后，快速移动到传球路线进行截断。

2. 抢截动作的实施

抢截动作的实施重点是时机的把握。在实施动作过程中,时机是最重要的因素,是抢截动作开始的关键。由于抢截本身需要动作结构的完成,这就需要动作时间的保证,动作速率越快、动作时间越短,动作轨迹越直接,则时机的选择就越容易,因此有的运动员会依靠动作的速率来弥补时机选择的不足。抢截球技术一般是在对手触碰球的瞬间实施的,最好的时机应是其触碰球后,球离开其身体 2 米左右的时候,在其触碰球的瞬间进行抢截动作。但有时对手触碰球的力量很小,球在自己的控制范围内,这时应避免随意出脚截球。在断对方传球的过程中,抢截的时机则是从其传球的一瞬间开始。

3. 抢截球后的技术衔接

抢截球并不是防守的结束,因为抢截球的动作方式和截后的技术衔接决定着比赛攻守走向,因此抢截球后的技术衔接也同样重要。在抢截实施的过程中,就要考虑如果抢截成功应该如何做;如果抢截失败应该如何做。因此抢截球与下一技术的衔接是实战比赛中的关键所在。

(二)抢截球的技术动作要领

抢截动作一般可分为断球、正面上抢、合理选位及冲撞抢球、贴身逼抢和铲球。断球用于对方传球过程中;正面上抢多用于对手运球过程中面向球门时;合理站位及冲撞抢球一般用于对手运球突然起动、变向等突破过程中;贴身逼抢一般用于对手背身接球时;铲球一般用于距离自身距离较远时。无论何种抢截动作的实施,都需要快速与突然,避免对手依据抢截动作进行变向、起动、运球过人。抢截球过程中的部位选择应包括除手臂之外的所有部位,依据动作速率,哪个部位最快就用哪个部位,如脚尖、头顶等。

抢截动作是由移动和抢截动作两部分构成,其需要具备的主要素质包括反应速度、移动速度、动作速度、灵敏素质,其关键在于动作速率和动作轨迹。因此抢截动作的训练应将素质和技术练习紧密结合。

1. 断球

1)特点

断球是破坏对方传球或截断对方传球形成由守转攻的重要技术。在断球过程中依据所处位置和球的运行时空特征,选择破坏或控制。一般而言断球破坏采用身体末肢部位触击球,如脚尖、头顶;而断球控制则需采用接球技术所用的部位。断球的重点是时机的选择,应对对方传球的线路、力量、时间、空间位置进行快速准确判断,同时依靠快速的移动和精准的部位完成技术动作实施 。

2)动作要领

移动时机及位置的把握,在对方传球前即应判断对方传球的方向及路线,在传球一瞬间开始移动,如过早移动,则会引起对方传球队员的注意,使其改变传球的时间或路线。

快速移动,依据球的路线速度尽量移动到离球近的位置。

断球动作的实施,如果离球较近,则采用接球技术将对方传球控制住;如果离球较远,则采取用身体末肢改变球的运行路线。

断球后快速改变体位，为下一技术动作的实施奠定基础。

3）教学训练过程中的注意事项

断球实施过程中，常出现以下 2 个问题。

（1）反应慢、起动慢，即使有正确的预判，也无法及时断球。

（2）断球过程中以破坏为主，即使离球较近也无法实施断球控制。

依据问题给予相应的解决措施如下。

（1）通过信号刺激法结合变换路线，提升反应速度练习。如听口令选择跑练习，当喊 1 时向左起动跑；喊 2 时向右起动跑；喊 3 时向后转身起动跑……此练习可结合慢跑进行。

（2）采用大范围跑动接球练习，提升快速移动中的接球能力。

2. 正面上抢

1）特点

抢球者从正对面来的进攻队员脚下抢下球控制或破坏即正面上抢。正面上抢一般是在合适时机进行跨步堵截或抢断。其正对来球与进攻队员，保持良好距离，选择时机进行抢断。

2）动作要领

两脚前后开立，面对运球的进攻队员保持 2~3 米距离，膝关节微屈，准备过程中重心时刻位于两腿间，随球的运动轨迹进行后侧滑步，重心平稳过渡，时刻关注对手运球路线及触击力量情况。

当运球者运球触击力量稍大，球的力度能够达到离开其身体后，超过攻守双方之间至少 1/3 以上距离时（如二者保持 3 米，即触击球后球能够离开其身体 1 米以上时），进行抢断。时机为对方触击球后立即进行上抢，后支撑脚迅速用力蹬地，并变为抢断球用腿，同时重心前移，用脚内侧去堵截球、拨球或用脚尖破坏球。

堵截球是向球的运行反方向用力触击球，一般抢截时机稍晚时运用，当对手也堵截时，球会夹于抢球者和对手脚内侧之间，这时需要不脱离球的状态下上拉；拨球是在时机恰到好处，抢球者完全领先于对手，用脚内侧拨球改变运行方向，同时身体随拨动方向移动，进行控制；若时机过晚，可通过脚尖破坏的方式进行抢截，这个过程不再强调重心控制，而是尽量将抢截脚前伸，用脚尖用力抢在对方触球前实施破坏球的正常运行路线。

3）教学训练过程中的注意事项

在正面上抢训练过程中常出现以下 2 个问题。

（1）抢截球瞬间重心转换慢，不利于抢截及后续动作衔接。

（2）抢截球中触球部位及触击方法选择不当。

依据问题给予相应的解决措施如下。

（1）进行无球重心转换结合信号刺激法进行练习，体会重心由后向前突然转向的感觉。

（2）先进行固定球技术动作练习，而后进行消极对抗练习，重复练习进行巩固。

3. 合理选位及冲撞抢球

1)特点

当对手运球路线不是正面而来的,抑或对手运球过人实施过程中,即可采用合理选位及冲撞的方式进行抢截球。合理选位是指快速占据控制球位置;合理冲撞是与对手都具有控球位置时,通过力量素质获得独自控制位置的方法。无论是合理选位还是合理冲撞,关键点是要与球同方向运动,否则即会造成冲撞或阻挡犯规。

2)动作要领

防守者与运球队员在同一方向运动过程中,达到与对手肩部平行时进行合理冲撞,身体重心要尽量降低,靠近对手一侧身体要绷紧,上臂贴紧身体,重心由外向内,外侧腿支撑发力,用上臂部位对抗对手相同部位,占据合理位置控制球。当遇到运球过人,自己处于球与防守队员之间时,要快速转身起动,并注意以移动的球为半径,依据对手的跑动路线进行跑动,并护住球。

3)教学训练过程中的注意事项

选位及冲撞抢球训练过程中常出现以下 2 个问题。

(1)对抗冲撞重心不稳,支撑腿发力错误。

(2)转身起动慢。

依据问题给予相应的解决措施如下。

(1)核心力量训练、无球对抗冲撞起动练习。

(2)转身起动专项跑练习、折返跑练习。

4. 贴身逼抢

1)特点

当对方接球背对进攻方向时,比接球人更接近球门线的防守队员应快速上前紧跟其背部,距离越小越好,控制其转身和向两侧移动的能力,并进行抢截球。贴身逼抢控制力较强,能够直接抢断或迫使对方回传。

2)动作要领

在其接球一瞬间迅速上前,以手臂支撑对方背部,或直接架起双臂替身防守,控制其运动范围,贴身逼抢的同时用脚尖或其他部位破坏球的运行。贴身过程中重心要进行自我控制,时刻关注对方的身体移动以及球的位置,借机破坏其控制的足球运行。

3)教学训练过程中的注意事项

贴身逼抢中手臂及身体只能作为支撑,不可发力,依靠感觉和视觉判断其个人及球的运动方向,练习中可采用感觉刺激法进行练习。如两人前后同向站立并贴紧,前边一人随机做转身动作,后边一人依据其转身方向进行起动练习。

5. 铲球

当球距离自己较远又要及时破坏时,可以用铲球技术抢先破坏来球。铲球技术要求其铲球脚紧贴地面,同时铲球目标仅为足球,不可有多余动作。铲球可依靠自身运动惯性,延长动作距离,达到抢先触球的目的。铲球从破坏球运动方向的作用来说可分为正面铲球、侧面铲球;从控制球的作用来说可以采用铲停球。因铲球常利用身体惯性,速度快,控制性差,易造成对方运动损伤,因此在大众足球健身领域及学校体育范围内,并不提倡铲球技术的应用,教学过程中只进行基本技术动作的学习即可。

六、掷界外球

当球的整体越出边线后,使比赛继续进行的发球方式即掷界外球方式。掷界外球是通过双手持球经过头顶连续发力完成的技术动作,球离开手前双脚不可离地。

(一)掷界外球的技术动作分析

(1)掷界外球的技术动作是一个以脚固定协调发力的快速力量和精准度的结合,因此双脚站立要稳固、支撑发力。

(2)出球角度直接影响掷球高度及距离。

(3)掷球力量主要取决于腰腹收缩和出手速度,但力量是由下肢传导至腰腹及上肢的。

(4)充分利用助跑的加速度,可使掷出的球运行得更远。

(5)现代足球运动中掷界外球并不一定追求力量和距离,而应更重视掷球的角度、位置及精准度,如掷给接应同伴,最好的位置是膝部以下,可使其能够更好地控制球。

(二)掷界外球的动作要领

准备姿势为两脚立于地面,前后开立为宜,面对出球方向,膝关节弯曲,上身后仰背弓。双手持球屈肘置于头后。发球时后腿快速蹬地,重心由后向前移动,借助重心移动迅速收腹并向前摆臂将球掷出,后腿随前与前腿并立或抬起脚跟,出手时两脚均不得离地。

练习过程中可结合胸部和脚内侧等接球技术练习其掷球的力量和精准度,如果发力不协调,那么可先进行徒手动作模仿练习。

第三节　足球规则

足球比赛的规则是由国际足球协会理事会(IFAB)进行制定和修改的,是所有正规的足球比赛必须遵守的章程。

一、比赛场地

比赛场地为长方形,边线的长度必须长于球门线的长度。

长:90~120 米。

宽:45~90 米。

国际比赛标准:

长:100~110 米。

宽:64~75 米。

世界杯比赛中要求球场的长度是 105 米,宽度是 68 米。

二、比赛用球

比赛用球必须为球体,足球的外壳主要是用皮革制成,同时也允许使用其他许可的材料,前提是所有的材料不得存在对运动员造成伤害的隐患。

圆周不长于 70 厘米、不短于 68 厘米。

比赛开始时，足球的重量不大于 450 克、不小于 410 克。

球内的压力在海平面上等于 0.6~1.1 个大气压力。

如果球在比赛过程中破裂或损坏，那么就应该停止比赛，裁判员用更换的新球在被更换的球破漏时所在的地点以坠球的方式重新开始比赛。

如果球在死球时破裂或损坏，就需要按照相应的规定进行换球，然后裁判员组织重新开始比赛。

在比赛中的任何情况下，如果未得到裁判员的许可，则不得更换球。

三、比赛画线

比赛场地是用白色的线来进行标明的，所有的线作为场内各个区域的边界线，是包含在各个区域之内的。

两条较长的边界线叫边线，两条较短的线叫球门线（俗称底线或端线）。

线的宽度不应超过 12 厘米。

比赛场地被中线划分为两个半场。

在球场中线的中点处做一个中心标记，并以此点为圆心画出一个半径为 9.15 米的圆，这个圆俗称中圈。

场地的四个角上各竖一根不低于 1.5 米的平顶旗杆，并且需要系上一面小旗，俗称角旗。

球门区

球门区在场地的两端，从距球门柱内侧 5.50 米处，画两条垂直于球门线的线。这些线延伸向比赛场地内 5.50 米，与一条平行于球门线的线相连接，由这些线和球门线组成的区域范围是球门区。

罚球区

罚球区在场地的两端，从距每个球门柱内侧 16.5 米处，画两条垂直于球门线的线，这些线延伸向比赛场地内 16.5 米，与一条平行于球门线的线相连接。由这些线和球门线组成的区域范围是罚球区。

在每个罚球区内距球门柱之间等距离的中点 11 米处设置一个罚球点。在罚球区外，以距每个罚球点 9.15 米为半径画一段弧，是为罚球弧，罚球弧不属于罚球区。

角球区

在比赛场地内，以距每个角旗杆 1 米的距离为半径画一个四分之一圆，弧内地区被称为角球区。

球门

球门的位置要摆放准确，必须放置在每条球门线的中央处，不得有误差。

球门是由两根距角旗杆等距离的垂直的球门柱和连接两根球门柱顶部的水平的横梁组成。

两根球门柱之间的距离为 7.32 米，从横梁的下沿至地面的高度是 2.44 米。

两根球门柱和横梁具有不超过 12 厘米的相同的宽度与厚度，球门线与球门柱和横梁的宽度是相同的，球门网可以系在球门及球门后面，并且要利用支撑物进行支撑，以免影响守门员。

规定所有的球门柱和横梁必须是白色的。

出于安全性的考虑，球门必须是牢固地固定在地上，任何人不得在比赛中移动球门。

四、队员人数

一场比赛应有两支队伍参加，每队上场队员上限为 11 名，其中必须有一名守门员。如果出现任何一支队伍少于 7 人的情况，比赛将不能进行。在由国际足联、洲际联合会或国家协会主办的正式比赛中，每场比赛（不包含加时赛）最多可以使用 3 名替补队员，如需要进行加时赛的，则可在加时赛期间增加 1 名替补队员。竞赛规程应说明可以有几名替补队员被提名，从 3 名到最多不超过 7 名。

在其他比赛中，可依据下列规定使用替补队员：有关参赛队在最多替补人数上达成协议；在比赛前通知裁判员；如果比赛开始前未通知裁判员或各参赛队未达成任何协议，则必须严格按照国际足联的标准进行。

在所有的比赛中，替补队员名单必须在比赛开始前交给裁判员，未被提名的替补队员不得参加比赛。

替补程序：替补队员时必须遵守以下规定：

（1）替补前应先通知裁判员；

（2）替补队员在被替补队员离场，并得到裁判员信号后方可进入比赛场地；

（3）替补队员只能在比赛停止时从中线处进场；

（4）当替补队员进入比赛场地，即完成了替补程序；

（5）从那时起，替补队员成为场上队员，而被替补队员成为场下队员；

（6）被替补下场的队员不得再次参加该场比赛；

（7）所有替补队员无论上场与否，裁判员均有权对其行使职权。

任何场上队员都可与守门员互换位置，并规定互换位置前通知裁判员，以及需在比赛停止时互换位置。

五、队员装备

（1）队员不得使用或佩戴可能危及自己及其他队员的装备或任何物件（包括各种珠宝饰物）。

（2）队员必需的基本装备包括：运动上衣、短裤（如穿紧身内裤，必须与短裤的主色同一颜色）、护袜、护腿板（护腿板必须由护袜全部包住，由橡胶、塑料或其他类似材料制成，提供适当程度的保护）、足球鞋。

每名守门员的服装颜色必须有别于其他队员、裁判员和助理裁判员。

六、裁判员

每场比赛由一名裁判员控制，他被任命具有全部权力去执行与比赛有关的竞赛规则。

权限职责包括：

（1）执行竞赛规则；

（2）与助理裁判员、视频助理裁判及当有第四官员时，和他们一起控制比赛；

（3）确保任何比赛用球符合要求；

（4）确保队员装备符合要求；

（5）记录比赛时间和比赛成绩；

（6）因违反规则停止、推迟或终止比赛；

（7）因外界干扰停止、推迟或终止比赛；

（8）如果裁判员认为队员受伤严重，则停止比赛，并确保将其移出比赛场地；

（9）如果裁判员认为队员只受了轻伤，则允许比赛继续进行直到成死球；

（10）确保队员因受伤流血时离开比赛场地。该队员经护理止血后，在得到裁判员允许后方可重回场地；

（11）当一个队被犯规而根据"有利"条款能获利时，则允许比赛继续进行。如果预期的"有利"在那一时刻没有接着发生，则判罚最初的犯规；

（12）当队员同时出现一种以上的犯规时，则对较严重的犯规进行处罚；

（13）裁判员不必立即向可以被警告和罚令出场的队员进行处罚，但当比赛成死球时必须这样做；

（14）向对自己行为不负责任的球队官员进行处分，并可酌情将其驱逐出比赛场地及其周围地区；

（15）对于自己未看到的情况，可根据助理裁判员的意见进行判罚；

（16）确保未经批准的人员不得进入比赛场地；

（17）比赛停止后重新开始比赛；

（18）将在赛前、赛中或赛后对队员和球队官员进行的纪律处分及其他事件的情况用比赛报告提交有关部门。

裁判员根据与比赛相关的事实所作出的决定是最终的，只有在比赛未重新开始前，裁判员可以根据自己的判断或助理裁判员的意见而改变确实不正确的决定。

七、助理裁判员

每场比赛应委派两名助理裁判员，他们的职责（由裁判员决定），一般用旗示向裁判员示意：

（1）当球的整体越出比赛场地时；

（2）应由哪一队踢角球、球门球或掷界外球；

（3）可以判罚处于越位位置的队员时；

（4）当要求替换队员时；

（5）当发生裁判员视线外的不正当行为或任何其他事件时；

（6）无论何时，当犯规发生时助理裁判员比裁判员更接近犯规地点（特别是这种犯规情况发生在罚球区内时）；

（7）当踢点球时，在球被踢之前守门员是否向前移动以及球踢出后是否进门。

助理裁判员还应依据竞赛规则协助裁判员控制比赛。在特殊情况下，助理裁判员可以进入场地协助裁判员控制好9.15米的距离。

助理裁判员如有过分干预或不合适的表现时，裁判员可解除其职责并将报告提交有关部门。

八、比赛时间

比赛分为两个半场，每半场45分钟。特殊情况经裁判员和双方同意另定的除外。任何改变比赛时间的协议（如因光线不足每半场减少到40分钟）必须在比赛开始之前制定，并要符合竞赛规程。

1. 中场休息

（1）队员有中场休息的权利。

（2）中场休息不得超过15分钟。

（3）竞赛规程必须阐明中场休息的时间。

（4）只有经裁判员同意方可改变中场休息时间。

2. 扣除损失时间

在每半场比赛中损失的所有时间应被扣除，根据裁判员的判断扣除损失的时间。

（1）替换队员。

（2）对队员伤势的估计。

（3）将受伤队员移出比赛场地进行治疗。

（4）拖延时间。

（5）任何其他原因。

3. 罚球点球

如果执行罚球点球或重新执行罚球点球，每半场结束时间可延长至罚球点球结束。

4. 决胜期（加时赛）

竞赛规程可以规定再进行两个半场相等时间的比赛。

5. 中止的比赛

除竞赛规程另有规定外，中止的比赛应重新进行。

九、比赛开始

1. 预备

通过掷币，猜中的队决定上半场比赛的进攻方向，另一队开球开始比赛。猜中的队在下半场开球开始比赛，下半场比赛两队交换比赛场地。

2. 开球

开球是比赛开始和重新开始的一种方式，发生在在比赛开始时、在进球得分后、在下半场比赛开始时、在决胜期两个半场开始时。

开球可以直接射门得分。

3. 程序

（1）所有队员在本方半场内。

(2)开球队的对方队员,应距球至少 9.15 米 ,直到比赛进行。

(3)球应放定在中心标记上。

(4)裁判员发出信号。

(5)当球被踢并向前移动时比赛即为进行。

(6)开球队员在球未经其他队员触及前不得再次触球。

某队进球得分后,由另一队开球。

4. 违规

如果开球队员在其他队员触球前再次触球,由对方队在犯规发生地点踢间接任意球。

5. 坠球

坠球是在比赛进行中因竞赛规则未提到的原因而需要暂停比赛之后,重新开始比赛的一种方法。

6. 程序

裁判员在比赛停止时球所在的地点坠球,当球触地比赛即重新开始。

7. 判罚

1)重新坠球

(1)如果球在接触地面前被队员触及;

(2)如果球在接触地面前未经队员触及而离开比赛场地。

2)特殊情况

(1)判给守方在其球门区内的任意球,可从球门区内的任何地点踢出。

(2)判给攻方在其对方球门区内的间接任意球,从距犯规发生地点最近的、与球门线平行的球门区线上踢出。

(3)比赛暂停之后,在距比赛停止时球所在的球门区内的地点最近的、与球门线平行的球门区线上坠球,重新开始比赛。

十、死球

1. 比赛成死球

下列情况比赛成死球:

(1)当球不论从地面或空中全部越过球门线或边线时;

(2)当比赛已被裁判员停止时。

2. 比赛进行

其他所有时间均为比赛进行中,包括:

(1)球从球门柱、横梁或角旗杆弹回场内;

(2)球从比赛场地上的裁判员或助理裁判员身上弹回场内。

十一、计胜方法

1. 进球得分

球的整体从球门柱间及横梁下越过球门线,而此前未违反竞赛规则,即为进球得分。

2. 获胜的队

在比赛中进球数较多的队为胜者。如两队进球数相等或均未进球，则比赛为平局。

3. 竞赛规程

竞赛规程应说明，若比赛结束为平局，是否采用决胜期或国际足球理事会同意的其他步骤以决定比赛的胜者。

十二、越位

1. 越位位置

队员处于越位位置本身并不是犯规。

2. 队员处于越位位置

攻方队员出球时，其中攻方有队员比对方倒数第二名队员更接近于对方球门线且接球队员处于对方半场内。

3. 进攻队员不处于越位位置

（1）角球和界外球除外。

（2）他在本方半场内。

（3）他齐平于倒数第二名对方队员。

（4）他齐平于最后两名对方队员。

处于越位位置的队员，在同队队员踢或触及球的一瞬间，裁判员认为其就下列情况而言“卷入”了现实比赛中时才被判为越位犯规：

（1）干扰比赛；

（2）干扰对方队员；

（3）利用越位位置获得利益。

没有犯规

进攻队员直接从下列情况下接到球，则没有犯规：

（1）球门球；

（2）掷界外球；

（3）角球。

4. 违规 / 判罚

对于任何越位犯规，裁判员应判给对方在犯规发生地点踢间接任意球。

十三、犯规

1. 直接任意球

裁判员认为，如果队员草率地、鲁莽地或使用过分的力量违反下列七种犯规中的任何一种，将判给对方踢直接任意球：

（1）踢或企图踢对方队员；

（2）绊摔或企图绊摔对方队员；

（3）跳向对方队员；

（4）冲撞对方队员；

（5）打或企图打对方队员；

（6）抢截对方队员；

（7）推对方队员。

如果队员违反下列三种犯规中的任何一种，也判给对方在犯规发生地点踢直接任意球：

（1）拉扯对方队员；

（2）向对方队员吐唾沫；

（3）故意手球（不包括守门员在本方罚球区内）。

2. 罚球点球

在比赛进行中无论球在什么位置，如果队员在本方罚球区内违反了上述十种犯规中的任何一种，应被判罚球点球。

3. 警告犯规

如果队员违反下列七种犯规中的任何一种，将被警告并出示黄牌：

（1）犯有非体育道德行为；

（2）以语言或行动表示异议；

（3）持续违反规则；

（4）延误比赛重新开始；

（5）当以角球或任意球重新开始比赛时，不退出规定的距离；

（6）未得到裁判员许可进入或重新进入比赛场地；

（7）未得到裁判员许可故意离开比赛场地。

4. 罚出场犯规

如果队员违反下列七种犯规中的任何一种，将被罚令出场并出示红牌：

（1）严重犯规；

（2）暴力行为；

（3）向对方或其他任何人吐唾沫；

（4）用故意手球破坏对方的进球或明显的进球得分机会（不包括守门员在本方罚球区内）；

（5）用可判为任意球或点球的犯规破坏对方向本方球门移动着的明显的进球得分机会；

（6）使用无礼的、侮辱的或辱骂性的语言及动作；

（7）在同一场比赛中得到第二次警告。

被罚令出场的队员必须立即离开比赛场地附近和技术区域内。

4. 任意球

任意球分为直接任意球和间接任意球两种。

无论是直接任意球还是间接任意球，踢球前球必须放定，踢球队员在球未经其他队员触及前，不得再次触球。

直接任意球：

①如果直接任意球直接踢入对方球门，判为得分；

②如果直接任意球直接踢入本方球门，判给对方踢角球。

间接任意球：

①当裁判员判罚间接任意球时，应单臂上举过头，并保持这种姿势直到球踢出后被其他队员触及或成死球为止；

②只有当球进门前触及另一名队员才可得分，如果间接任意球直接踢入对方球门，判为球门球；如果间接任意球直接踢入本方球门，判给对方踢角球。

任意球的位置：

①罚球区内的任意球，属于守方的直接或间接任意球；

②所有对方队员距球至少 9.15 米；

③所有对方队员应站在罚球区外直到比赛进行；

④当球被直接踢出罚球区比赛即为进行；

⑤可以在球门区内任何一点踢任意球。

在罚球区内的任意球，属于攻方的间接任意球：

①所有对方队员距球至少 9.15 米直到比赛进行，除非他们已站在本方球门柱之间的球门线上；

②当球被踢并移动时比赛即为进行；

③在对方球门区内踢间接任意球时，应在距犯规发生地点最近的、与球门线平行的球门区线上执行。

在罚球区外的任意球：

①所有对方队员距球至少 9.15 米直到比赛进行；

②当球被踢并移动时比赛即为进行；

③在犯规发生地点踢任意球。

违规 / 判罚：

①当踢任意球时，对方队员比规定距离更接近于球时，应重踢；

②防守方在本方罚球区内踢任意球时，球未被直接踢出罚球区时，应重踢；

③由除守门员外的队员踢任意球，如果比赛进行后，踢球队员在其他队员触球前再次触球（用手除外），由对方在犯规发生地点踢间接任意球；

④如果比赛进行后，踢球队员在其他队员触球前故意用手触球，由对方在犯规发生地点踢直接任意球；如果犯规发生地点在踢球队员本方罚球区内，将判罚球点球。

由守门员踢任意球：守门员将球踢出后，在其他队员触球前再次触球（用手除外）的情况下，由对方在犯规发生地点踢罚间接任意球；在比赛进行后，发生守门员在其他队员触球前故意用手触球，如果犯规地点发生在守门员本方的罚球区外，则由对方在犯规发生地点踢直接任意球；如果犯规发生地点在守门员本方罚球区内，由对方在犯规发生地点踢罚间接任意球。

十四、点球

当比赛进行中，一个队在本方罚球区内由于违反了可判为直接任意球的十种犯规之一而被判罚的任意球,应执行罚球点球。罚球点球可以直接进球得分。在每半场比赛或决胜期上下半场结束时,应允许延长时间执行完罚球点球。

1. 球和队员

球:放在罚球点上。

主罚球点球的队员:确认由其主罚。

防守方守门员:留在本方球门柱间的球门线上,面对主罚队员,直至球被踢出。

除主罚队员外的队员:应处于比赛场地内、罚球区外、罚球点后、距罚球点至少 9.15 米。

2. 裁判员

应在队员处于规则规定的位置上后发出执行罚球点球的信号,作出罚球点球完成后的决定。

3. 程序

(1)主罚队员向前踢出球点球。

(2)在其他队员触球前主罚队员不得再次触球。

(3)当球被踢并向前移动时比赛即为进行。

在比赛进行当中,以及在上半场或全部比赛结束而延长时间执行或重新执行罚球点球时,如果球在越过球门柱间和横梁下之前遇到下列情况,应判定得分:该球触及任何一个或连续触及两个球门柱、横梁、守门员。

4. 违规 / 判罚

(1)主罚队员在踢点球时违反竞赛规则:

①裁判员允许踢出该球点球;

②如果球进入球门,应重踢。

③如果球未进入球门,不应重踢。

(2)守门员违反竞赛规则:

①裁判员允许踢出该球点球;

②如果球进入球门,得分有效;

③如果球未进入球门,应重踢。

(3)主罚队员的同队队员进入罚球区,或在罚球点前,或距罚球点少于 9.15 米:

①裁判员允许踢出该球点球;

②如果球进入球门,应重踢;

③如果球未进入球门,不应重踢;

④如果该队员触及了从守门员、横梁或门柱弹回的球,裁判员将停止比赛,由防守方以间接任意球重新开始比赛。

(4)守门员的同队队员进入罚球区,或在罚球点前,或距罚球点少于 9.15 米:

①裁判员允许踢出该球点球;

②如果球进入球门,得分有效;

③如果球未进入球门,应重踢。

（5）攻守双方队员都违反竞赛规则应重踢。

（6）如果球从点球点被踢出之后，主罚队员在其他队员触球前再次触球（用手除外），由对方在犯规发生地点踢间接任意球。

（7）主罚队员在其他队员触球前故意用手触球，由对方在犯规发生地点踢直接任意球。

（8）球被外来因素触及而影响了其向前移动，应重踢。

（9）球从守门员、横梁或球门柱弹回比赛场地内，接着被外来因素触及，裁判员停止比赛，在被外来因素触及的地点坠球重新开始比赛。

十五、掷界外球

掷界外球是重新开始比赛的一种方法，掷界外球不能直接进球得分。

掷界外球的界定

（1）当球的整体不论从地面或空中越过边线时。

（2）从球越出边线处掷界外球。

（3）判给最后触球队员的对方。

2. 程序

在掷出球的瞬间，掷球者应：

（1）面向比赛场地；

（2）任何一只脚的部分站在边线上或站在边线外的地上；

（3）使用双手；

（4）将球从头后经头上掷出。

掷球队员在其他队员触球前不得再次触球。

球一进入比赛场地，比赛即为进行。

3. 违规 / 判罚

由除守门员外的队员掷界外球时，如果比赛进行后，掷球队员在其他队员触球前再次触球（用手除外），由对方在犯规发生地点踢间接任意球。

如果比赛进行后，掷球队员在其他队员触球前故意用手触球，由对方在犯规发生地点踢直接任意球；如果犯规发生地点在掷球队员本方罚球区内，则判罚球点球。

如果由守门员掷界外球，比赛进行后，守门员在其他队员触球前再次触球（用手除外），由对方在犯规发生地点踢间接任意球。

如果比赛进行后，出现守门员在其他队员触球前故意用手触球的情况，如果犯规发生地点在守门员本方罚球区外，由对方在犯规发生地点踢直接任意球；如果犯规发生地点在守门员本方罚球区内，由对方在犯规发生地点踢间接任意球。

如果对方队员不正当地阻碍掷球队员或分散其注意力，他将因非体育道德行为被警告并出示黄牌。

对于任何其他违反此规则的，由对方掷界外球。

接掷界外球是没有越位犯规的。

十六、球门球

球门球是获得球权一方重新开始比赛的一种方法。

1. 球门球的界定

当球的整体从地面或空中越过了球门线，而最后的触球者为进攻方队员，且不是进球得分时，则判为球门球。

2. 程序

（1）由防守方从球门区内的任何一点踢球；

（2）对方应在罚球区外的区域，直至比赛进行；

（3）踢球队员在其他队员触球前不得再次触球。

3. 违规 / 判罚

守门员外队员踢球门球，如果踢球队员在其他队员触球前再次触球（用手除外），由对方在犯规发生地点踢间接任意球。

如果比赛进行后，踢球队员在其他队员触球前故意用手触球，由对方在犯规发生地点踢直接任意球，如果犯规发生地点在踢球队员本方罚球区内，则判罚球点球。

如果比赛进行后，守门员踢球门球时，守门员在其他队员触球前再次触球（用手除外），由对方在犯规发生地点踢间接任意球。

如果比赛进行后，守门员在其他队员触球前故意用手触球，如果犯规发生地点在守门员本方罚球区外，由对方在犯规发生地点踢直接任意球；如果犯规发生地点在守门员本方罚球区内，由对方在犯规发生地点踢间接任意球。

对于任何其他违反此规则的，应重踢。

十七、角球

角球是重新开始比赛的一种方法，也是定位球的一种。比赛中的角球可以直接射入球门而得分，但只能是对方球门。

1. 角球的界定

当球的整体不论在地面或空中越过球门线，而最后触球者为防守方队员，且不是进球得分时。

2. 程序

（1）将球放在离球出界处最近的角旗杆的角球弧内。

（2）罚球者不得移动角旗杆。

（3）防守方应在距球至少 9.15 米以外，直至比赛进行。

（4）由进攻方队员踢球。

（5）当球被踢出移动时，比赛即为进行。

（6）踢球队员在其他队员触球前不得再次触球。

3. 违规 / 判罚

由除守门员外的队员踢角球，如果比赛进行后，罚球队员在其他队员触球前再次触球，由对方在犯规发生地点踢间接任意球。

如果比赛进行后,踢球队员在其他队员触球前故意用手触球,由对方在犯规发生地点踢直接任意球;如果犯规发生地点在踢球队员本方罚球区内,则判罚球点球。

如果比赛进行后,守门员在其他队员触球前再次触球(用手除外),由对方在犯规发生地点踢间接任意球。

如果比赛进行后,出现守门员在其他队员触球前故意用手触球的情况,如果犯规发生地点在守门员本方罚球区外,由对方在犯规发生地点踢直接任意球;如果犯规发生地点在守门员本方罚球区内,由对方在犯规发生地点踢间接任意球。

对于任何其他犯规,应重踢。

第六章　篮球运动

第一节　篮球运动概述

在 19 世纪 90 年代，美国出现了一场重视学生身体健康的教育革新运动，其主张利用充分的空间，保证学生在户外的身体锻炼。1891 年在美国的马萨诸塞州一名青年体育教师詹姆士·奈史密斯受当时娱乐游戏的启发，针对当地冬季恶劣的天气，发明了一种室内的球类运动，这就是现代篮球的起源。这项运动结合了橄榄球、足球等的球类项目特点，是集对抗性、集体性、观赏性、健身性于一体的项目。

最开始的篮球游戏比较简单，在场地和参加的人数方面都没有限制。但是比赛的攻守队员人数要相等，双方队员分别站在球场的两端，在裁判员向球场中央抛球后，立即冲进场内抢球，并力争将球投进对方的篮筐。因为最初的篮筐是桃筐，而桃筐是有底的，球投中以后就留在篮子里，人必须登上专设的梯子才能将球从篮筐里取出。随着场地设施的不断改进，篮筐去掉了筐底，并改用铁圈代替桃篮，用木板制成篮板代替铁丝挡网，场地增设了中线、中圈和罚球线，比赛改由中场跳球开始。与此同时，场上比赛队员人数也改为每队 5 人，开始有后卫、守卫、中锋、前锋、留守等位置之分。

此外，詹姆斯·奈史密斯制定了一个不太完善的竞赛规则，共 13 个条款，其中规定不允许带球跑、抱人、推人、绊人、打人等行为。这大大提高了篮球游戏的趣味性，吸引了更多的人来参加这一游戏，从而使篮球运动在美国很快普及开来。

1892 年，篮球运动首先从美国传入墨西哥，并很快在墨西哥各地得到开展。这样，墨西哥成为除美国外，第一个开展篮球运动的国家。此后，这项运动先后传入法国、英国、中国、巴西、捷克斯洛伐克、澳大利亚、黎巴嫩等国家，在世界范围内开展、普及和发展。

1896 年，美国人鲍勃盖利将篮球传入中国，篮球运动在天津、北京等城市青年会中开展起来。

1910 年中国首届全国运动会上，篮球首次被列为表演项目。

1913 年，篮球被列为我国国内正式比赛项目。

篮球自 1951 年起一直是亚运会的正式比赛项目。

1932 年国际篮球联合会成立，男子篮球被国际奥委会列为奥运会正式比赛项目。

1946 年，美国出现职业篮球联赛，后来发展为目前的 NBA（美国职业篮球赛）。

1976 年，女子篮球被列为奥运会正式比赛项目。

第二节　篮球运动的特点与作用

一、篮球运动的特点

（一）集体性

经过不断发展与完善，篮球运动需要球员的协同配合、团队意识和全体球员的技能和智慧。

（二）对抗性

篮球运动需要参与者快速奔跑、突然与连续起跳、敏捷反应与力量抗衡。

（三）时空性

篮球运动是持球一方由后场推进到前场，在规定时间内得分的运动。在整场比赛中对于限制区的时间要求是极其严格的。因此在篮球运动赛事中，球员一定要有强烈的时间观念和空间观念，能在有限的空间中创造机会，从而取得比赛的胜利。

（四）综合性

篮球运动综合了几乎所有的身体活动，如跑、跳、投等，同样也涉及了体能、运动技能、技战术和智力等方面。

二、篮球运动的作用

（一）影响力

篮球运动在当今社会中展现出强大的影响力。这是由这项运动的本质所决定的。社会的发展离不开人的作用，随着人类文明的不断进步，人们“德、智、体、美、劳”意识不断加强。而加强“体”的根本就是人们要长期坚持锻炼。球类运动是锻炼身体的最有效途径之一，深受广大人民热爱的篮球运动更是首选。

（二）吸引力

对于热爱篮球运动的人们来说，这项运动有着强大的吸引力，而这种吸引力一旦形成就会吸引着人们向目标不断靠近。成熟的篮球职业联赛强烈地吸引着喜爱这项运动的人们。

（三）融合力

篮球运动具有独特的篮球规则，在攻防体系中球员的团体合作，技战术实操演练，对于人们增加团队意识以及融入社会团体有着积极作用。在篮球运动中，人们不分社会阶层，不分年龄大小，篮球能使人们很快地融入这个团体，为了胜利而共同努力。

（四）创新力

篮球运动是不断发展和创新的运动。篮球规则以及赛事制度的创新，在提高赛事观赏性的同时也促进了经济的发展，以篮球为品牌的商业遍地分布，这也为篮球运动提供了坚定的经济基础。

第三节　篮球运动的基本技术

一、移动技术

(一)移动技术的分类

在篮球赛事中,移动技术是实现各种目的的基础技术,也是实现战术的起点因素。它包括进攻移动和防守移动两大类。运动员在进攻移动中首先要有合理的准备姿势:两脚左右开立,约与肩同宽,双膝弯曲;脚掌着地,两手臂置于身体两侧,目视前方的同时身体的重心置于两脚之间。一是合理的身体姿势能够在快速的移动中保持身体平衡。二是快速的起动移动能够有效地摆脱防守队员,并且可以抢占时间上的先机和空间上的有利位置。从基本动作开始,球员由静止状态转变为运动状态,它的核心是充分利用蹬地的反作用力,迅速向移动方向转变。进攻方的队员,运用急停、急起、变向跑、变速跑等动作摆脱防守,完成进攻任务。防守方的队员则运用起动、跑、急停、转身、各种滑步、后撤步及跳等动作阻止进攻球员。

1. 起动

起动是一种由静止状态转变为运动状态的一种过程。在篮球比赛中,进攻球员突然起动,是有效摆脱防守的有效手段之一。防守队员的突然起动,可以有效对进攻球员制造防守压力同时抢占有利位置。

1)动作方法

从基本站立姿势开始,向前起动时以后脚、向侧起动时以异侧脚的前脚掌短促有力地蹬地,同时上身迅速前倾或侧转向跑的方向移动重心,手臂协调地摆动,充分利用蹬地的反作用力,迅速向跑的方向迈出。

2)动作要点

重心移动,用力蹬地,快速跨步。

2. 跑

跑是为了完成攻守任务而争取时间的脚步动作。比赛中,经常运用的跑有以下几种:

1)变向跑

运动员在跑动中利用方向的突然改变完成攻守任务的一种方法。

(1)动作方法:从右向左变向时,最后一步(身体重心在右脚上)用右脚前脚掌内侧用力蹬地,同时脚尖稍内扣,迅速屈膝,头部、腰部随之左转,上身向左前倾,移重心,左脚向左前方跨出,然后加速前进。

(2)动作要点:变向时,前脚掌内侧用力蹬地,另一脚迅速朝变向方向迈出第一步。

2)变速跑

运动员在跑动中改变速度,摆脱防守时的一种跑动方法。

(1)动作方法:跑动中加速时要降低重心,用力蹬地,用力加速摆臂;减速时要重心升高并后移,控制并降低摆臂速度。

（2）动作要点：全身协调用力，控制身体重心的平衡。

3）侧身跑

运动员在跑动中为了摆脱防守、占据有利接球位置，准备接侧向或侧后方传来的球而采用的一种跑动方法。

（1）动作方法：跑动时，头部和上身转向侧面或有球的一侧，脚尖朝着跑动方向。跑动时，既要保持奔跑速度，又要保持身体平衡，密切观察场上情况。

（2）动作要点：上体自然侧内转，脚尖朝前。

4）后退跑

后退跑是在进攻或防守时背向跑动方向的一种跑动方法。

（1）动作方法：脚跟提起，脚前掌向前蹬地，重心后移，双臂摆动维持身体平衡。

（2）动作要点：后退时，脚跟一定要提起，以免摔倒；上身后倾，后倾角度（在可能的范围内）越大，获得的后退速度越大。

3. 急停

急停是运动员在快速移动中突然制动速度的一种方法，是各种脚步动作衔接和变化的过渡动作。比赛中，急停多与其他技术结合在一起运用。急停分跳步急停和跨步急停两种。

1）跳步急停

（1）动作方法：跑动中用单脚或者双脚起跳。使双脚稍有腾空，上身稍后仰，身体重心置后，双脚由脚跟着地过渡到全脚掌着地，落地时两脚平行形成基本站立姿态。

（2）动作要点：落地时动作要轻盈，以缓和前冲速度。落地后迅速降低重心，保持身体平衡。

2）跨步急停

（1）动作方法：急停时，先向前跨出一大步，用脚跟先着地并迅速过渡到全脚抵住地面，降低重心，身体稍后仰；第二步落地的同时，两膝深屈并内扣，身体稍侧转，两脚尖自然转向前方，前脚掌内侧用力抵住地面制动向前的冲力，上身稍后仰，两臂屈肘自然张开，然后上身迅速自然前倾帮助控制身体平衡。

（2）动作要点：第一步要用脚跟着地过渡到脚前掌，膝微屈。第二步落地时，用前脚掌内侧蹬地制动前冲速度，屈膝降低重心，腰胯用力。

4. 转身

转身是运动员以一脚做中枢脚进行旋转，另一脚蹬地跨出，改变原来运动方向的一种动作方法。它可与急停、跨步、持球突破结合运用，能有效地摆脱防守创造传球、投篮机会。转身分为前转身和后转身。

1）前转身

（1）动作方法：移动脚向中枢脚脚尖方向跨出改变身体方向为前转身。转身时，中枢脚前脚掌用力碾地，同时转头转腰肩，移动脚蹬地并迅速跨步，保持身体平衡。

（2）动作要点：转体蹬跨有力，重心迅速平稳地转移。

2)后转身

(1)动作方法:移动脚向中枢脚脚跟方向跨出改变身体方向为后转身。转身时,中枢脚碾地旋转,同时转头转腰肩,移动脚蹬地并向自己身后撤步,腰胯主动用力旋转,身体重心随着转移,保持身体平衡。后转身可在原地或行进间运用。

(2)动作要点:腰胯带动躯干旋转,蹬跨有力,保持身体平衡,保持身体重心稳定。

5. 滑步

滑步是防守移动的主要方法之一。它易于保持身体平衡,可向侧、向后、向前滑动。

1)动作方法

两脚平行站立,两膝较深弯曲,上身保持正直,身体重心的投影置于两脚之间,两臂侧伸呈半伸展状态并保持一定的紧张度。向左侧滑步时,左脚向左迈出后,右脚蹬地滑动,向左脚靠近,两脚保持一定距离,左脚继续跨出,右脚跟上。向后滑步时,一只脚向后撤步着地的同时,前脚紧随着向后滑动,保持前后开立姿势。与前脚同侧的手臂扬起,手掌向前,呈封堵投篮状,另一只手侧下举,呈现封堵突破状态。向前滑步时,前脚向前迈出一步,后脚紧随着向前滑动,保持前后开立姿势,手臂姿势同后滑步。注意屈膝降低重心。

2)动作要点

滑步时,保持屈膝,降低重心,重心落在两脚之间,身体重心不要有起伏,两腿不要交叉,两臂伸开,两眼注视对手。

6. 撤步

撤步是前脚向后撤回的一种方法。

1)动作方法

撤步时,用前脚的前脚掌内侧蹬地,同时腰部用力向后转动,后脚碾蹬地面,前脚快速后撤,紧接着滑步调整防守位置。

2)动作要领

前脚蹬地后撤要快,后脚碾地,扭腰转髋要猛,后撤角度不宜过大,身体重心不要有起伏。

7. 跳

跳是运动员在场上争取高度或远度的一种动作方法。跳分为双脚跳和单脚跳。

1)双脚跳

(1)动作方法:起跳时,两脚开立,两膝快速下蹲,两臂相应后摆,上身前倾。同时两脚用力蹬地,伸膝,提腰,两臂迅速向前上提,使身体向上腾起。上身在空中自然伸展,收腰,下肢放松。落地时用前脚掌着地,并屈膝后,保持身体平衡。双脚起跳多在原地运用,也可在上步、并步、跳球或助跑情况下运用。

(2)动作要点:起跳前屈膝降重心,掌握好球的落点。起跳时的蹬地、提腰、伸臂动作要突然、协调。

2)单脚跳

(1)动作方法:起跳时,两膝弯曲降低重心,两脚用力蹬地,同时提腰摆臂向上起跳,跳在空中时，身体自然伸展控制平衡。落地时，前脚掌先落地，屈膝缓冲重力，注意保持身体平衡，以便衔接下一个动作。

（2）动作要点：两膝弯曲降低重心，用力蹬地，向上摆臂，充分伸展，落地屈膝，保持身体平衡。

（二）移动技术教学与练习

1. 移动技术教学步骤

（1）移动技术教学顺序：基本站立姿势、起动、跑、急停、转身、跳、滑步。

（2）在教学与训练中，应先在原地练习，让学生体会动作难点和控制重心的方法，然后用慢速进行完整技术动作练习，再用快速练习各种脚步变化。在掌握各种移动技术之后，要结合一对一的攻守对抗练习，提高学生运用移动技术的意识和能力。

2. 移动技术练习方法

（1）保持基本站立姿势（面向、背向、侧向），听或看信号做起动跑的练习。

（2）在各种情况和状态下（蹲着，坐地，原地各种跑动中，原地向上、向侧跳起时，滑步中，急停以后），听或看信号向不同方向做起动跑的练习。

（3）自己或同伴抛球，球离手后起动快跑接球，不让球落地，把球接住。

（4）原地运球，听或看信号做起动快速运球的练习。

（5）利用篮球场的圈、线做侧身跑和对角折线跑。

（6）两人一组做侧身跑。

（7）两人行进间传球练习侧身跑。

3. 急停练习

（1）保持基本站立姿势，慢跑两三步接着做跳步急停和跨步急停。

（2）以稍快节奏跑三五步接着做跳步急停和跨步急停。

（3）快跑中听或看信号做跳步急停和跨步急停。

（4）跑动中做接球急停，然后传球。

（5）运球结束时做急停，接着传球或投篮。

4. 转身练习

（1）保持基本站立姿势，分别以左、右脚为轴，做前、后转身 90°、180°。

（2）慢跑中急停，做前、后转身 90°、180° 起动快跑。

（3）原地持球，分别以左、右脚为轴，做前、后转身练习。

（4）跳起接球后，做前、后转身传球、运球或投篮。

（5）在一对一攻守中，做前、后转身护球练习。

5. 跳的练习

（1）原地听信号向上、向前、侧后上方做起跳练习。

（2）助跑两三步后，做单脚或双脚起跳。

（3）结合跨步、转身、急停等动作练习起跳动作。

（4）助跑单脚起跳做手摸篮板、篮圈的练习。

（5）单、双脚起跳后做接球、传球或断球等动作练习。

6. 防守步伐练习

（1）听和看手势做向左、向右、向前、向后滑步。

（2）向前滑步，变后撤步接侧滑步。

（3）向前或向后滑步，接攻击步变后撤步接侧滑步。

（4）按规定路线或按标志物做"之"字形、三角形、小"8"字形滑步和"T"字形碎步练习。

（5）在一对一攻守中，迎上做碎步堵截对手移动路线练习；做攻击步抢球、打球练习。

（三）移动技术易犯错误及纠正方法

1. 易犯错误

（1）起动前身体重心偏高，两膝弯曲不够，不便于迅速蹬地。

（2）侧身跑时转体不足，动作不协调，转身时腰胯发力不足。

（3）急停时，身体松软造成停不稳，重心前移，没有制动和身体自然调整。

（4）转身时，中枢脚未用前脚掌做轴旋转，身体重心不稳。

（5）滑步时，两脚并步，身体重心不稳。

2. 纠正方法

（1）加强髋关节的灵活性练习。

（2）加强腿部肌肉力量练习。在一定的高度下做移动练习，强迫屈膝降低。

（3）教师用正确的示范动作引导学生练习，在练习中经常用语言提醒。

（4）为了使学生规范地掌握动作，在教学方法上可以采用技术分解方法进行练习，练习中由慢至快，由简至繁。

（四）移动技术的教学与练习建议

（1）在教学练习中，要强调移动在篮球运动中的重要性及对提高其他各项技术的重要作用，使学生自觉学习和练习。

（2）在教学练习中，应尽可能运用视觉信号，培养学生扩宽视野，时刻观察场上情况变化的习惯和能力。

（3）在教学练习中，应与提高专项身体素质紧密结合，加强脚部力量和踝关节、膝关节、髋关节的灵活性及手臂动作练习，并与其他攻守技术、基础战术相结合。

（4）移动技术应该成为考查或者考试内容之一。

二、传接球技术

（一）传接球技术的分类

传球技术分为单手传球和双手传球两大类。单手传球中以左手肩上传球为例，当持球队员处于"三威胁"姿态时，将球与左手置于头侧，利用转体、甩腕以及挥臂等动作将球大力传出。单手传球的特点在于传球时力量大、传球的瞬时速度快、传球的距离远，在5v5篮球赛事中较多应用于长传快攻和突破分球。

1. 双手胸前传接球

双手胸前传球是篮球比赛中最基本、最常用的一种传球方法，具有传球快速有力、准确性高、容易控制、便于与其他动作相结合的优点。

接球是篮球运动的主要技术之一，是获得球的动作，是抢篮板球和断球的基础。在激烈对抗的比赛中，能否采用正确的动作稳定地接球，对于减少传球失误、弥补传球不足以及截获对方的球等都是非常重要的。

1）动作方法

传球时，双手持球于胸腹之间，两肘自然弯曲于体侧，身体成基本站立姿势，双眼平视传球目标。传球时，后脚蹬地发力，身体重心前移，两臂前伸，两手腕随之内旋，拇指用力下压，食、中指用力拨球将球传出。球出手后，两手略向外翻。接球时，目视来球方向，两臂迎球伸出，双手手指自然张开，两拇指成“八”字形，其他手指向前上方伸出，两手成一个半圆形。当手指触球时，双手将球握住，两臂顺势屈肘后引缓冲来球的力量，两手持球于胸腹之间，成基本站立姿势。

（2）动作要点：传球时，身体协调用力，手指拨球。接球时，手臂伸出迎球，在手指接触球的瞬间收臂后引于胸腹间，动作连贯。

2. 单手肩上传接球

单手肩上传球是一种常用于中远距离传球的方法，传球时力量大，球飞行速度快，常在发动长传快攻时运用。

单手接球可以接不同部位和方向上传来的球，特点是接球的高、中、低部位的动作方法基本相同。

1）动作方法

双手持球于胸前，两脚平行开立，右手传球时，左脚向传球方向跨出半步，右手靠左手拨送球的力量将球引至右肩上方，右肩关节引展，大、小臂自然弯曲，手腕稍后屈，持球的后下方，左肩对着传球方向，重心落至右脚上。传球时，右脚蹬地发力同时转体带动上臂，以肘领先前臂，手腕前屈，食指、中指、无名指用力拨球将球传出。

单手接球时，接球手向来球方向伸出，五指自然分开，掌心正对来球，手腕、手指放松。当手指触球时，顺球的来势迅速收臂，置球于身体前方或体侧，另一手迅速扶球，保持身体平衡，做好下一个进攻动作的准备姿势。在移动中接球时，要判断来球的时间和落点，及时向来球方向跨步移动，接球后要迅速降低重心，衔接下一个进攻动作。

2）动作要点

传球时，蹬地、转体、挥臂、扣腕动作要自然连贯。接球时，主动伸臂迎球，在手指触碰到球的瞬间收臂后引缓冲，握球于胸腹之间。

3. 单手体侧传接球

单手体侧传接球通常用于外线球员传给内线球员并且近距离传球常用的方法，这种传球的特点在于隐蔽性强，与突破、跨步等假动作结合效果较好。

1)动作方法

传球时,两脚开立,双手持球于胸前。右手传球时,左脚向左侧前方跨步的同时将球引至身体右侧用右手持球,传球前的瞬间,持球手的拇指在上,手心向前,手腕后屈。传球时,前臂向前作弧线摆动,手腕前屈,食指、中指、无名指拨球将球传出。

接球时,双眼注视来球,主动伸臂迎球,双手五指自然张开,当手指触碰球的瞬间屈臂后引做缓冲,成基本站立姿态。

(2)动作要点:传球时,跨步与向体侧引球同时进行,前臂挥动要快,传球手腕用力。接球时,伸臂迎球,在手指与球接触的瞬间收臂后引缓冲,握球于胸腹之间。

(二)传接球技术教学与练习

1. 传接球技术教学步骤

传接球技术教学步骤应从原地开始,掌握动作规范。在掌握动作规范的基础上再进行移动传接球的教学,然后进行与其他技术相结合教学,最后再进行有防守情况下的练习,提高在实战中运用的能力。

2. 传接球技术练习方法

(1)用双手手指、手腕连续拨翻球(手指弹拨、手腕翻转):两手持球,手臂伸直于身前,用手腕、手指连续拨翻球,使球在两手之间快速移动。两手之间要保持一定的距离,练习时的节奏可由慢至快、也可由快至慢,并不停改变球和两臂的高度,反复练习。

(2)双手胸前抛接球:两腿左右开立,双手持球向空中抛球,并在胸前或身后把球接住。待动作熟练后,可以跳起接球或接不同方向的地面反弹球。

(3)球绕身体交换球:两脚开立,两手持球于腹前。两手交替使球绕腰、绕头,然后绕腰、绕腿、绕踝,反复练习。

(4)单、双手体后抛球接球:两脚左右开立,左手持球于身后,然后抛球过异侧臂前方,右手迎上接球后用同样的方法从背后抛球至异侧肩前方,左手迎上接球。也可以双手背后抛球过顶,双手胸前接球。

(5)环绕双腿交接球:两脚开立,约与肩同宽,体前屈,用右手将球从两腿中间交给左腿后面的左手,左手持球绕过左腿外侧至左腿前,继续用左手将球从两腿中间交给右腿后面的右手,右手接球后经过右腿外侧还原成开始姿势,反复练习。

(6)行进间胯下交接球:两脚左右开立,略宽于肩,持球于膝前。练习时,向前迈出右腿,同时左手持球在两腿中间将球交右手,左脚继续向前行进,右手持球经右腿外侧在两腿间将球交左手,依次前进做胯下"8"字交叉接球。行进速度与方向可不断变换。

3. 原地传接球的练习方法

(1)两人一组对面站立,做各种传球练习,也可对墙进行练习,并用各种方法接反弹回来的球。间隔距离根据需要由近至远。

(2)原地跨步,跳起接不同方向的传球。

4. 移动传接球的练习方法

(1)两人一组一球,相距4米面对站立,一人原地传球,另一人向左右、前后移动接球。

传接球一定次数后,互相交换练习。

(2)迎面上步传接球:练习者排成纵队,①持球距纵队 5~7 米,②上步接①传来的球并回传给①,然后跑回队尾,接着③、④、⑤依次反复练习。此练习还可要求练习者跑动接球、急停、上步传球、跑动,以加大练习难度。

(3)横向移动换位传接球:四人一组两球,成“口”字形站立,相距 3~5 米,①、②各持一球,开始①、②同时分别传直线球给③、④,然后两人立即横向移动换位接③、④回传球。③与④传球后,同样横向移动换位接球,依次反复练习。此练习也可固定一组只传球,另一组移动接传球。

(4)三角形移动传接球:成三角形站立分成三组,①传球给②后迅速跑至②组队尾,②立即将球传给③后迅速跑至③组队尾,③接球后迅速传给①组的第二名队员并迅速跑至①组队尾,依次循环连续练习。

(5)半场四角弧线跑动传接球:站立成 4 组,①传球给②后,切入接②的回传球再传给③,然后跑到③组的队尾,当①传球给③时,②紧跟着起动切入接③的传球并传给④,并跑至①组的队尾,依次连续进行。

(6)全场弧线侧身跑动传接球:①分别传球给②、③、④,并沿全场三个圆圈做侧身跑动传接球,最后投篮。做一定次数后可换另一侧进行。

(7)两人全场行进间传接球:两人一组一球,①传球给②后立即起动向前跑动接②的回传球,②传球后向前跑动接①的回传球,如此反复传接球至前场篮下投篮,然后再传球返回。人多时可在场地另侧两组同时进行练习。

(8)三人直线跑动传接球:三人一组一球,开始由中间①持球,传球给向前跑动的②,②接球后立即回传给向前跑动的①,①接球后传给另一侧向前跑动的③,③回传给①,依次推进到篮下投篮。以同样的方法传接球返回。

(9)全场四角移动传接球:①传球给插中接球的②后快速跑至①组的队尾,②接球后将球快速传给③并跑至③组队尾,③接球后传给④跑至④组的队尾。

(三)传接球的易犯错误与纠正方法

1. 易犯错误

(1)双手胸前传球时,全手掌触球,手心没有空出,两拇指距离过大或过小,持球动作不正确。

(2)双手胸前传球时,两肘外展过大,两臂用力不均,形成挤球,出手后两手上下交叉。

(3)单手肩上传球时,没有摆臂、拨指、抖腕动作。

(4)双手胸前接球时,两手指朝前,两手没有形成半圆;伸臂迎球时,臂、腕、指紧张,引球动作不及时。

(5)接地滚球时,伸腿跨步不及时,重心过高。

2. 纠正方法

(1)两人一组,面对站立,一人握球,一人做双手胸前传球的正确模仿练习。

(2)两人一组,一人对墙传球,另一人纠正动作。

（3）重复讲解双手接球的动作要点。

（4）多做自抛自接球练习，养成张手、伸臂、迎球和及时屈肘后引的习惯。

（四）传接球技术的教学与练习建议

（1）在传接球教学中，应以双手胸前传球、单手肩上传球和双手接中部位高度的球为重点，严格规范动作，在掌握动作要领的基础上再进行其他传接球技术动作的教学。

（2）重视接球技术的教学，形成正确的接球手法与持球手法。

（3）加强熟悉球性的练习，增强手对球的感应能力和控制、支配球的能力。

（4）传接球练习应先从原地练习开始，掌握正确的传接球动作后，与脚步动作配合，进行移动传接球练习，然后再将传接球与运球、突破、投篮等技术结合进行练习。在有防守的情况下进行传接球练习，可以提高学生传接球技术的运用能力和应变能力，达到满足实战需要的目的。

（5）传接球练习的同时，要注意视野训练，加强传球的隐蔽性。

三、投篮技术

（一）投篮技术的分类

根据进攻球员持球方法的不同，可分为单手投篮和双手投篮。这两种投篮方式均可以在原地和移动中完成。

1. 原地单手肩上投篮

原地单手肩上投篮是其他各种投篮的基础，它的特点在于出手点高，容易和其他技术相结合以及不容易被防守，在投篮中被广泛应用。

1）动作方法

以右手投篮为例，持球队员五指自然张开托球，手心与球之间空出，并且要用手指的根部以上的位置去持球，用右手大拇指和小拇指控制球在手中的合理位置，左手扶球的左侧，右臂肘关节自然弯曲。投篮时下肢用力蹬地，利用食指和中指用力拨球同时用大拇指和小拇指调整球运动的方向，投篮过程中身体由屈体变成正直并且随着投篮动作向前伸展。

2）动作要点

上下肢协调用力，抬肘伸臂充分，手腕前屈，用中指和食指将球投出。

2. 原地双手胸前投篮

原地双手肩上投篮具有较强的持球稳定性，能充分发挥全身的力量，也便于和其他技术相结合，但是由于出手点和持球点低，所以更容易被防守者干扰。

1）动作方法

持球队员双手将球置于胸前，肘关节自然下垂放于身体两侧，两脚前后开立或者左右开立，双膝微屈。在投篮时，身体重心置于身体中线位置，目视篮筐，上肢与下肢协调发力，两脚蹬地，双手手腕同时由前向外发力，将球由手指指端拨出。原地双手投篮是最稳定的得分手段之一，但由于持球点和出手的位置较低，在投篮时很容易被防守队员干扰，也是其弊端。

2）动作要点

屈肘自然下垂，投篮时两臂用力均匀，手指拨球用力与下肢动作协调一致。

3. 行进间高手投篮

行进间单手肩上高手投篮是在比赛中切入篮下时常用的一种投篮方法。

（1）动作方法：以右手投篮为例，前期与原地单手肩上投篮一样，在行进间接球的同时左脚向前迈出一步，紧接着右脚跨出一大步蹬地起跳，左腿上抬，同时篮球置于持球队员的头上方，身体跳至最高点时，将球举至头上方并右臂向篮筐方向伸展，手指、手腕由上至下用力向篮筐方向拨球。通过手指的端部位置将篮球投出。

（2）动作要点：举球、伸臂、屈腕、拨球动作衔接连贯，起跳节奏准确，用力适度。

4. 行进间单手肩上低手投篮

行进间单手肩上低手投篮是在快速跑动中超越对手后在篮下时最常用的一种快速投篮方法，具有伸展距离远、动作速度快、出手平稳的优点，多在快攻和突破后使用。

1）动作方法

以右手投篮为例，持球队员在行进间接球的同时，左脚迈出一步，紧接着右脚跨出一大步蹬地起跳，左腿上抬，同时篮球置于持球队员头上方，当身体跳至最高点时持球左手离球，右手托球并向外旋转，将球用右手由下至上向篮筐方向拨出。

2）动作要点

投篮出手前保持单手低手托球，起跳时，身体充分伸展，手腕上挑动作协调发力。

5. 跳起投篮

跳起投篮又称跳投，这项技术具有很多优点，如突然性强、出球点高和防守队员难以干扰等，在必要时又可以与传球和突破运球等动作相结合，在原地及行进间急停、转身等情况下亦可以运用。原地跳起单手肩上投篮是在原地单手肩上投篮基础上的一种投篮方式，也是现代篮球运动普遍运用的投篮方式之一。动作方法与原地单手肩上投篮相同，只是要跳起在空中完成投篮动作。

1）动作方法

以右手跳投为例，持球队员双手持球于胸前，双脚左右开立或前后开立。双膝微屈，身体重心置于身体中线位置。起跳时，双腿迅速屈伸，脚掌用力蹬地并向上起跳，在起跳的同时持球队员双手将球举到右肩上方，右手持球，左手扶球的左侧方，当身体接近最高点时，球离开左手，利用食指和中指用力拨球同时用大拇指和小拇指调整球运动的方向，投篮过程中身体由屈体变成正直并且随着投篮动作向前伸展。

2）动作要点

起跳垂直向上，起跳、举球、出手投球动作协调一致，在最高点时出手。

（二）投篮技术教学与练习

1. 投篮技术教学步骤

（1）使学生建立正确的投篮技术动作表象和完整的动作概念。运用直观法，利用示范动作、图片、电影、录像、网络等演示投篮技术动作，可使学生了解投篮的技术动作形象。对投篮的最后用力手法和全身的协调用力要做重点示范。向学生讲解学习投篮技术的目的性、重要性，使学生对各种投篮的动作特点、运用时机、动作结构及其关键环节有清楚的了解，指导他们进行具体正确的投篮技术学习。在讲解与示范的基础上，让学生试做徒手或持球的投篮技术动作，使其获得投篮感觉。

（2）使学生掌握投篮技术动作，形成正确的投篮技术动力定型。在初学阶段，可采用重复练习法，在简化条件下练习，以形成正确的技术动作动力定型。如学习原地单手肩上投篮时，要抓住动作的主要环节集中练习伸前臂、屈手腕、手指用力拨球动作（对准备姿势、全身协调用力等动作细节可暂不作要求）。通过反复练习，使学生掌握正确的单手投篮手法，在此基础上，再对原地单手肩上投篮动作的各个环节进行完整练习。然后采用变换练习法，在练习中变换完成技术动作的条件（如变换投篮的距离）和练习形式，达到巩固、改进和完善投篮技术动作的目的。

2. 掌握投篮技术与其他动作技术的组合，学会组合技术的初步运用

（1）掌握投篮技术动作和其他技术动作的衔接。在学生掌握了单个的投篮技术之后，必须把投篮与其他技术动作衔接起来，进行组合技术的练习。

（2）提高完成组合技术的质量。在连贯地完成组合技术动作的基础上，进一步掌握组合技术的节奏、速度与动作的准确性。如练习行进间运球投篮的组合技术时，要求行进间运球的速度稍快一些，跨步跳起接球的动作慢一些，上步起跳的步幅稍小一些，蹬地要有力，其目的是使人体向前的水平速度变为向上的垂直速度而腾空，以便在空中完成投篮动作。

（3）掌握假动作，提高运用投篮技术的应变能力。按照比赛实际，把投篮与各种脚步动作以及传球、运球、突破、假动作等结合起来练习，以提高投篮的应变能力和战术意识。

3. 在攻守对抗的情况下，提高运用投篮技术的能力及投篮命中率

（1）在有限定的防守条件下，进行投篮练习。

（2）在消极对抗的情况下，提高选择运用投篮时机及运用技术的能力。

（3）在积极对抗的情况下，提高在对手封盖堵截、干扰情况下的投篮技术和命中率。

（4）进行配合投篮的练习，培养学生配合意识。在进行配合投篮练习时，应对配合技术的一系列问题提出明确要求。如移动接球的时机要与传球的配合相吻合，要求移动到位、传球到点、做到人到球到；接球的同时要调整好投篮的脚步，做好投篮准备，以便缩短投篮时间、加快投篮动作。

4. 投篮练习方法

（1）徒手练习：做原地投篮动作，重点体会投篮时的握球姿势和用力过程。

（2）持球练习：两人一组一球，互相对投，体会各种投篮时的用力过程以及身体各个关节以及肌肉的相互配合。

（3）正面定点投篮：学生列队站于罚球线，每人一球，自投自抢，依次练习。

（4）不同角度投篮：学生列队站于投篮点，每人一球，自投自抢，依次练习。

5. 移动接球后投篮练习

（1）移动接球后投篮。

（2）半场传接球上篮。

（3）全场运球投篮。

(4)全场运球、传球、接球投篮。

(三)易犯错误与纠正方法

1. 易犯错误

(1)持球手法不正确,五指没有自然分开,用手心托球。

(2)肘关节外展,致使上肢各关节运动方向不一致。

(3)急停时身体重心不稳,造成投篮时上下肢配合不协调、不连贯。

(4)投篮时,抬肘伸臂不够,导致手臂前推,形成抛物线偏低。

(5)双手投篮时,两手用力不均匀,伸臂不充分。

(6)行进间急停时,第一步过小,第二步又未能缓冲,造成身体前冲,控制球能力差。

(7)跳起投篮时,身体前冲,投篮出手时间过早或过晚,上下肢配合不协调。

2. 纠正方法

(1)重复讲解和示范投篮的动作要点,使学生了解投篮动作的基本结构,建立明确概念。

(2)借助外部条件限制、信号刺激等手段,如让学生以投篮手臂靠近墙壁做徒手或持球的投篮模仿练习,纠正肘部外展。用信号刺激,如用"抬肘、伸臂、压腕"等词语纠正肘关节过早前伸、伸臂不充分以及屈腕、拨指不够或球不旋转等错误。用"跨步""二步小""提膝""出手"等语言信号提示学生跨步接球、起跳、出手时机等。

(3)多做徒手练习,使学生体会协调用力和掌握动作节奏。

(四)投篮技术的教学与练习建议

(1)首先要使学生了解正确的投篮技术方法要点,形成正确的动力定型。在初学阶段,重点掌握正确的投篮方法和全身协调用力。及时发现并纠正错误,使学生形成正确规范的投篮动作。

(2)突出重点,带动一般,合理安排,互相促进。教学应以原地单手肩上投篮和行进间单手投篮、跳起单手肩上投篮为基础,利用技能转移规律,带动其他投篮技术的学习。

(3)根据各种投篮技术动作的内在联系,按照循序渐进的原则进行教学。投篮教学的一般顺序是:先学原地单手肩上投篮,行进间单手肩上低手、高手投篮,再学原地跳起单手肩上投篮和接球急停及运球急停跳投。

(4)投篮技术的教学与训练应与脚步动作、传球、运球等其他技术结合练习,以提高学生的运用能力和应变能力。

(5)在教学与训练中,要合理安排练习的密度和强度,加强对学生的心理训练,不断提高投篮命中率。

(6)根据现代篮球运动的"对抗"特点,在学生掌握正确的投篮技术的同时,要安排对抗条件下的投篮练习,提高在有防守情况下运用技术的能力。还要进行配合投篮、投抢练习,培养学生的配合意识,对配合技术要提出明确要求。

四、运球技术

(一)运球技术的分类

运球分为原地运球和行进间运球两大类,原地运球分为高运球和低运球,行进间运球分为运球的急停急起、行进间的体前变向运球。

1. 原地高运球

高运球是进攻队员在没有防守干扰的情况下,为了加快向前场推进的速度,并在进攻中调整进攻速度和攻击位置时常采用的一种运球方法。其特点是按拍球的力量大、反弹高度高、便于控制、行进速度快。

1)动作方法

运球时,两腿微屈,上身稍前倾,双目平视,以肘关节为轴,前臂自然屈起,用手腕、手指柔和而有力地按拍球的后上方。球的落点控制在运球手臂的同侧脚的外侧前方,球的反弹高度在腰与胸之间。

2)动作要点

手按拍球的部位要合理,手脚配合协调。

2. 原地低运球

进攻队员在受到对手紧逼或抢阻时,常采用低运球以保护球或摆脱防守。

1)动作方法

两腿应迅速弯曲,重心下降,上身前倾,球的落点在体侧,用上身和腿保护球。同时,用手腕和手指短促的按拍球的后上方,使球控制在膝关节的高度,两腿用力后蹬,继续快速前进。行进间低运球拍球的部位在球的后上方或后侧方。

2)动作要点

运球时身体重心降低,上身向前,手脚相互协调发力。

3. 运球急停急起

运球急停急起是在运球推进时,进攻队员利用速度变化摆脱防守的一种运球方法。

1)动作方法

在快速运球中突然急停时,采用两步急停,使重心降低,手按拍球的前上方使球停止前运行。运球急起时,两脚用力后蹬,上身突然前倾,迅速起动,同时按拍球的后上方,人、球同步快速前进。

2)动作要点

蹬地有力,重心转移快速,拍球的位置正确,上下肢相互协调。

4. 行进间体前不换手变向

1)动作方法

体前横运球时,将球从身体右(左)侧按拍向身体中间的位置,手随着球移至体前,上身也随着向右(左)侧晃动,再将球拉回右(左)侧,左(右)脚向右(左)迅速跨出,侧身护球用右(左)手运球加速突破防守。

2)动作要点

手按拍球的部位和拉拍球的动作,同时要及时跨步、侧身护球、加速超越对手。

5.行进间体前换手变向

1)动作方法

运球队员要从对手右侧突破时,先向对手左侧快速运球,当对手向左侧转移身体重心准备堵截时,运球队员突然变换运球的方向,用右手按拍球的右侧上方,并靠近身体向左侧送拍球,使球的落点靠近左脚,向身体左侧反弹,同时,右脚向左前方跨步,上身左转侧肩,以臂、腿、上体保护球,换左手按拍球左侧上方,从对手右侧运球突破。

2)动作要点

变向时降低重心,转体压肩,蹬跨有力,加速度快。

(二)运球技术教学与练习

1.运球技术教学步骤

(1)建立正确的运球技术动作表象和完整的动作概念。运用直观法,利用示范动作、图片、电影、录像、网络等演示运球技术动作,使学生了解运球技术动作的形象结构;向学生讲解运球的目的和作用,使学生对各种运球技术的运用时机、动作方法、动作要点及其关键环节有清楚的了解,指导其进行正确的运球技术学习。

(2)掌握运球技术动作,形成正确的运球技术动力定型。在初学阶段,把握由易到难、由简单到复杂的原则。先让学生掌握正确的运球手法和基本姿势,然后再教学生不同的运球技术,如运球手法和身体协调及掌握重心变化,最后让学生反复练习各种运球技术(可采用交叉或轮换的方法练习)。运球的教学顺序是:原地运球—行进间直线高、低运球—运球急停急起—体前变向运球。

2.在对抗下进行提运球能力

(1)在消极防守下,提高运球能力。

(2)在积极防守下,提高在对手全力防守下的运球能力。

3.运球技术练习方法

1)手感练习

先要训练的是手对球的感觉,也叫球感。只有了解了球的弹性、重量等才能更好地控制球。双手相互传球练习,双手放在胸前,用手指部分来回地进行传球训练。不要小看这简单的练习,这是最简单和快速地培养手对球的初步感觉的方法。

2)原地运球练习

身体做一个向前跨步的动作,重心放在腰间上半身微微向前,然后单手做原地运球,两只手交替进行训练,要注意的是,不要低头看球,因为在比赛中要时刻观察对手的动作来寻找机会,而低头只会给对手制造断球的机会。

3)摆球练习

两脚展开、稍稍比肩宽,弯腰、左右手交替运球做左右摆动动作,就如摆钟一般。这一训练刚开始的时候可以放慢速度来练习,等熟悉了球性后慢慢加快速度和降低运球的高度。

做好这一训练对于以后的快速运球有很大的帮助。

4)背后运球练习

两脚分开,比肩稍宽,双手放在身后做左右手交替运球练习。刚开始练习时可以放慢运球的速度以及寻找最适合自己的运球高度。

5)绕8字运球练习

双脚展开,比肩稍宽,放低重心,先以右手开始运球为例,右手胯下运球,球弹背后的左边,然后左手在背后接住球后带到前方同样做胯下运球,球弹起到背后的右边,接着右手接球,反复练习。

(三)易犯错误与纠正方法

1. 易犯错误

(1)眼睛只盯着球,不抬头观察临场情况,错过传球、投球时机。

(2)运球时步幅过大,重心偏高,关节僵硬,影响控球效果。

(3)没有根据比赛实际情况来选择合理的运球方法。

(4)支撑脚选位不当,手触球部位不合理,影响运球。

(5)已经诱使对手重心错误偏移,但没有及时加速摆脱,导致过人失败。

(6)动作教条化,缺乏创新和突然性,被对手轻易识破意图。

2. 练习方法

(1)在慢跑中用单手或双手做直线、弧线运球练习。

(2)慢跑中双手交替运球折线前进。

(3)组合练习。

(4)绕跨运球练习。

(5)按信号(哨音或手势)变向、变速运球练习。

(6)分组一对一各种假动作运球过人练习。

(7)小场地比赛。

(四)运球技术教学与练习建议

(1)运球的教学顺序:原地运球—行进间直线高、低运球—运球急停急起—体前变向运球—背后运球—转身运球。

(2)运球的控制能力和手脚协调配合:手上功夫要天天练,以熟悉球性,提高控制球、支配球的能力,同时要提高脚步动作的速度和灵活性。

(3)强化弱手练习:训练中要注意加强弱手的练习,使左右手运球的能力均衡发展。

(4)加强护球能力:训练中应培养队员屈膝护球的能力,强调运球时抬头、眼平视,注意养成观察场上情况习惯的训练。

(5)注重培养战术素养:训练中要注意战术意识的培养,掌握好运球的时机,并及时变换和衔接下一个动作。

(6)加大训练量:若已掌握运球的正确动作,便可慢慢加大训练的难度,如进行不看球的练习、攻守对抗（由消极到积极）练习、以少防多等练习。

（7）采用纠错改正方法：在教学训练中，对学生完成的技术动作，应及时作出评定，肯定优点，指出错误，分析产生错误的原因，并及时采取纠正错误的辅助练习和训练手段。

五、持球突破技术

（一）持球突破技术分类

持球突破依据动作结构的不同可分为持球交叉步突破和持球顺步突破。

1. 持球交叉步突破

1）动作方法

以右脚为中枢脚为例。突破时，左脚利用试探步向左前方跨出半步，做突破假动作，当对手重心向右移动时，左脚前脚掌内侧迅速蹬地，向对手左侧跨出一大步，同时上身右转探肩，贴近对手，球移至右手，向左脚右斜前方推放球，右脚迅速蹬地跨步，加速超越对手。

2）动作要点

假动作逼真，蹬地时有力，起动突然快速，动作连贯。

2. 持球顺步突破

1）动作方法

突破时，左脚内侧蹬地，右脚迅速向对手左侧方跨出一大步，同时向右侧转体探肩，重心前移，球移至右手并推放球于右脚斜前方，用身体和左手臂保护球，左脚迅速跨步抢位，加速超越对手。

2）动作要点

起动、跨步、推放球等动作协调连贯，中枢脚离地前球离手，以免出现走步违例。

（二）持球突破技术教学与练习

1. 持球突破技术的教学步骤

在持球突破技术教学中，应先教持球交叉步突破，接着教持球顺步突破，最后教前转身持球突破和后转身持球突破等难度较大的动作。

在具体教学中，教师应先通过形象的讲解、正确的示范以及该技术在实践中的意义，使学生建立整体的动作概念，不要在细节上浪费过多精力，以免因过强或过弱的刺激引起泛化现象，应强调掌握动作的主要环节，以取得重点突破的效果。随着学习的深入，大脑皮质中分化抑制逐步发展，大脑皮质运动区的兴奋、抑制过程在时空上的分化都日趋完善精确，运动技能也逐渐准确、熟练，学生基本上学会了动作，前后动作连贯准确，初步形成运动动力定型。这时，教师应该强调对持球突破动作细节的要求，加强对持球突破动作的分析和思考，并纠正整套动作中不合理和不正确的部分，以促进其分化抑制进一步发展。通过反复练习，使学生运动动力定型趋向巩固，皮质运动区兴奋与抑制过程不论在空间和时间上都更集中，动作更精确、协调、省力，动作细节也正确无误，初步形成了自动化，在不利条件下运动形式也不致遭到破坏，植物性神经功能与躯体性神经功能的协调配合已成为整个运动技能的组成部分。在这一阶段中，要求学生对动作技术理论和力学原理进行探讨，以加深学生对动作内在联系的认识，防止运动动力定型消退，并配合运动实践最终促进学生的持球突破动作达到自动化程度。

2. 持球突破技术练习方法

1）消极防守练习

（1）每人一球，做原地持球交叉步、同侧步的动作练习。体会突破动作的技术要领以及身体各部位的协调配合；

（2）两人一组一球，相距 2 米面对面站立。轮流做同侧步、交叉步突破练习，相互检查中枢脚是否移动，跨步、转体探肩是否正确，推按球是否及时；

（3）每人一球，向前上方抛球后，迅速移动用单手或双手接球急停，做交叉步或同侧步持球突破动作；

（4）接球急停突破练习。

方法：两人一组一球。无球队员向有球同伴示意接球方向，然后移动接球急停做交叉步或同侧步突破，轮流进行。

要求：动作连贯，身体平稳，两脚都可以做中枢脚。

（5）突破上篮练习。

要求：动作正确，协调连贯。

2）积极防守练习

（1）接球急停突破练习。

要求：防守由消极到积极。

（2）一对一接球急停突破练习。

要求：接球急停与假动作结合，突破要果断，速度要快。

（3）转身突破练习

要求：转身突破前，应有假动作。

（4）在对抗情况下持球突破练习。

方法：半场二对二、三对三攻守。防守队员固定盯人，进攻队员不准运用掩护，持球队员运用投、传、突结合进攻。

要求：持球队员要大胆运用突破技术，防守队员不允许交换防守。

（三）易犯错误与纠正方法

1. 易犯错误

（1）突破时双脚移动和中枢脚离地过早。

（2）交叉步持球突破时，由于跨步脚尖方向不对，造成转体过大。

（3）突破时，侧身、探肩不够，身体重心高，后蹬无力，加速不快。

（4）运球突破时，球的落点靠后，没有在脚的侧前方。

（5）推放球动作之后，身体及无球手保护球的动作不够。

（6）中枢脚离地面过早或中枢脚不以前脚掌作轴，突破瞬间未提踵。

2. 纠正方法

（1）讲解规则要求，明确中枢脚概念，剖析造成原因，进行正确示范。

（2）做针对性练习。如两脚开立，踵稍提起，做身体重心向左、右脚转移练习。

（3）基本姿势站立，做向左、右侧前跨步，再还原成基本姿势的反复练习。

（4）在慢速中做持球突破练习，逐步提高突破的速度，跨步时身体挺直或远离防守。

（四）持球突破技术教学与练习建议

1. 篮球持球突破技术的直观教学法

直观教学法是教师通过直接叙述或直接演示，促使学生对篮球持球突破技能有直观了解的教育方法，这种方法有利于学生对篮球持球突破技能的难点的掌握。另外，教师还可以加上文字说明或是运用多媒体技术向学生更加直观地展示篮球持球突破技术，促使学生在了解基本动作的基础上，精确地掌握动作要领。

2. 持球突破技术动作标准示范

在教学过程中，对持球突破技术的标准示范是学生掌握相关技术的重要途径之一。但是，在实际篮球教学中，很多教师存在不规范动作示范的现象，从而影响了学生对相关技术的掌握。这一问题的解决有利于教师，正确地指导学生的技术动作训练。

3. 增强学生的感性认知

增强学生的感性认知有利于学生深入了解篮球持球突破技术，在持球突破教学中，加入适当的节拍、节奏，可以培养学生的技术动作的感性认知，进而有利于学生持球突破技术水平的提升。

4. 加强篮球持球突破的强化练习

整个篮球教学过程是由简单到复杂，由容易到难的过程。持球突破技术就是用连续的假动作使投篮成功。因此，要提升持球突破技术就必须加强对篮球持球突破的强化练习。

六、防守技术

（一）防守技术的分类

防守技术分为防守有球队员、防守无球队员。

1. 防守有球队员

持球队员经常是最有威胁的队员。为了有效地抑制对方进攻，一旦对手接到球，防守者要及时调整与对手的位置和距离，干扰和破坏其投篮，堵截其运球突破，封锁其助攻传球，并积极地抢、打球以争取控球权。根据持球者所要进行的投篮、突破、运球、传球等不同的进攻动作，防守有球队员的技术可分为防投篮、防突破、防传球。

动作方法：

防投篮：防守时的位置在持球对手前方防守的距离和姿势要根据具体情况而定，若对手持球于外围，通常情况下可伸臂至能触及球为宜，一只手臂伸向斜上方、另一只手臂侧伸。脚上的步伐为斜步，这种防守姿势可迅速向侧边移动，以阻止对方突破。若持球对手位于篮下，通常情况下可采用贴近其身体的方式进行防守。

防传球：传球贯穿于整场篮球比赛，无论是进攻还是防守，好的传球技巧往往对比赛结果起决定性作用。防守时完全阻止对方传球几乎是不可能的，但篮下应作为重点防守区域，在比赛的过程中防守队员可根据对方的战术判断传球队员的传球方向。

防突破：找到最有利的站位。步伐多采用平步两脚平行站立双臂向两侧伸展，并不断挥动。若对手突破了防守须迅速跟进，滑步堵截。若对手的突破能力很强则要加入更多的防守技巧，比如假动作等。当防守对象的中枢脚置于前方，防守人可适当逼近，运用同一侧的脚对对手前脚进行合理卡堵以阻止其运用交叉步突破或直向篮下。

2. 防守无球队员

无球队员的移动摆脱和接球往往具有很大的进攻威胁。要提高防守的主动性、攻击性，有效地制止对手进攻，必须增强对防守无球队员重要性的认识，提高防守无球队员的技能。根据无球队员移动切入的意图和路线，防守无球队员的技术可分为防摆脱、防切入、防接球和断球。

首先，在篮球防守无球时，保持垂直站立是非常重要的，防守队员应该始终保持垂直的站立姿势，因为这样的站立姿势可以让他们的身体保持适度的准备状态，若有球队员企图将攻击篮筐，他们可以更容易把球拦截下来。

其次，防守者在防守无球时应该保持覆盖视野，以避免被有球者突然将球向前传递。防守队员要始终密切关注有球队员，并且注意比赛形势的变化，让自己有一个很好的覆盖范围，以便在有球进攻者行动前可以做出有效的反应。

最后，在篮球防守无球时，防守队员必须学会用三角防守阻止有球的队员。三角防守的策略是两个防守者将有球的队员困在中间，然后限制他的发挥空间，这样他就没有机会将球送入篮筐中了。

（二）防守技术教学与练习

1. 抢、打、断球教学方法

1）原地抢球练习

目的：体会原地抢球手法。

方法：两人一组一球，面对面同时握住球，听教师哨声，然后进行抢球练习。

要求：抢球动作要突然果断，要以小臂、手指、手腕短促的用力动作，进行拉抢和转抢。

2）原地转身抢球练习

目的：体会原地转身抢球手法。

方法：两人一组一球，一人持球做前转身，另一人做抢球练习。然后两人交换。

要求：在进攻者转身的瞬间，防守者迅速抢球，动作要突然、准确协调。

3）原地打运球练习

目的：体会原地打运球手法。

方法：两人一组一球，一人运球，另一人做打运球练习，然后两人交换。

要求：保持正确的防守位置，打球动作突然快速，要掌握好时机。

4）接球时的打球练习

目的：体会打球手法。

方法：两人一组一球，相距 1.5~2 米，面对面站立，持球人把球传给另一队员后，立即上步打球，然后两人交换。

要求：防守者上步要快，手脚协调配合，打球动作要突然有力。

5）原地或原地跳起投篮时盖帽练习

目的：体会原地盖帽的手法和时机。

方法：两人一组一球，面对面站立，距离 1.5 米左右。一人投篮，一人练习“盖帽”，练习几次后两人交换。

要求：防守者要掌握好时机，用前臂和手指手腕的力量将球打落。手脚配合要协调。

6）行进间上篮时的“盖帽”练习

目的：体会行进间投篮的“盖帽”手法及时机。

方法：两人一组一球，进攻队员运球上篮，防守队员回追防守，当进攻者起步投篮时，在球出手的瞬间，防守队员在其侧方将球打落，然后两人交换攻守。

要求：防守者判断时机准确，手脚配合协调，“盖帽”动作突然有力，注意不要犯规。

7）原地断球练习

目的：体会断球手法及手脚的协调配合。

方法：三人一组一球，两人相距 3~4 米传接球，一人做纵断或横断球练习，练习几次后交换。

要求：断球前要判断好时机，手脚配合要协调，断球后要顺势运球，不准走步。

2. 防守对手的教学方法

1）选择防守位置的练习

目的：体会选择正确的防守位置，保持正确的防守姿势。

方法：四人在外围传球，两人进行选择防守位置的练习，然后轮流交换。

要求：防守者根据球的转移及时调整防守位置，始终做到人球兼顾，保持正确的防守位置。

2）一防二选择防守位置练习

目的：体会选择正确的防守位置。

方法：三人一组一球，两人相距 4 米左右进行传接球，防守者随球转移，练习选择正确的防守位置。

要求：以快速的脚步动作及时选择正确的防守位置。

3）一对一防守脚步移动练习

目的：体会防守持球队员时防守脚步动作的运用。

方法：两人一组一球，相距 2~3 米，进攻队员抛接球，防守队员迅速逼近对手，运用各种防守脚步动作进行防守。

要求：防守者要判断准确，保持正确的防守姿势，积极运用防守脚步动作堵截对手。

4）半场一攻一守练习

目的：体会防守有球和无球队员的方法。

方法：两人一组一球，进攻者先将球传给教师，防守者立即逼向对手进行防守，不让进攻者摆脱接球，然后教师将球传给进攻者，进行半场一攻一守练习，然后两人交换。

要求:防守者先进行对无球队员的防守,然后再进行对有球队员进行防守,要始终保持正确的防守姿势,合理运用防守动作。

5)全场一对一攻守练习

目的:体会在全场对有球队员进行防守的方法。

方法:两人一组一球,进攻队员运球突破,防守队员运用各种防守脚步动作积极进行防守,投篮后,两人交换。

要求:防守者要始终与进攻者保持一臂距离,判断准确,移动快速,不准犯规。

6)全场或半场二防二练习

目的:体会防守有球和无球队员时的选位及防守脚步动作的运用。

方法:四人一组一球,两人持球进攻,两人进行防守,球未投中,双方抢篮板球继续进行攻防,球投中后,攻守交换。

要求:防守队员不准换位防守,要及时调整防守位置,合理运用防守动作,积极进行防守。

3. 防守技术综合练习方法

1)防守步伐组合练习

目的:提高学生防守步伐转换能力。

方法:学生徒手进行练习。

要求:学生在练习时,注意控制好身体重心与平衡,移动速度要快,防守步法衔接连贯,动作准确协调。

2)攻守步法转换练习

目的:体会进攻与防守步伐转换与运用。

方法:学生徒手进行练习。

要求:动作连贯突然,衔接性强,变换动作后要有速度。

3)全场徒手攻守练习

目的:体会全场徒手防守脚步动作的运用。

方法:两人一组,一人进攻一人防守,进行全场攻守练习。

要求:进攻队员运用各种步法摆脱防守,防守队员运用各种防守步法阻挠进攻队员的进攻。

4)选择防守位置的练习

目的:体会防守位置的选择与防守动作的运用。

方法:两人进攻两人防守,注意接队友传球进行进攻,防守队员积极进行防守。

要求:保持正确的防守姿势,随时占据人球兼顾的防守位置;对手接球后,应迅速调整防守位置,站到人篮之间。

5)防守纵切练习

目的:提高防守队员纵切的能力。

方法:两人一组一球,进行防守纵切的练习。

要求:进攻队员传球后,迅速切到篮下,防守队员要及时抢占有利防守位置进行堵截防守。

6)防守横切练习

目的:提高防守者防横切的能力。

方法:两人一组一球,进行防守横切练习。

要求:不让对手在限制区内接球,当对手接球后要及时调整防守位置,防守动作要准确突然。

7)全场一攻一守练习

目的:体会全场防守队员的位置选择和防守动作的运用。

方法:两人一组一球,进行全场攻守练习。

要求:防守队员应始终与进攻队员保持一臂内距离,积极进行防守,注意避免犯规。

8)全场三攻三守练习

目的:提高学生防守技术综合运用能力。

方法:三人进攻,三人防守,进行全场的攻守练习。

要求:及时调整防守位置,始终保持正确的防守姿势,合理地运用防守动作,同时要注意不要犯规。

9)夹击抢球练习

目的:体会抢球手法和抢球动作技术运用。

方法:三人一组一球,一人运球至中线附近,两人进行夹击防守抢球练习。

要求:防守的两人要协调配合,封死向前跨步和传球的方向,并进行抢球。

10)打运球练习

目的:提高学生打运球能力。

方法:三人一组一球,后半场一攻一守,过中线时另一防守者进行打运球练习。

要求:防守者在进攻队员运球时伺机打运球,打球动作突出准确,并尽量减少犯规。

11)盖帽练习

目的:体会盖帽手法。

方法:两人一组一球,先在后场进行原地投篮盖帽练习,然后抢篮板球到前场,运球跑篮,另一人进行盖帽练习。

要求:防守者在进攻者投篮时,及时跳起盖帽,打球动作要突然、要快,注意不要犯规。

12)全场二攻二守抢、打球练习

目的:提高学生抢、打球能力。

方法:两人进攻,两人防守,进行全场抢打球练习。

要求:防守者要随时调整防守位置,手脚配合协调伺机抢球和打球。

13)横断球运球投篮练习

目的:体会断球手法与运球投篮技术的结合。

方法:分成两组每人一球,轮流进攻与防守,做断球与投篮练习。

(三)易犯错误与纠正方法

1. 易犯错误

(1)对球反弹方向与落点判断不准,不会抢占有利位置。

(2)起跳时机掌握不好。

(3)抢篮板球时只顾球不挡人或只顾抢位挡人而不顾球。

(4)空中抢球不伸展,动作迟钝不果断或动作过猛造成犯规。

(5)抢到球后,保护意识差,易被人打掉或抢走。

2. 纠正方法

(1)可多做投篮后向球的方向快速移动到位接球的练习,提高学生的预判能力和快速移动的能力。还可以改变形式采用二人一攻一守做抢位和选位练习。

(2)多做自抛自抢的空中练习,体会起跳时机,提高判断的准确性。练习时,教师可用语言提示来帮助学生体会和强化动作要领。

(3)向学生讲明挡人抢位与抢球是相辅相成的,缺一不可。在学生练习时,教师可用语言提醒学生注意挡人或抬头看球。

(4)强调正面技术的重要性。在训练中鼓励学生抢位抢球,对抢篮板球不积极的学生可用奖惩的方式来提高其积极性。对动作过猛的学生也可以采用这种方法来促使其提高动作的准确性,同时对其加强良好心理素质的培养。

(5)强调保护好球的重要性和抢篮板球的最终目的,提高学生抢球的积极性和意识,进行保护技术和保护能力的训练。

(四)抢篮板球技术的教学与练习建议

(1)提高学生对抢篮板球重要性的认识,在教学中培养积极拼抢的意识和勇猛顽强的作风及养成"有投必抢"的习惯。

(2)抢进攻篮板球要强化"冲抢"意识,抢防守篮板球侧重强化"挡抢"意识。注意加强攻守篮板球的对抗性训练。

(3)注意把抢篮板球技术同补篮、投篮、快攻、突破和二次进攻技术结合起来进行训练。

(4)加强抢篮板球技术与攻守战术的结合训练。

(5)注意加强身体素质和控球能力的训练,为在激烈的实战对抗中争抢篮板球打好基础。

第四节　篮球竞赛规则

一、场地

比赛场地应是一块平坦、无障碍物的硬质地面。长 28 米、宽 15 米(从界线的内沿丈量)。

(一)后场

某队的后场由该队本方的球篮、篮板的界内部分,以及由该队本方球篮后面的端线、两条边线和中线。

（二）前场

某队的前场由对方的球篮、篮板的界内部分，以及对方球篮后面的端线、两条边线和距离对方球篮最近的中线内沿所界定的比赛场地部分组成。

（三）线

所有的线应颜色相同，且应用白色或其他能明显区分的颜色画出，宽5厘米并清晰可见。比赛场地由两条端线和两条边线组成的界线所限定。这些线不是比赛场地的部分。任何障碍物包括在球队席就座的主教练、第一助理教练、替补队员、出局的队员和随队人员，距离比赛场地应至少2米。

（四）中线、中圈和罚球半圆

中线应从两条边线的中点画出并平行于两条端线。它向每条边线外延伸0.15米。中线是后场的一部分。中圈应画在比赛场地的中央，半径为1.80米（从圆周的外沿丈量）。两个罚球半圆应画在比赛场地上，半径是1.80米（从圆周的外沿丈量），它的圆心在两条罚球线的中点上。

（五）罚球线、限制区和抢篮板球分位区

罚球线应平行端线，其外沿距离端线内沿应是5.80米，其长度是3.60米。它的中点应落在连接两条端线中点的假想线上。限制区应是画在比赛场地上的一个长方形区域，它由端线、延长的罚球线和起自端线（外沿距离端线中点2.45米）终于延长的罚球线外沿的线所限定。除了端线外，这些线都是限制区的一部分。

（六）3分投篮区域

某队的3分投篮区域是除对方球篮附近被下述条件限制的区域之外的整个比赛场地的地面区域。这些条件包括：从端线引出的两条垂直于端线的平行线，其外沿距离边线的内沿0.90米。以对方球篮中心正下方场地上的点为圆心，画一个半径（圆弧外沿）是6.75米的圆弧。此圆心距离端线中点的内沿是1.575米，且该圆弧与两平行线相交。3分线不是3分投篮区域的一部分。

（七）球队席区域

球队席区域应由两条线在场外画出。球队席区域内必须有16个座位提供给双方球队的主教练、助理教练、替补队员、出局的队员和随队人员。任何其他人员应在球队席后面至少2米处。

（八）掷球入界线

两条0.15米长的掷球入界线应画在记录台对侧、比赛场地外的边线上，其外沿距离最近端线内沿是8.325米。

（九）无撞人半圆区

无撞人半圆区应在场地上画出，其界线是：以球篮中心正下方的场地上的点为圆心，半径（半圆内沿）为1.25米的半圆。与端线垂直的两条平行线，内沿距球篮中心正下方的场地上的点距离是1.25米，其长度是0.375米，距离端线内沿1.2米。无撞人半圆区由与篮板前沿平行的假想线和上述平行线末端连接封闭构成。无撞人半圆区的界线是无撞人半圆区的一部分。

二、器械

篮球赛事器械要求包括：篮板、抗压的球栏及球网、篮板支撑构架、篮球、比赛计时器、记录屏、进攻计时器、供暂停及使用的计秒器、2个独立的不同声响信号分别提示给进攻计时员和计时员、记录表、队员犯规标志牌、全员犯规标志牌、交替指示器、比赛地板、光亮的照明灯等。

三、比赛时间、比分相等和决胜期

（1）比赛应该由4节组成，每节10分钟。

（2）在预定的比赛开始时间之前，应有20分钟的比赛休息期间。

（3）在第1节和第2节（上半时）之间，第3节和第4节（下半时）之 间，以及每一决胜期之前，应有2分钟的比赛休息期间。

（4）两个半小时之间的比赛休息期间应是15分钟。

（5）一次比赛休息期间开始于预定的比赛开始时间之前20分钟。

（6）一次比赛休息期间结束于第1节开始，在跳球抛球中，当球离开主裁判员的手时；所有其他节和决胜期的开始，当掷球入界队员可处理球时；如果在第4节比赛结束时比分相等，比赛有必要再继续若干个5分钟的决胜期来打破平局时；对于主客场总得分制的系列比赛，则是如果在第2场比赛的第4节比赛结束时，两队两场比赛得分的总和相等，比赛有必要再继续若干个5分钟的决胜期来打破平局时。

（7）如果一起犯规发生在比赛休息期间，在下一节或决胜期比赛开始之前应执行最后的罚球。

四、比赛以及每节决胜期的开始和结束

（1）在中圈跳球抛球中，当球离开主裁判员的手时第一节开始。

（2）每节和决胜期的比赛，当掷球入界队员可处理球时，该节开始。

（3）如果某一队在比赛场地上准备比赛的队员不足5名，比赛不能开始。

（4）对所有的比赛，在竞赛日程表中队名列前的队（主队）应拥有记录台（面对比赛场地）左侧的球队席和本方球篮。然而，如果两队同意，他们可互换球队席和/或球篮。

（5）在第1节和第3节前，球队有权在对方的球篮所在的半场做赛前准备活动。

（6）球队下半时应交换球篮。

（7）在所有的决胜期中，球队应继续进攻与第4节比赛方向相同的球篮。

（8）当结束比赛时间的比赛计时钟信号响时，一节、决胜期或比赛应结束。当篮板四周装有红色光带时，光带信号亮先于比赛计时钟信号响。

五、球的状态：球可以是活球或死球。

（一）球呈现活球状态时

（1）跳球中，球离开主裁判员抛球的手时。

（2）罚球中，罚球队员可处理球时。

（3）掷球入界中，掷球入界队员可处理球时。

（二）球呈现死球状态时

（1）任何投篮或罚球中篮时。

（2）活球中，裁判员鸣哨时。

（3）再一次罚球中球明显不会进入球篮，且该次罚球后接着有另一次或多次罚球时或者进一步的罚则（罚球和/或掷球入界）时。

（4）比赛计时钟信号响以结束一节或决胜期时。

（5）某队控制球，进攻计时钟信号响时。

（6）投篮中飞行的球在下述情况后被任一队的队员触及时。裁判员鸣哨、比赛计时钟信号响以结束一节或决胜期或进攻计时钟信号响。

（三）球不呈死球状态时

（1）篮球得分，当投篮的球在飞行中，并且裁判员鸣哨、比赛计时钟信号响以结束一节或决胜期或者进攻计时钟信号响。

（2）罚球的球在飞行中，并且裁判员因除罚球队员之外的任何规则违反而鸣哨。

（3）进攻队员正在做投篮动作并控制着球时，判罚了对方队任何队员或被允许坐在对方球队席的任何人员的犯规，该投篮队员以连续动作完成了犯规发生前已开始的投篮。

假如，在裁判员鸣哨后做了一个全新的投篮动作或者一名队员在做连续的投篮动作时，结束该节或决胜期的比赛计时钟信号响起或进攻计时钟信号响起，此时得分不计。

六、队员和裁判员的位置

（一）一名队员的位置由他正接触着的地面所确定

当队员跳起在空中时，他保持当他最后接触地面时所拥有的相同位置。这包括界线、中线、3分线、罚球线、标定限制区的各条线和标定无撞人半圆区的各条线。

（二）一名裁判员位置的确定与一名队员位置的确定相同

当球触及裁判员时，如同触及裁判员所位于的地面一样。

七、技术犯规

（一）没有体育道德的行为

对任何队员、教练员或训练员的没有体育道德的行为最多可判罚两次技术犯规。任何违反者只要有一次没有体育道德的行为，就可被驱逐；有两次没有体育道德的行为必须被驱逐。没有体育道德的行为如：与裁判员讲话无礼貌；以身体接触裁判员；对宣判公开表示不满；使用亵渎的言语；未经裁判员允许教练员进入场地；故意伸肘或试图动手脚但未包含接触。还有些技术犯规不是由不符合体育道德的行为造成的，如：延误比赛；球队席区域的违例；球成活球时场上队员不足或多于5名；进攻队员故意地吊在篮圈或篮板上等。

在死球期间发生非法接触，如果在性质上被认为是不符合体育道德的，可判为一次技术犯规；如果接触是不必要的和过分的，可判为恶意犯规。

（二）打架犯规

比赛中或死球期间，队员、教练员或训练员打架，要登记技术犯规，不判给罚球，参加打架的人员应立即被驱逐。另根据情况判打架人员不超过 20 000 美元的罚款和停赛。

NBA 比赛中,对犯规的判罚是较为严厉的。如队员、教练员或训练员出现下列情况即可被驱逐:接触肩的水平或以下部位的肘部犯规;没有体育道德行为的技术犯规:以不必要的或过分的接触造成的恶意犯规。队员、教练员或训练员出现下列行为则必须被驱逐:拳击犯规;打架犯规:接触肩的水平以上部位的肘部犯规;试图挥拳虽无接触;不是比赛的延续动作而是故意进入看台。

为了惩罚和制止犯规, NBA 规则中还列有罚款的规定,如裁判员认为队员是故意地吊在球篮上,应判一次技术犯规和罚款 100 美元;第一次因不符合体育道德的行为判罚技术犯规的罚款是 100 美元,第二次犯规加罚 150 美元等。

八、侵人犯规

在球成活球后,与对方队员发生非法的身体接触,是侵人犯规。队员不准拉、推、撞对方队员:也不准靠伸展臂、腿、膝或弯曲身体成不正常姿势以阻碍对方队员行进。违反规定,将判为侵人犯规并按相关的法则处理。

(一)双方犯规

双方犯规是指两名非同队的队员大约同时互相发生侵人犯规或技术犯规的情况。罚则:不管是侵人犯规或是技术犯规都不判给罚球,只给队员登记犯规,不登记全队犯规。如果宣判双方犯规或打架犯规时某队拥有球权,应保留球权,在靠近比赛中断地点的边线掷界外球继续比赛。如果宣判双方犯规或打架犯规时双方球队都未拥有球权,或投篮未成功球在空中,应由任何两个非同队的队员在中圈跳球继续比赛。如果投篮成功,得分有效,在底线掷界外球继续比赛。如果双方犯规是作为裁判员意见不同的结果,不计得分,应由任何两个非同队的队员在中圈跳球继续比赛。

(二)进攻犯规

在球成活球后,进攻队员与对方发生非法的接触,对方在位置上并没有太大的移动,是进攻犯规。

进攻队员侵人犯规,如不是肘部犯规、拳击犯规,也不是恶意犯规,应按如下罚则处理:不判给进攻队得分;登记犯规队员一次侵人犯规;不登记该队全队犯规(队员第六次侵人犯规,并且该队已无资格的替补队员除外)。

(三)无球权犯规

在球成活球后,在双方球队均未拥有球权时与对方发生非法的接触,是无球犯规。队员侵人犯规如不是拳击犯规、恶意犯规,也不是肘部犯规,而且发生犯规时双方球队均未拥有球权,应按如下罚则处理:登记犯规队员一次侵人犯规;登记犯规队全队犯规:如果全队犯规罚则未出现,判给对方队在靠近犯规地点的边线掷界外球,如果全队犯规罚则出现,判给被侵犯的队员一次罚球,如果判了防守队无球权犯规,接着投篮(罚球)成功,应判给被侵犯的队一次罚球,使有可能得 3 分或 4 分。这条规定适用于:不管是对哪个进攻队员犯规,不管全队犯规罚则是否出现。如果判了进攻队一次无球权犯规,接着进攻队员投篮成功,不计得分。

（四）拳击犯规

队员用拳猛击对方是拳击犯规。因拳击宣判队员的非法的接触，是一次侵人犯规和一次全队犯规。应判给一次罚球，不论罚球成功与否，将球判给被侵犯的队在中场掷界外球。任何队员挥拳猛击对方，无论是否击中，都是不符合体育道德的行为，他应立即被驱逐并至少停止一场比赛。这条规定既适用于比赛进行中，也适用于死球状态。如果接连发生拳击犯规，这条规定的所有内容都将适用，并由最后被侵犯的队在中场掷界外球。另外，根据情况判该队员不超过 20 000 美元的罚款和停赛。

（五）非赛犯规

在第四节或加时赛的最后两分钟内，防守队对拥有球权的进攻队发生非法的接触，而这种接触发生在远离球附近的区域或界外球未离手时，为非赛犯规罚则：登记一次侵人犯规和一次全队犯规；判给一次罚球（肘部犯规或恶意犯规罚球两次），任何场上队员可执行此罚球；并由被侵犯的队在靠近比赛中断的地点掷界外球继续比赛。

（六）全队犯规

每节比赛每队的全队犯规超过 5 次，加时赛每队的全队犯规超过 3 次，要判一次罚球加一次发球。如果每节前 10 分钟全队犯规未满 5 次，或加时赛前 3 分钟全队犯规未满 3 次，允许该队在最后两分钟内有一次全队犯规不用加罚。

对正在做投篮动作的队员发生侵人犯规，判给两次罚球，如果全队犯规罚则出现也不判给增加的罚球；如投篮成功，判给一次罚球，如果全队犯规罚则出现也不判给增加的罚球。也就是说，在成功的两分投篮中最多可得 3 分，在成功的 3 分投篮中最多可得 4 分。

（七）恶意犯规

当运球人员起跳扣篮时，他人将其推倒或拉扯，都可被判为恶意犯规。严重者会被驱逐禁赛等。

九、篮球比赛中常见的犯规

（一）打手犯规

打手犯规有两种，分别为投篮或上篮打手和抄球打手。在对方投篮或上篮时，若防守队员接触到了对方的手掌、手腕或手臂，哪怕是轻点了一下也是打手犯规；在对方运球过程中，防守队员抄球时若先打到对方手上，则会被判为打手犯规。

（二）拉人犯规

在任何情况下（无论是进攻还是防守，无论对方是否持球），较为明显拉人的动作（无论是故意还是无意），都会被判为拉人犯规。若拉扯对方的球衣，且动作较为明显，也会被吹罚为拉人犯规。战术性的拉人犯规可有效阻止对方的快攻反击。

（三）掩护犯规

进攻队员的相互掩护是常用的进攻手段，但是在掩护时也要注意避免犯规。掩护人在掩护时应与防守球员有一定距离，若直接撞到防守队员则为掩护犯规；掩护人在站定后不能跟着被掩护人一同移动，且不能故意伸出躯干（如翘臂部等）去阻挡防守队员，否则也会被判为掩护犯规，从而直接交换进攻球权。

（四）进攻犯规

防守队员，已站定防守位置，但持球人仍在运球突破并试图冲撞防守队员；持球人在上篮时，为了护球而故意架开防守队员的手；进攻队员在突破或者无球队员切入时用手臂或手肘推开防守队员，以上几种均会被吹罚为进攻犯规。

（五）防守犯规

进攻球员突破时，防守队员并未确立防守位置，且与进攻球员有身体接触并对其上篮造成了一定的影响；在防守时故意用手阻挡进攻球员；在防守时用手将进攻球员推开，以上几种均会被吹罚为防守犯规。

（六）技术犯规

技术犯规所涵盖的内容比较多，以下所述均会被吹罚为技术犯规：对裁判言语不敬；对裁判的肢体接触；对一次判罚表示不满的公开行为；使用亵渎性语言；教练未经裁判许可进入球场；蓄意挥肘或任何无关联的身体接触行为企图。

（七）违体犯规

违体犯规全称是违反体育道德犯规。根据裁判员的判断，运动员不是在规则的精神和意图的范围内试图合法地直接抢球而发生了接触犯规，则会被判罚为违体犯规，如殴打对方球员，或者犯规的目的明显是冲着运动员而并非冲着盖帽、断球等目的的犯规。

十、篮球阻挡犯规介绍

规则对防守持球队员在防守时的技术要求是：防守队员必须占据合法的防守位置。

这个合法的防守位置是指：当防守队员面对对手，双脚以正常的跨立姿势着地两脚之间的距离一般与自己的肩同宽或者稍宽于肩，不得采用分脚过宽的跨立姿势着地。此外，合法的防守位置垂直延伸到他的上面空间，他可将手伸于头上，但两臂必须垂直。

因此，合法的防守位置可视为一个长方形的垂直平面。地面上短边的宽度由队员的两脚所限定，两个长边由脚着地点垂直向上延伸，在空中的另一短边位于队员跳起所能达到的高度上。根据垂直面这一原则，如果在进攻队员垂直面上空发生了身体接触并造成了侵人犯规，由防守队员负责，反之如果在防守队员垂直面上空发生了身体接触并造成了侵人犯规，则由进攻队员负责。各自垂直面上空，随着队员的移动而移动，各自垂直面上空都不得被对方侵占，除非是没有发生身体接触，或发生了 身体接触而未构成侵人犯规。

如果防守队员处于不正确的防守位置，或采用不正确的防守姿势，企图用手、肩、臀和腿，阻止持球队员从自己身边运球突破而发生了非法的身体接触，就是阻挡犯规。当持球队员持球突破时，防守队员如果不是向后或向两侧后撤步，如果不是提前站好位置，并且接触不是发生在躯干部位而是迎着持球队员上步，主动与持球队员造成非法的身体接触，也是防守队员阻挡犯规。

进攻队员，不顾防守队员已站好的合法防守位置，强行运球从防守队员面前通过时，用肩、肘冲撞了防守队员，就是持球队员撞人犯规。进攻队员肩或头部超过防守队员时，防守队员在调整其防守位置时，不得与进攻队员发生非法的身体接触，否则就是防守队员阻挡犯规。进攻队员用臀部顶撞已站好的防守位置的运动员，或者进攻队员运球到篮下向前、向后、向左、向右倾斜起跳投篮，或者跳起投篮后冲撞了处于合法防守位置的队员，或者运球突分后冲撞了防守队员，这种违犯了垂直原则的起跳方法与防守队员发生的非法的身体接触，都应判持球队员撞人犯规。

第七章　排球运动

第一节　排球运动概述

排球运动(volleyball)是一项在规定的场地内，参与者隔网进行攻防对抗，以手、手臂为主，身体的任何部位在空中击球，使球在本方场地不落地以决胜负的球类竞赛活动。排球运动的形式多样，根据竞赛规则、比赛形式、参与人数的不同，一般分为以获取最佳竞赛成绩为目的的竞技排球，如六人制排球、沙滩排球、坐式排球等。以健身娱乐为目的的娱乐排球，如9人制排球、气排球、软式排球、妈妈排球等。排球运动对增强体质、丰富体育文化生活、促进身心全面发展起到了良好作用。

一、排球运动的起源与发展

19世纪末，美国经济随着第四次产业革命的兴起得到迅速发展，当时网球、篮球、橄榄球、美式足球等对抗性运动很盛行。但篮球、橄榄球、足球运动太激烈，而网球运动参与人数少。在1895年的美国，有一位叫威廉·G.摩根的青年人，在体育馆里的篮球场挂上网球网并升高球网高度，用篮球胆在球网上空来回击打，不让球碰到地板，这种游戏受到很多人的喜爱。这种运动起初在打法上采用了网球和手球的一些技术，规则又类似棒球，双方上人数不限，只要双方上场人数一致就可以兴高采烈地在场上活动，这就是最早的排球。摩根将这种运动形式取名为“mintonette”，意为“小网子”。

1896年，美国马萨诸塞州斯普林菲尔德基督教青年会体育指导大会在春田大学举行，摩根在场上亲自做示范表演，并举行了“mintonette”表演赛，哈尔斯戴特博士看完比赛后，发现其打法与网球相似，建议改名为“volleyball”即“空中飞球”，一直沿用至今。

1897年7月，美国体育杂志上介绍了排球比赛的打法和简单规则。经过不断修改和完善，20世纪70年代末有了第一个世界通用的排球规则。

排球运动由美国的传教士和美军官兵带到了世界各地。六人制排球运动首先传入美洲。1900年传入加拿大，1905年传入古巴等国家。

1900年，排球运动传入印度，随后传入中国等亚洲国家，先后经历了十六人制、十二人制、九人制、六人制的比赛形式，亚洲排球技战术的发展为世界排球运动的发展做出了贡献。

排球通过基督教青年会在1905年传到了中国，当时根据排球的英文“volleyball”的译音起名华丽波，后来为了突出排球成队比赛的特点改名为“队球”，最开始是16人制，根据球在空中来回排击和参加者成四人排成一排站立这两个特点，将队球改名为“排球”。从此，排球这一名称和运动在我国传播开来，一直沿用至今。我国乃至亚洲，女排的影响力远远高于男排，而欧洲男排的影响力却高于女排。这是因为我们欣赏的是有来有回的防守反击，而欧洲人欣赏的是重扣的暴力美学。

1914 年，排球运动传到欧洲是靠战争。在第一次世界大战期间排球运动被列入美国军事训练营的训练计划，成千上万的排球和球网随士兵被送到了欧洲，同盟国的士兵利用战争的空隙，利用排球消遣也锻炼了身体。之后又传到了苏联等国。因传入欧洲时就是六人制排球，且已成为竞技性运动，所以欧洲排球运动发展迅速，技术水平较高，始终名列世界排坛前茅。

1923 年，排球运动传入埃及，随后传入突尼斯等非洲国家，由于传入非洲最晚，至今非洲排球的水平还处于落后的位置。

在摩根创立排球运动半个世纪以后，1947 年国际排球联合会（FIVB）成立，总部设在巴黎，标志着世界排球运动进入了迅速发展的新时期。在排球成为各个国家的一种时尚运动后，它的竞赛规则也被不断完善。1949 年和 1952 年分别举行了首届世界男子排球锦标赛和首届世界女子排球锦标赛。

二、排球运动的相关知识

（一）排球运动的性质特点

1. 广泛的群众性

排球场地设备简单，比赛规则容易掌握。运动员既可在球场上比赛和训练，亦可以在一般空地上活动，运动量可大可小，适合于不同年龄、不同性别、不同体质、不同训练程度的人。

2. 技术的全面性

规则规定，每个队员都要进行位置轮转，既要到前排扣球与拦网，又要轮到后排防守接应。每个队员都必须全面掌握各项技术，能在各个位置上比赛。

3. 高度的技巧性

规则规定，比赛中球不能落地，不得持球、连击。击球时间短暂，击球空间多变，决定了排球的高度技巧性。

4. 激烈的对抗性

排球比赛中，双方的攻防转换始终是在激烈的对抗中进行的。高水平比赛中，对抗的焦点在网上的扣拦上。在一场比赛中，夺取一分往往需要经过六七个回合的交锋。水平越高的比赛，对抗争夺也越激烈。

5. 攻防技术的两重性

排球是多种技术都可以得分，也能失分的项目，这种情况在决胜局比赛中更加突出，所以说每项技术都具有攻防的两重性，因此技术既要有攻击性，又要有准确性。

6. 严密的集体性

排球比赛是集体比赛项目，除发球外，都是在集体配合中进行的。没有严密的集体配合，再好的个人技术也难以发挥，更无法发挥战术的作用。水平越高的球队，集体配合就越严密。

（二）排球运动的文化特性

1. 时代性

随着社会经济的不断发展，排球运动也有了质的飞跃，从原来的单一打法发展为全攻全守的技战术,从而出现了各种形式的排球运动,使得竞技排球和大众排球相互依托、相互关联,出现了沙滩排球、气排球、妈妈排球、迷你排球等,从此迎来了现代排球时代。

2. 民族性

每个民族的文化都是从适应本民族的特点而形成的,具有独立的民族性格和社会意识每个国家、民族由于文化意识不同、地域环境不同、人文社会不同、民族习惯不同而使得排球具有非常突出的民族性特点,特别是从技战术上就可以看出来。在排球运动发展进程中,先后出现了力量、技巧、高度等为特征的各大流派,但不论是哪种流派,排球运动所具有的独特文化价值,促进了人们对排球运动的接受和热爱,也推动了排球运动本身的蓬勃发展。

3. 传承性

排球运动从诞生至今的发展局势离不开传承性这个特点,虽然它从一开始出现时就具备独立性,但排球文化也随着社会经济和制度的变更而不断去旧迎新,不断传承精华,它从小众走向国际,从男排延伸到女排,这都是排球文化积淀和传承的过程。而这种形成过程不是一成不变的,而是一个相互吸收、不断融合的动态过程。

4. 公平性

参加排球比赛的双方在同一块场地上,使用同样的比赛器材,遵循同样的规则和竞赛制度,进行竞技比赛,因此,这最大限度地保证了竞赛条件的公平性。

5. 比赛结果的随机性

在每球得分制的排球比赛中,为了实现战胜对手、争取胜利的目标,参赛双方除需要充分发挥自身的体能、技术、战术、智能和心理能力以外,还要面对来自对手的各方面挑战,比赛的进程和最终结果通常是无法在赛前准确预料的,而只能由双方的临场发挥决定,所以竞赛过程及结果具有极大的随机性。

(三)排球运动的功能

1. 强身健体的健身功能

强身健体是排球比赛活动的本质属性,排球比赛活动中的连续垫球、传球和扣球进攻防守时的身体移动过程,可以增强人的呼吸和心血管系统的功能,使心肌的收缩更加有力,增加脉搏输出量,降低血管壁的脆性,延缓血管老化。比赛中的连续扣球、拦网时的跳跃,使身体骨骼关节肌肉得到锻炼,可以增强骨骼的弹性、韧性和硬度,使关节和韧带的稳定性、柔韧性也明显提高,推迟骨骼的老化过程。

排球运动可以有效地改善和增强大脑神经系统的功能,通过对来球的判断和技术动作的练习,不断刺激和调整大脑神经活动过程的强度、均衡性和灵活性,增强脑细胞供氧能力,还可以改善神经系统的功能,使脑神经对运动神经的支配更加迅速和协调。

排球比赛以其活动的竞争性、取胜目标的强烈吸引力、比赛活动形式的生动活泼,常常会吸引一些很少进行体育锻炼的人,参与到比赛活动中来,使健身价值更加突出。

2. 努力进取的激励功能

排球比赛活动的激励作用是由比赛的对抗性决定的。排球比赛活动能激发参与者的进取心,培养他们克服困难、奋力拼搏的品质,有较高的激励价值。排球比赛活动是参赛者动作能力的较量，参赛者通常都以取胜为参赛目标，在比赛中都会全力以赴，力求最大限度地发挥自身所具有的各种能力，包括体能、技能、战术能力、心理能力和智能。因此，参赛者在排球比赛活动中通常都会有较大的动员机体的潜力参与角逐，承受一定强度的运动负荷，处于高度动员状态的参赛者的动作能力，得到更好的锻炼和更集中的发挥，而且往往会通过一次次的比赛逐步提高到一个新的水平。排球比赛活动不但提高参与者的运动技能、促进身体机能、完善心理品质，而且也有助于培养他们勇敢顽强的性格、超越自我的品质、迎接挑战的意志和承担风险的能力，有助于培养他们的竞争意识、协作精神和公平观念。

3. 愉悦身心的娱乐功能

排球运动趣味性高、娱乐性强、无身体对抗、简单易行、老少皆宜，能使参与者感受到轻松欢快、身心愉悦，人们可通过排球比赛活动在隔网对抗中斗智斗勇，在与同伴的默契配合中、在战胜自我中得到身心满足，同时它可使人们在娱乐中产生自信和自尊，满足人们交往、合作的需要，既能陶冶情操又能娱乐身心。

排球比赛活动还是一种传递快乐的媒介，它能够打破语言、地域和社会因素的障碍，让人们愿意接受和喜爱。在公平和公正的规则下，带给人一种既激烈、精彩、竞争又和谐、优美、健康的感受。参赛者通过不断的努力，在比赛中体现的动作能力，表现出得更快的速度、更大的力量、更高的技巧、更多的自信、更默契的配合对观众有着巨大的吸引力。排球比赛活动所具有的结果不确定性也使观众产生了浓厚的兴趣，大大提高了娱乐价值。

4. 和谐社会的教育功能

排球比赛活动本质上不是个体的活动，而是集体的活动，是参与者以个人或群体的形式参与的活动。排球比赛活动中，通过不同的组合、各种形式的合作和对抗，人们相互接触、切磋、合作、对抗，使得个体与个体之间、个体与群体之间得到广泛交流，使大家在玩耍和比赛中消除隔阂、化解争执、建立互信、友谊，以达到人际亲和、共建和谐社会的目的。排球运动的技术规格和竞赛规则始终调节和约束着参与者的行为规范，参与者不仅要遵守规则，还要有责任心和协作精神，相互配合鼓励、团结一致才能感受到胜利者的喜悦和快乐。排球比赛活动可以促使人们养成尊重别人、容忍对手等人际交往的基本准则，增加人与人之间的情感交流，改善人际亲和关系，从而使参与者的社会功能、社会适应性和遵守社会规范的意识得到高度发展，在娱乐和健身中有效地促进社会的和谐，收获一份健康，享受一份快乐。

（四）排球运动的发展趋势

1. 排球运动正向着全、高、快、变的趋势发展

其中“全”指攻防各项技术都必须全面掌握，向全攻全守的方向发展；“高”指队员身材高、弹跳高、强攻击球点高、威力大，拦网有高度，对对方威胁大；“快”指进攻中各种快攻打法的速度和配合节奏快；“变”不光是指快攻本身的变化多端，也包括拦网防守的变化能跟上需要。

2. 排球运动的职业化、商业化、大众化

职业化是排球运动的发展趋势，高额的名次奖和单项奖既可使职业运动员在球场上给观众带来更加精彩、紧张、刺激的对抗，又能给俱乐部带来更高的经济效益。职业化和俱乐

部制度吸引了大批优秀的运动员参加到比赛中,提高了比赛的观赏度。电视转播、网络媒体的介入,使排球运动商业化日益加强。软式排球、气排球等娱乐性排球使排球竞赛形式多样化、大众化日益明显。

(五)排球运动损伤预防

1. 常见的运动损伤

在排球运动中,球员们积极进取、迎难而上,避免不了出现运动损伤。排球运动员们经常使用手到手臂一段来接球,所以手部关节、手腕、前臂会出现一定的损伤。传球须靠手指手腕的弹力将球传到一定的目标,在传球的过程中容易造成手指、手腕的损伤。扣球、跳发球时,运动员会做一些展腹等连接收腹挥击的动作,因此腰伤也是排球运动中常见的损伤,且手臂挥动力量和扣球力量较大,肩部、肘部容易出现损伤,防守队员躲避不及时,也容易造成一定的损伤。由于排球运动员完成起跳动作时的爆发力很大,所以在起跳和落地过程中膝关节的一些部位可能会出现慢性劳损。在单脚落地的情况下,若身体失去平衡,会使膝关节的一侧受到压迫。外旋和内旋动作容易使膝关节内侧的副韧带受到损伤。

2. 运动损伤的预防

针对排球运动损伤,主要的方法手段是预防,方法如下。

(1)上课、训练、比赛前要充分热身,做好准备活动,训练、比赛结束时要进行放松活动。

(2)佩戴护具,如排球专用护膝、护肘、护踝,手指可以用胶带固定。肩部、膝关节、大腿后群肌肉外固定肌内效贴布等。

(3)上课、训练、比赛中要做好个人防护。避免拦网或扣球后过线崴脚。

(4)合理地安排训练内容、运动负荷。

3. 运动损伤后的康复方法

(1)指关节损伤的康复方法。

①屈指练习。

②握拳练习。

③手提重物练习。

④握力器练习。

(2)肩关节损伤的康复方法。

①做手臂上举、前屈、外展动作,逐步过渡到肩绕环、扩胸动作。

②拉力器扩胸。

③负重肩部外展、拉橡皮筋。

(3)腰部损伤的康复方法。

①仰卧伸膝勾脚内收抬腿、握杠后伸腰、仰卧伸膝抬臂,减少肌肉粘连、增强肌肉力量。

②燕式平衡。

③俯卧体后起、做腰部的前屈、后伸侧弯以及双杠上支撑前后摆腿练习。

(4)膝关节损伤的康复方法。

①韧带损伤疼痛消失后,在床上做肢体伸直和抬高或者空蹬自行车练习。

②做膝关节的屈伸练习，逐渐加大膝关节的活动力度。

③单脚提踵练习。

④靠墙蹲起练习。

（5）膝关节损伤的康复方法。

①适当使用固定性护具保护，使膝关节更加稳定。

②在护踝、肌内效贴布、弹力带的保护下，进行屈伸活动。

③走路的恢复性练习。

④提踵练习或简单跳跃活动。

第二节 排球技术

一、基本理论

排球技术是各种战术的基础，没有熟练的技术支撑，所有设计好的战术将无法实现。因此必须扎实地打牢排球基础技术。排球技术有两种，一种是无球技术，一种是有球技术。以下是无球技术和有球技术的内容。

准备姿势、移动、助跑、起跳、掩护 } 无球技术 ← 排球技术 → 有球技术 { 发球、垫球、传球、扣球、拦网

二、准备姿势与移动

（一）准备姿势

准备姿势是为更好地进行移动和完成各种击球动作前的合理身体姿势。按身体重心的高低，准备姿势分为稍蹲准备姿势、半蹲准备姿势和低蹲准备姿势三种。

1. 稍蹲准备姿势

两脚左右开立，与肩同宽或稍宽于肩，一脚在前，脚尖稍内收，脚跟稍抬起，膝关节微屈，上身稍前倾，两臂放松，自然弯曲，双手置于腹前（便于摆臂和随时伸臂做击球动作）。身体适当放松，双眼注视来球，两脚始终保持微动状态。

2. 半蹲准备姿势

半蹲准备姿势要比稍顿准备姿势身体重心稍低，动作方法相同。

3. 低蹲准备姿势

双脚左右或前后距离要比半蹲距离大些，身体重心比半蹲准备姿势更低更靠前，两膝关节弯曲程度更大一些。

（二）移动

移动是最常见的无球技术，指起动到制动的过程。目的是调整与球的位置，以便击球。

一传防守想接好，步伐要做好。很多人接一传和防守的时候会接不到球，其实就是脚下

移动得太乱。好的移动能让运动员及时接近球,保持好人与球的位置关系,以便击球,同时也能迅速地占据场上有利位置,移动步伐有很多种,主要有跨步、并步、滑步、交叉步和跑步等。

1. 跨步

身体重心移至跨出脚上,跨步时,一腿用力蹬地,另一腿向来球方向跨出一大步,后腿随重心前移自然跟上,双臂做好迎球动作,跨步特点是跨距大,便于向前、斜前方降低重心进行低点击球。

2. 并步

当来球距离身体一步左右距离时可采用并步,两脚开立与肩同宽,一脚稍领先,膝关节微屈,上身稍前倾,两手自然放松置于胸腹前。并步时,靠近移动方向的一只脚向目标位跨出一步,随后另一只脚迅速蹬地跟上,双脚不形成交叉步的移动步法称为并步。并步可向前、后、左、右各方向移动,经常与跨步或其他倒地击球技术结合使用。

3. 滑步

连续的并步就是滑步,是最常用的网前拦网移动步伐。滑步的运用主要用于短距离移动,即来球距离体侧稍远、并步不能接近球时。

4. 交叉步

双脚左右开立,向右侧交叉步移动时,上身稍向右转,左脚从右脚前向右交叉迈出一步,右脚再往右侧方向跨出一大步,同时重心移至右脚,身体转向来球方向。交叉步的特点是步子大、动作快、便于制动。当来球距离身体三米左右距离时可以采用交叉步。

5. 跑步

跑步时,一脚用力蹬地,另一只脚迅速向前迈出,双脚交替进行,两臂配合摆动,不要过早做击球动作的准备,球在侧方或后方时,应边转身观察球边跑,跑步的特点是移动速度快,便于随时改变方向。

(三)易犯错误及纠正方法

易犯错误及纠正方法如表 7-1 所示。

表 7-1 易犯错误及纠正方法

技术	易犯错误	纠正方法
准备部分	臀部后坐,全脚掌着地	讲清动作要领,反复示范; 强调含胸、收腹、身体前倾,两膝领先于脚尖
	双膝僵直,重心过高	多做低重心屈膝姿势移动练习; 两脚保持微动
移动	判断差,移动慢	结合视觉信号多做起动练习; 多做短距离抛球练习
	身体重心起伏过大	移动后保持准备姿势; 往返移动练习

（四）移动步法的练习方法

1. 无球练习

（1）两人一组相对站立，一人随意做各种移动步伐，另一人跟随做相同方向的移动，

（2）单人或多人一组站在端线后，先原地快速小步跑，听到口令后快速起动冲刺到中线，可往返 2~4 次。

2. 有球练习

（1）两人一组，相距 2~3 米，做好准备姿势，一个人前、后、左、右抛球，另一人移动后把球接住再抛回，连续进行一定次数后，两人交换。

（2）两人一组，相距 6~7 米，各持一球，两人同时把球抛向对方体侧 3 米左右处，移动接住后，再抛给对方，如此往返进行。

三、发球

发球是比赛的开始，也是进攻的开始，准确而有攻击性的发球可以破坏对方的战术组成，减轻本方防守压力，为反击创造有利条件。有的发球甚至能直接得分，从而鼓舞士气，振作精神，同时给对方球员造成心理压力。发球有很多种类，比如下手发球、原地上手发球、跳发球、勾手发球等，每种发球都有其特性，只有根据实际结合自己的特点发好球，才能先发制人。

（一）正面下手发球

正面下手发球适用于其初学者，其特点是球速较慢，攻击性较弱。

1. 动作方法

以右手为例，面对球网，两脚前后开立，左脚在前，两膝微屈，上身稍向前，重心偏后脚，左手持球于腹前。将球轻轻抛起在身体的右前方，离手高约 20 厘米，在抛球同时以肩为轴向右后方引臂，借助右腿蹬地力量，身体重心随右手向前拍动击球，掌根击中球的中下方。

2. 易犯错误

抛球过高或过低；击球部位不准确；挥臂发力不协调。

3. 练习方法

（1）固定高度抛球练习。要求每次抛球高度统一，落点在身体的右侧左脚脚尖的位置。

（2）微转体引臂击球，双手接球。

（3）有球发球练习。

（二）侧面下手发球

1. 动作方法

身体前倾，侧身对网，双腿微屈，两脚左右分开站立，略宽于肩，左手托球，将球抛于适当高度，同时右手向后摆动，引臂击球。用右脚蹬地向左转体的力量带动右臂向左前上方摆动，右手紧张，握拳或半握拳，当球落入适当区域，击球下部，将球发出，击球后迅速进入场地。

2. 技术分析

利用蹬地转体动作带动手臂挥摆，可增加发球的力量，击球手臂应由体侧右下方向斜前

上方摆动。击球点不应超过肩的高度,并注意控制击球手的角度和路线,球出手时仰角大,球飞行就高,仰角太小,则不易过网。

3. 下手发球注意事项

抛球时将球抛稳,击球时脚尖与目标击球方向成 45° 角,如此过网的概率更大。

4. 练习方法

初学者难以协调抛球和击球,可采用身体前后摇晃等方法,利用惯性将球发出。

(三)正面上手发球

1. 动作方法

以右手发球为例,面对球网站立,两脚前后自然开立,左脚在前,左手托球,双手上下持球于胸前。双眼注视排球,左手将球从胸前托起,在球经过头部前方时,将球抛出,保持一定高度,尽量保持球体不旋转。左手托球抛球的同时,上身向右后方侧转,屈肘后引,与肩平行。球飞至最高点时,身体呈挺胸展腹状,重心移至右脚,右手高举并有力地后屈。同时微屈膝,蹬地收腹,带动手臂挥动,迎球时五指微张,应与球的弧度相配合,手腕用力绷紧,以全手掌击球的后中下部。击球时,主动向前屈腕、屈指,向前上方推送,手指手掌包裹住球,击球后,重心前移。

2. 易犯错误

(1)抛球过高或过低。抛球的高度应与自己的发球速度相配合,过高或过低的抛球都会影响动作的稳定性,导致击球点频繁发生变化,影响发球质量。

(2)身体不协调。身体不协调会导致发球动作僵硬,击球力度不稳定,同样会使发球质量明显下降。

(3)击球点偏高或偏低。击球过高或过低容易使动作变形,造成球的方向偏离预想路线,使球落点发生偏差,最终影响发球质量,甚至直接失分。

3. 练习方法

(1)抛球练习。保持发球动作,反复抛球而不将球击出。注意抛球方向应是垂直向上,此外,还要在反复抛球的过程中,找到适合自己的抛球高度和相应的抛球力度。

(2)徒手挥臂练习。无球或将球吊到一定高度进行击球练习,注意体会调动全身力量和挥臂的感觉,掌握挥臂动作的要领。

(四)原地上手飘球

原地上手飘球是指采用正面上手的方式,发出不旋转、不规则、飘晃飞行的球。

1. 动作方法

两脚前后站立,左手持球,手臂端平,右手抬起,肘部位于耳侧上方,五指并拢并绷住,手掌自然外翻。与此同时,肩与髋关节也要向后旋转,抛球时应垂直向上将球抛起,距身体一臂距离,切勿过近。击球时,五指并拢,保持一定的紧张,用手掌的根部击球的中下部,手臂顺势甩出,手肘打直,击球点在额头前上方。

2. 注意事项

抛球稍低略靠前,挥臂轨迹为直线;掌根击球穿重心,击后突停不屈腕。

3. 易犯错误

发球挥臂时肌肉过于紧张，不协调，导致击球点不准确；击球后有明显的压腕动作。

4. 练习方法

（1）徒手挥臂练习。注意挥臂时手臂肌肉放松，要有爆发力，手掌向前上方击出，手腕关节肌肉要紧张。

（2）固定球挥臂练习。两人一组，一人双手持球于额头前上方，调整到击球队员的击球点，击球队员进行击球动作练习。两人交替练习。

（3）近距离对墙发球。注意要快速挥臂击打球，手腕要灵活。

（五）上手飘球（向前迈步式）

在抛球的同时左脚向前迈一步，右脚跟上，顺势发出，其他动作与原地动作相同。上手飘球增加了脚下的变化，借助身体惯性的力量，使球速度更快、力量更大。

个人练习时应多做徒手动作练习，动作固定后再结合有球训练。

（六）跳发球

1. 动作方法

跳发球的动作要模仿扣球的动作，助跑的步数可以自行选择，比较简单的方式是模仿两步起跳，进行发球。抛球的方式可以选择左手抛球、双手抛球和右手抛球，

（1）单手抛球可以用手腕的力量使球充分上旋，击球时，球会有一个下坠的力，会降低出界的概率。双手抛球时，球的旋转较少，可以使球的路线更长，也更容易控制。抛球方式可自行选择。

（2）抛球的时机也有不同的选择：可以选择高抛球和上步分开进行，此时发球的力量会很足，多为专业运动员使用；也可以选择低抛球和上步同时进行，这样发球的轨迹更低、下坠更快。

无论什么抛球方式，发球的基本动作是一致的。以右手高抛球为例，先将球抛高，位于身体右侧前方，同时双臂后摆，助跑后双腿发力起跳，模仿扣球的动作，手掌张开放松将球发出。

2. 注意事项

要多次练习抛球和起跳的时机，抛球后，在起跳的最高点抓住球，两膝微屈，缓冲落地，多次反复感受人球关系，球抛得过近或身体没有展开，都会影响发球的动作，甚至会导致运动损伤。

3. 易犯错误

（1）抛球不稳。它易造成击球时过度的调整，导致方向错误或击球力度不足的现象，甚至造成发球失误。

（2）击球点发生偏移。这主要是由于助跑、起跳的过程中有过度前冲的趋势，导致身体与球的相对位置发生偏移无法正常击球。

4. 练习方法

（1）徒手挥臂练习。跳发球的挥臂动作较大且较快，应先熟练掌握挥臂动作，再考虑与

助跑相配合。

（2）无球助跑起跳练习。注意看起跳后起跳位置和离地高度。

（3）抛球跳发球连贯动作练习。以熟悉抛球的力度和控制球的落点。

（七）勾手发球

勾手发球的特点是速度快、力量大、弧线低、旋转力强，但因其动作要求高，失误率较大，一般在正式比赛较少使用。

1. 动作方法

两脚左右开立，略与肩同宽，左肩朝向球网，左手持球于胸前。左手将球抛至左肩上方，高度约为 60 厘米左右，同时双腿弯曲，重心移至右脚。上身向右侧转动和倾斜，右臂向身体右侧后下方摆动，同时挺胸、抬头、两眼注视球体。击球时，右脚用力蹬地，同时左臂向下挥动，带动身体向左转动，右臂沿弧形轨迹向上推动，在右肩前上方击球，同时身体重心移至左脚。手臂充分伸直保持最高点击球，手掌手指自然张开成勺形，以全手掌击球的后中下部，击球瞬间手掌手腕迅速做推压动作，使球呈上旋飞行，击球后迅速进入场地。

2. 练习方法

（1）模仿动作练习。模仿勾手大力发球动作，体会重心的移动、双手抛球与击球的配合。

（2）近距离练习。练习人员站在场地中间，将球发向球网，体会击球时双手配合。为自己设定一个区域，只能将球发向这个区域，练习发球的稳定性。

（3）勾手发球练习。两人一组，分别站在两侧的端线外，将球发过网落在对面场区内。

四、垫球

垫球是最基本，也是非常重要的排球技术，在比赛中主要用于接发球、接扣球和接拦回球等，是防守和组织进攻的常用手段。垫球的动作有正面双手垫球、体侧双手垫球、背向垫球、侧例垫球、前扑垫球、滚翻垫球、鱼跃垫球、挡球等。

垫球手型有三种，分别是叠指式、抱拳式和互靠式。

（一）正面双手垫球

1. 准备姿势

腰背挺直，身体前倾，抬头目视前方，双脚开立，以半蹲或稍蹲姿势站立。

2. 垫球手型

两手掌根相靠，手指重叠，手掌互握，两拇指平行向前伸直，手腕下压，两手臂外翻，使手臂、手腕、拇指均在同一个平面上。

3. 动作方法

垫球的触球方位一般为腹前约一臂距离。此时，两臂前伸、绷直，置于球下，同时配合蹬地、跟腰部、提肩、顶肘、压腕、抬臂等全身协调动作迎向来球，而身体则根据击球方向随着击球动作向上或前上方伸展。

4. 触球及击球部位

手触球的部位在两前臂内侧，位于手腕关节上方约 2~4 指处较平坦的位置。注意触球时，绷紧手臂，将触球点维持成一个平面，而击球点根据来球方向应为球的后下方或正下方。

5. 击球

在击球的瞬间，两臂保持稳定，配合全身伸展的动作，以适当的力量将球送出。

6. 易犯错误：击球时屈肘，前臂与手腕、手指没有在一个平面、击球部位错误等情况都容易导致排球向意外的路线飞出；若身体没有配合击球抬臂动作蹬伸或腹部向前挺出，都会影响击球力度，导致击球力量不足，使球无法达到指定的高度或地点。

7. 练习方法

（1）原地垫固定球。两人一组，一人持球固定在小腹前，另一人从准备姿势开始进行垫球。本练习以找准击球点，熟悉击球标准动作为目标，因此，击球时须严格保持击球手型，瞄准触球、击球位置并注意每次垫球都应全身协调用力。

（2）垫击抛来球。两人一组，一抛一垫。球要抛准，尽量固定抛球的高度、速度及落点，垫球人用原地正面垫球的动作将球垫回抛球处。练习熟练后，可调整距离、抛球速度、回球高度等。

（3）自抛自垫。自己抛球，并在球落地之前将球垫起，可主动、细微地对击球方向进行控制，以进一步熟悉球感。

（4）对垫。两人一组，间隔一段距离，互相将球反复垫向对方。可以根据熟练度调整垫球速度、距离、高度等。

（二）体侧双手垫球

1. 动作方法

以左侧垫球为例，来球时，先以右脚前脚掌内侧蹬地，左脚向左跨出一步，重心移至左脚，身体微蹲或半蹲，左臂略高于右臂，向左前方伸出。击球的部位与正面双手垫球的部位一致，根据来球的方向，应为来球的后下方或正下方。击球时，以右转体收腹的动作，配合提肩、抬臂，在身体左侧稍前的位置截住来球。用两前臂垫球的后下部。注意体侧垫球的目的并非将球垫至对侧，而是将球垫回所在位置的前上方。

2. 易犯错误

（1）双臂与躯干分离过大，无法做出标准的击球动作，造成球偏离路线。这是移动不到位造成的，因此在练习时应注意判断来球的方向和落点，跑到恰当的位置后，再双手垫球。

（2）击球部位不准确。这同样是造成球偏离路线的原因，体侧垫球的手的触球部位也应在两前臂内侧，位于手腕关节上方约2~4指处较平坦的位置。而击球部位则根据来球和击球方向，在球的正下或后下方。

3. 练习方法

（1）徒手练习。根据体侧垫球的基本姿势进行无球练习，掌握和习惯标准动作，保证每次踏出接球的动作准确无误。

（2）垫击抛来球。两人一组，一抛一垫。抛球人将球向垫球人身体一侧抛去，尽量固定抛球的高度、速度及落点所在的水平线，并为垫球人预留跨步的距离，垫球人使用体侧垫球的动作将球垫回抛球处，练习熟练后可以不断调整来球的落点，强化垫球的控制力。

（三）背向垫球

1. 动作要领

判断来球落点、方向和离网的距离，迅速移动到球的落点处，背对出球方向，成半蹲姿势，两臂夹紧成叠掌式，插到球下。击球时蹬地，抬头，挺胸，展腹，上身后仰，手臂伸直，向后上方摆动击球，击球的后下部，击球点在手腕上方十厘米，身体重心向上移动，

2. 注意事项

转身步伐灵敏，控制背垫后的人球关系。肘关节尽可能保持伸直，更容易向后集中发力。在有些特殊情况下，如球离身体较远，或者直接把球垫给对方时，也可以利用屈肘、翘腕动作，以虎口处将球向后上方垫起。

3. 易犯错误

看到球转身后砸到身体或触不到球；背垫球时肘关节弯曲，砸到身体；上肢发力，球见高不见远。

4. 练习方法

（1）随机将球砸向地面，球反弹时，快速移动脚步，判断来球落点，将球击出。

（2）一人网前抛球，一人向后转身，在垫球位置接球，向左后方、右后方各抛 3 次。

（3）背面原地背垫球。两人一组，一人背对抛起垫球，另一人双手正面接住球，接球后背向队友，做自抛球背垫，两人交替进行。

（4）侧面转身背垫球。两人一组，一人侧面将球抛起后，脚步移动到位，背垫球将球垫出，另一人双手正面接住球，接球后做相同垫球动作，两人交替进行。

（5）正面转身背垫球。两人一组，一人正面将球抛起后，脚步移动到位，背垫球将球垫出，另一人双手正面接住球，接球后做相同垫球动作，两人交替进行。

（6）隔网追球。队员站成一排，面对球网，教练将球垫到另一场区三米线位置，队员依次穿过网下上手接球。

（7）自垫背垫。两人一组，一人双手正面垫球后，再将球背垫给另一人。另一人同样双手正面垫球后，将球背垫给对方，两人交替进行。注意，第一次垫球位置控制在额头上方，并有一定高度，自垫后迅速转身，背垫球时，击球点应高于水平面。击球后，挺腰、蹬地、伴送出球，结束后转身看球，准备下一轮接球。根据击球距离，调整自身的力度。

（四）侧倒垫球

1. 动作方法

接体侧低远来球时，身体向侧伸展，击球后身体侧转，以侧卧姿势向前滑动着地，其要领为“一跨、二转、三倒地”。

2. 练习方法

（1）无球侧倒地练习。身体侧面放置一块长方形地毯或薄海绵垫，练习侧倒垫球动作。

（2）抛球侧倒地练习。两人一组，一人向地毯或薄海绵垫处抛球，一人进行侧倒地练习。注意控制好抛球的距离和速度。

（3）两侧抛球侧倒垫球练习。两人一组，一人分别向两侧抛球，另一人做侧倒垫球

动作。

（五）前扑垫球

前扑垫球主要用于防前方低而远的球，当队员来不及前移时，可采用前扑垫球。

1. 动作方法

前扑垫球的准备姿势重心要低，上身前倾。击球时重心偏前，下肢向前蹬地，身体向前扑出，两臂撑地缓冲，胸腹着地向前滑行。

当来球较远，双手无法垫击到来球时，采用单手前扑垫球，击球的同时单臂插入球下，用虎口或手背将球垫起。击球后单膝着地，用另一只手屈肘撑地缓冲，胸腹着地后继续向前滑动。

2. 练习方法

（1）无球前扑练习。在前方距离 1.5~2 米的位置放置一块长方形地毯或薄海绵垫，向前做前扑垫球动作。

（2）抛球前扑练习。两人一组，一人抛球到放置的长方形地毯或海绵垫前半部，另一人做前扑垫球动作。熟练后撤掉长方形地毯或海绵垫，在地板上进行前扑垫球练习。

（六）滚翻垫球

滚翻垫球是排球运动垫球技术的一种，当球距离身体远而低时采用。为了保护身体不受伤，还可迅速起立转入下一个动作。滚翻可以分为肩滚翻和横滚翻两种，两种均可用双手或者单手击球。

1. 动作方法

迅速向来球方向移动，跨出最后一大步的同时降低重心至前脚。上身前倾，胸部靠近大腿，手臂伸向来球方向。双脚向球落点方向用力蹬地并伸展身体，将前臂插至球下，用单手或双手的手臂、虎口或手腕部位击球的后下方。击球后，利用身体失衡顺势转体，依次用大腿外侧、臀部外侧、背部、跨出脚的异侧肩着地。同时低头收腹团身，并迅速起立。

滚翻击球可归纳为：

①“跨、降”——跨大步，降重心；

②“蹬、伸”——双腿蹬地，伸手垫球；

③“翻、滚”——滚动身体，迅速起身。

2. 练习方法

（1）倒地练习。放置一块长方形地毯或薄海绵垫，坐在地毯边上，两脚掌相对，双臂侧平举与地面平行，头部歪向一侧的肩部，在地毯或薄海绵垫上向后翻滚，左臂和左肩接触地面。连续翻滚 10 次后换方向翻滚。

（2）站在地毯或薄海绵垫边上 1.5~2 米的距离，向地毯侧移两步，双腿弯曲向下接近地毯，减小缓冲力，控制好侧跳的力度，身体在地毯或薄海绵垫上滑行，落地后手臂向前伸出。两侧各做 5 次后，继续做前冲倒地翻滚，用一侧的肩部、后颈依次接触地面，两个方向依次做 5 次后滚翻。

（3）翻滚垫球。两人一组，一人站在地毯或薄海绵垫边上 1.5~2 米的距离，另一人向地毯或薄海绵垫处抛球，垫球人侧冲倒地，单手垫球回传后翻滚，保持足够的速度，保证能顺利地完成翻滚动作，同一侧连续做 5 次翻滚垫球。熟练掌握翻滚垫球动作后，可撤掉地毯或薄海绵垫，在地板上练习。

（七）鱼跃垫球

在排球比赛过程中，面对来球低而远的情况，可采用防守中难度较大的鱼跃垫球技术。其特点是跃得远、控制范围大，但动作难度也大。此项技术能够有效地扩大防守面积。

1. 动作方法

采用半蹲准备姿势，上身前倾，向前做 1~2 步助跑或原地以前脚用力蹬地向远处跃出。击球手臂向前伸展插至来球下方，单手或双手击打球的下部，用虎口或手背将球垫起。当身体落地时，两手着地支撑，两肘缓慢弯曲以缓冲下落力量，同时抬头、挺胸、挺腹、两腿自然弯曲，身体成反弓形，手臂、胸部、腹部、大腿依次着地完成击球动作。

2. 注意事项

首先着力点是在胸部位置，这个位置是最理想的触地位置，以免髋关节撞击地面，同时借助人体反弓的感觉，方便在地上滑行；其次一定要采用一条腿向上蹬起，另一条腿跟随，这样才能鱼跃后胸部着地。

3. 练习方法

（1）膝关节触地俯卧。腰背反弓，头部抬起仰视，当身体下落时，胸部、腹部、腿部依次着地。

（2）脚尖触地俯卧。需要更强的手臂胸肌力量。培养触地瞬间的缓冲动作的连贯性。

（3）俯卧撑地时，单腿向上抬起，将身体带入腾空状态。运用地面动作将势能缓冲。

（4）站立状态，身体重心向前放低，双手撑地后，由单腿腾空，后进入双腿腾空状态，运用地面动作将势能缓冲。

（5）练习移动间的无球鱼跃动作。

（6）练习结合球的鱼跃动作。

（八）挡球

在高位击球时可以采用传球、挡球等技术。挡球分为单手挡球和双手挡球。

1. 手型

双手挡球一般有两种手型，分别为抱拳式和并掌式。

（1）抱拳式。两肘弯曲，一只手半握拳，另一只手外抱，两掌外侧朝前，用两手掌外侧形成的平面来击球。

（2）并掌式。两肘弯曲，两虎口交叉，两掌朝前，合掌成勺形，击球部位为掌根或手掌外侧所形成的平面。

2. 动作方法

练习者屈肘上举，手腕稍后仰。以手掌外侧和掌根所组成的平面挡击球的后下部，击球点在额头上方，或两侧肩上。在击球时手腕紧张，依靠前臂的屈伸来调整出球的角度。但对球速较快的球使用挡球时，就较难掌握，因为挡球不具备有效缓冲球动能的机制，因此容易把球击飞。在慢球速的情况下，更多练习者会采用传球代替挡球技术。

3. 易犯错误

挡球手型不正确，未在合适的时间出手；身体脚步不到位。

4. 练习方法

（1）单手掌根向上磕球。

（2）对墙单手、双手上挡姿势磕球。

（3）两人一打一防上挡防守。扣球人的目标放在防守人的头顶。

五、传球

传球是排球的基础技术之一，是利用手指手腕的弹力和全身的协调力量将球传至指定位置的击球动作，主要用于二传，以衔接防守和进攻。高质量的传球能为队员的得分创造更好的条件，其中正面双手传球是一切传球的基础。

传球可以分为正面双手传球、背传球、侧传球、跳传球等。

（一）正面双手传球

1. 动作方法

前后脚站立，两膝微屈，两手自然张开成半圆状，肘部弯曲。面对来球，双手应提前放于额头前上方。球出手前，手指手腕应有明显的缓冲控制动作，大拇指、食指、中指发力，无名指和小指起辅助作用。通过腿和肘的同时发力向上推起。

2. 易犯错误

大拇指前伸；手指触球，大拇指未触到球，形成拍击动作；持球时间过长，造成持球犯规；两手有明显的高低，用力有先后，造成连击违例；两手掌心未中空；出手点过低，容易造成持球犯规；双手外翻；身体后仰，手指手腕未缓冲。

3. 练习方法

（1）对墙练习。对墙拨球，两手的大拇指和食指呈八字形，保证每次接触球都是固定的。手对墙练习作为传球技术练习中的最基础的练习，能固定练习者的传球手型，非常适合排球初学者在刚练习传球时多次练习。可进行辅助练习一：对墙传篮球练习，传更大体积的篮球能够提高手指、手腕的力量，提升对球的控制能力。辅助练习二：对墙练习指卧撑。该练习的目的也是提高手指、手腕的力量，在传球时能够有力、准确地传至目标。

（2）对墙练习（距墙 2~3 米）：与近距离不同的是要利用腿和上肢的力量发力传球，注意传球后，手肘要推直。

（3）对空练习：头后仰，双手置于额头上方，向上传球，传球轨迹与地面垂直。移动脚步，对准球部下方，身体协调向上用力。

（4）对地反弹传球：手指要放松，学会借力，不要硬生生与球对抗，在练习的过程中试着用手指力量反弹球，练习时多体会手指“弹”的感觉。

（二）背传球

1. 动作方法

抬上臂、挺胸、上身比正面传球时稍后仰，击球点在头上方，比正面传球略偏后，向上抬臂,做触球手型、手腕稍后仰、掌心向上,身体适当后仰,同样采用蹬送方式。

2. 注意事项

脚下取位。目视来球方向,及时移动到球正下方,采用身体控制蹬送方式。在二传传球中,主张二传采用高出手增加传球的隐蔽性。

3. 易犯错误

两肘距离过窄;围绕左肩背传球;传球时重心不稳;二传头侧看来球方向,而不是躯干脚尖正对来球方向。

4. 练习方法

(1)自抛背传对墙练习。背对墙面,自抛后进行背传练习,背传出手后迅速转身,接住墙面反弹的球。

(2)双人背传练习。两人一组,保持一定距离。一人先正面双手自传球后,转身背传给另一人。另一人接来球同样采用先正面双手自传球后,转身背传给对方。

(3)两人对墙背传练习。两人一组,面向墙体,站立在与墙面垂直的一条直线上,并且分别保持一定距离。距离远端的人将球双手正面传球到墙上,距离墙面较近的人将反弹球背传给远端的人。

(4)三人背传球练习。三人一组,站在一条直线上,保持一定距离。1 号采用正面双手传球,传到中间位置的正对的 2 号正前方,2 号采用背传将球传给 3 号,3 号采用正面双手传球将球传给 1 号。

(三)侧传球

身体不转动,主要靠身体向侧方伸展的传球动作,称为侧传球。侧传的隐蔽性主要来源于准备姿势。侧传球需要传球队员有较强的空间感与位置感。

1. 侧传球常用的情况有以下三种

(1)到位球。球弧度很低且冲网,来不及正面上手传球,为减少触网的风险,一般采用侧传球。

(2)调整球。通常二传需要长途奔袭,跑到落点时可能已经无法正对球网,此时通常采用侧传球。

(3)半到位球。通常采用侧传能够更具有隐蔽性,如 2、3、4 号位同时采用一种侧传方式。

2. 动作方法

迎球动作和正面传球完全相同,只是在击球时用力的方式不同。击球点保持在额头的前上方。传球时的手型和正面双手传球相同,但内侧手臂要稍低于外侧手臂。用力时,在蹬地后,上身要向出球的方向倾斜,双臂向传出球方向用力伸展,双脚前后站立,这样有利于保持平衡。

3. 易犯错误

身体过分前倾或后仰,不能保持上身直立;击球点未位于额前上方,导致身体协调发力时与手臂发力方向不一致;异侧手臂的动作幅度、用力距离和动作速度不够导致无法将球传至目标点。

4. 练习方法

（1）徒手侧传练习。教师以哨音为指令，学生根据哨音分别做两个方向的徒手侧传练习。

（2）手持球侧传练习。注意左侧传球时，持球状态下不将球传出。

（3）背对贴近墙壁或球网约 30 厘米距离，采用正确的侧传球动作完成徒手或持球状态下的动作练习，练习过程中应保证身体各部位不触碰到墙壁或球网。

（4）抛传练习。两人一组，面对面平行站立，一人抛球一人侧传球，抛球者将球抛掷传球者头顶位置，传球者以正确的侧传球动作将球传向左右两侧。待传球者完成左右两侧既定的练习次数后，两者互换。

（四）跳传球

跳传球在二传体系中是一个非常重要的环节，跳转可以更好地调整进攻的节奏，也可以更好地影响对方队员的拦网节奏，让对方的拦网判断时间减少，增加得分的概率。

1. 动作方法

起跳时要有踏跳动作，以更好地起跳。跳传有两个高度的要求，一个是在身体上升在最高点的时候击球，另一个就是击球点一定要高，保持到额头前上方一球距离处。起跳最好是向上垂直起跳，以更好地保持身体的平衡，关键是掌握好起跳的时机，起跳过早、过晚都会影响传球的质量。

2. 易犯错误

起跳时机较晚，球落到手中才起跳；起跳时机过早，跳起后快落地时，球还没到手中；跳起后手持球。

3. 练习方法

（1）扶墙提踵练习。面对墙体，双手扶墙，做提踵练习，通过练习增加足弓和小腿的力量。

（2）对空自抛自接训练。将球高高抛起，在球运行到最高点时起跳，尽可能将身体伸展出去，当球下落时将球用正面双手传球手型接住。

（3）对空自抛自传训练。将球高高抛起，在球到最高点的时候起跳，当球下落时将球用正面双手传球手型轻传出，落地后将球接住。

（4）抛球实战跳传。两人一组，一人在三米线后抛球，另一人在网前进行跳转练习。体验起跳后再传球的感觉。

（5）两人面对面跳传。两人一组，面对面进行跳传球练习，注意踏跳的节奏和传球的时机。

（6）接抛球自传接跳传。两人一组，一人抛球，另一人先跳起，自传球后再跳传给抛球队员。

六、扣球

扣球是排球运动的重要得分手段，是全力跳起在空中将球猛烈地击到对方球场的动作，在比赛中，优秀的扣球即使没有得分，也能起到破坏对方阵型的作用，让本方有足够的时间组织防守或进行连续进攻。扣球包含的基本动作有很多，如判断、助跑、起跳、击球、落地等。调动的肌群也遍布全身，扣球的种类也很多，如正面扣球、扣快球、后排扣球、自我掩护扣球等。

（一）正面扣球

扣球技术属于排球技术中较难的技术，初学者应先熟练原地扣球的动作后，再进行跳跃和上网扣球的学习。

1. 脚下的上步起跳动作

助跑起步脚依据个人的起跳习惯而定。

（1）一步起跳。迈右脚，同时双手向后摆，左脚向前迈出，注意不要和右脚平行，要在右脚斜前方；两膝弯曲，双手尽量后摆；通过双手从后向前上方发力，带动两膝和脚踝发力，向上起跳。

（2）两步起跳。先迈左脚，同时双手向前摆动；结合一步起跳的完整动作，并使之连贯起来。

2. 扣球动作

腾空的同时，挺胸、收腹，双手同时抬起，身体稍向右转，左手向斜上方抬起至最高点，掌心向前，右手抬起向斜后方引臂，手肘要超过耳朵，手掌自然外翻张开，肩、髋同时向后拉，身体呈反弓形，因为只有身体完全舒展，才能更好地发力。击球时，回转身体、收腹、含胸，带动肩和上臂，上臂带动前臂和手腕，按顺序传递力量，做一个连贯的鞭打动作。五指张开，保持能包住球面的弧度，击球的一瞬间，要用力绷紧微弯的五指。击球时，球应在头顶上方稍前约一球稍多一点的距离。网前扣球时，触球位置应为球后方的中上部，甚至上部。

3. 注意事项

（1）击球后落地。注意缓冲，落地时应两脚前脚掌先着地，再迅速过渡到全脚掌着地，同时顺势屈膝收腹，

（2）击球点应该在伸直手臂的最高点，击球位置位于球的中上部，无法起跳或跳跃高度不够时击球点应适当下移，以免下网。

4. 易犯错误

（1）助跑起跳时机不准确。在看到来球时，没有掌握好上步时机，错失最佳击球点，无法以最好的击球动作击球，甚至错过传球。

（2）击球点发生偏移。击球点发生偏移会导致扣球质量大幅度下降，一般是由于助跑起跳过程中有向前冲的趋势，而导致击球点在身后，或其他导致动作变形的位置，不仅无法扣出好球，还可能因为身体触网而犯规。

5. 练习方法

（1）徒手挥臂练习。手型呈半球状，做徒手挥臂动作，强调上臂带动前臂的用力顺序，做手腕的鞭打动作。

（2）网前助跑起跳练习。反复做两步起跳练习，熟悉自己的助跑与起跳距离，体会并掌

握助跑起跳的动作要领。

（3）原地扣固定球练习。两人一组，其中一人两手持球高举至击球点位置，另一人挥臂击固定球，体会击球点和手型。

（4）对墙扣球练习。找一面墙，初学者要进行单次练习，将球抛至额头前上方，做徒手练习时的动作，将球扣到地上或墙上。熟练扣球动作后，要练习连续扣球动作，由近及远感受不同距离扣球时的发力感。

（5）网前高台站立扣球练习。结合原地扣球动作，网前站在高台上，头与网齐平，身体与网一臂距离，由二传手传球，传至额头上方，进行扣球练习，该练习的目的是为了熟悉跳跃后在空中扣球的感觉。

（6）双人原地传扣练习。两人保持一段距离面对站立，a 传球后，b 使用原地扣球动作轻扣球（体会扣球手型），a 将扣球垫起后，变成 b 传球，依次进行。

（7）弹力带摆臂。将两条弹力带固定在肋木或其他器械上，保持一定宽度，背向固定位置，做摆臂训练，注意动作要快且有力。

（8）哑铃负重摆臂。双手持重量为 2.5 千克的哑铃，做完整的助跑摆臂动作，做六次负重摆臂训练，接着丢掉哑铃，做三次无器械摆臂训练。

（9）扣抛球。扣球者在球网前的一侧助跑起跳，叩击来自网前另一侧沿网边抛来的排球，注意动作的标准，同时留意每次击球的感觉和球的落点，每一组练习都尽量只瞄准一个较小的范围进行扣击。

（二）扣快球

进攻环节是大家最喜爱的排球环节之一，精彩的扣球和战术的变化，经常让大家拍手叫好。以国际排联规范术语，快球分为 A、B、C、D 四种快球。

1.A 快球——扣近体快球

A 快球为快球中最基础的一个战术，攻手站在两米半到三米线左右，与球同步前进，助跑路线贴近二传体前。二传出手后第一时间用前臂和手腕抽打球的后上部，注意击球手臂引臂动作要小。

2.B 快球——扣短平快球

B 快球起跳点距离二传前方两米左右，同时与中线保持一定距离，上步与 A 快球一样，与球同步前进。二传传出的球弧度较平且快速，推至扣球点时第一时间击球，A、B 两种快球都采用两步助跑起跳。

3.C 快球——扣背快球

C 快球采用单脚起跳方法，向右前方助跑，最后左腿向前方踏步起跳，起跳点为二传身后 50 厘米处，同时与网保持相应距离。扣球时挥动前臂、手腕，在来球第一时间全掌将球击打。

4.D 快球——扣背平快球

起跳距离一般距离二传较远，同时与网保持适当距离。在 C 快球的基础上，加大助跑步伐，最后左腿向右前方踏步单脚起跳，用前臂及手腕快速挥打。

（三）后排扣球

1. 动作方法

二传传距网 2 米左右的远网球，且弧度较高，后排队员在“进攻三米线”后起跳后的扣快球。要求充分伸展身体，有较强的腰腹力量和较高的弹跳力，灵活掌握一步或多步前冲式助跑起跳和原地起跳技术，利用起跳的冲力，加大扣球速度和力量，同时加强手腕对球的控制能力。击球时，以全掌击球的后中部，手腕要有推压动作，使球呈上旋过网。因其技术难度大，对身体素质要求较高，扣球队员需和二传密切配合，掌握好起跳时机和起跳点。

2. 易犯错误

踏跳脚踩进攻线；起跳过早或过晚。

3. 练习方法

（1）徒手助跑练习。

（2）采用限制性练习，如标记好起跳点和落地点。

（3）扣固定球或助跑起跳接球练习。

（4）用口令、口哨等信号控制起动上步时间。

（5）抛固定高度的球练习扣球。

（四）自我掩护扣球

用个人各种快球的假动作来掩护个人实扣的半高球进攻，可分为时间差、位置差和空间差三大类。

1. 时间差

扣球队员作扣快球的起跳动作，但实际并未跳起，以诱使对方拦网队员起跳，待拦网者起跳下落时，再迅速原地起跳扣半高球或小弧度球，造成佯装扣球和实际扣球时间上的差异，即为“时间差”扣球。而佯装扣球和实际扣球时间上差异的结果是扣球与拦网之间时间上的差异，从而使扣球队员成功地摆脱拦网。常用的“时间差”扣球有：近体快球“时间差”、背快球“时间差”、短平快“时间差”、背溜“时间差”等。

2. 位置差

扣球队员按原来扣球的时间助跑，在助跑后佯作踏蹬动作，下蹲与摆臂动作明显的起跳扣球，但助跑后不起跳，待对方队员拦网起跳时，突然变向侧跨出一步，动作幅度、挥臂幅度要小，速度要快，用双足或单足“错”开拦网人的位置起跳扣球，即为“位置差”扣球。常用的“位置差”扣球有：短平快球向 3 号位错位扣、近体快球向 2 号位错位扣，背快球向 2 号位错位扣等。不管采用哪种错位扣球都应注意以下两点。

（1）按原来各种快球的时间助跑、踏跳下蹲、制动和摆臂，动作要逼真。

（2）变向跨步起跳时，动作应连贯，摆臂应幅度小、速度快。

3. 空间差

扣球队员利用助跑的冲力和专门的踏跳技术，使身体向前上方跃出，把正面取门盯人拦网的对手甩开，使扣、拦在空中出现误差，即为“空间差”扣球，也叫冲飞扣球。常用的“空间差”扣球有：佯扣快球而冲跳向二传人背后扣小弧度球的“背飞“，佯扣前快球而先是身向左起跳追击扣球的“拉三”，以及伴扣短平快球而侧身向左起跳追击扣球的“拉四”。

七、拦网

拦网作为防守的一道防线，是阻止进攻扣球最有效的动作，同时可有效缓解防守的压力。

（一）准备姿势

两脚开立，与肩同宽，两膝微屈，前臂与身体成45度夹角放于胸前，手自然张开，随时准备起跳拦网。身体与网的距离要适中，过近会导致起跳时触网，过远手臂伸不过网，因为拦网最重要的因素之一是双手必须伸过球网才能将球拦死，如果手过球网高度不够，那么手尽量与网平行，造成一个拦网面，这样即便不能直接将球拦死，也能有一个向上撑起球的效果。

（二）拦网的脚下移动

常见的几种移动步伐，网前拦网的三个位置都可适用。

1. 原地起跳拦网

做好准备姿势，通过脚踝和膝关节，前臂带动上臂，同时向上发力。在空中时，含胸、探肩、两肩锁紧、头下压，同时眼睛要盯住球，头不要过度上扬，两臂距离不要过大，以免被打到头部和脸部，手指自然张开，发力绷直，全身关节锁紧。

注意事项：手指切勿张开过大，以免触球时，手指受伤。

2. 一步起跳拦网

做好准备姿势，向左侧移动时，先迈左脚，右脚顺势跟上，做助跑起跳动作，同时最后落地的脚作为重心脚，脚尖方向与网垂直，要顺势向上发力，不要向前跳。

错误动作：拦网时会在起跳后平行移动，甚至向侧方向飞出，这是因为没有确定重心脚或重心脚没有发力导致重心偏移。向右侧移动时，动作相同，方向相反。

3. 并步起跳拦网

先做好准备姿势，当来球过快，不能及时做摆臂起跳时，则可以直接向侧方向迈出一步，双脚落地同时下蹲蓄力，发力起跳。

注意事项：在原地下蹲起跳时，出手高度不够，这种情况下一定不要有手臂下压的动作，绷住即可，以免触网。

4. 侧向并两步起跳拦网

与并步拦网相同，第一步直接迈出，不需要下蹲，出第二步时下蹲蓄力，发力起跳。适用于远距离拦网。

注意事项：并两步时，由于并步速度较快，在最后起跳时，外侧脚也就是重心脚，一定要站稳，同时向上发力。

（三）拦网的练习方法

（1）站在网前，做原地连续跳和侧向并步连续跳动作。这一练习是为了锻炼练习者在比赛中被对方二传假动作晃到后的第二次起跳，另一方面也是为了锻炼弹跳能力。

（2）对墙练习。面对墙面，做完整的拦网动作，全身绷紧，关节锁紧，手需要触到墙，触墙同时，手瞬间发力，按压墙壁后瞬间弹开。该练习是为了更好地感受跳起后触来球时，全身的发力感,以便在有球练习时找到肌肉的发力点。

第三节　排球竞赛规则

目前全国排球比赛规则所执行的是由中国排协审定的《排球竞赛规则(2013—2016)》。2021 年,第 37 届国际排联(FIVB)世界大会通过了一项新规则,变动 4 条新规,适用于室内排球(4 条)和沙滩排球(2 条),并于 2022 年 1 月 1 日起开始执行。

一、比赛场地

比赛场地应为平坦、水平且无隐患的对称长方形,分为比赛场区和无障碍场区。

1. 场地标准

长度:18 米。

宽度:9 米。

2. 比赛场地画线

1)比赛场区

比赛场地使用白色或其他颜色(应与地面颜色不同)的线进行标明,作为场地内区域的边界线,两边的长线为边线,短线为端线,包括网下连接两边线长 9 米的中线及中线向两侧短线延伸 3 米所画线为进攻线(也称三米线),都包括在比赛场区面积之内。线的宽度均为 5 厘米。

①前场区:从中心线到进攻线(包括进攻线)所组成的区域。其中进攻线由场内长 9 米实线和穿过两侧边线向障碍区延伸 3.5 米的虚线组成,每条进攻线长 12.5 米。

②后场区:进攻线的实线后沿到端线外沿所组成的区域。

③发球区:端线外,且在发球短线(两条边线外距离端线 20 厘米的长 15 厘米的延长线)外沿内的区域,宽为 9 米,深度延至无障碍区终端。

2)无障碍区

①比赛场区四周至少有 3 米宽的无障碍区,场地上空有 7 米的无障碍空间。国际性比赛边线外无障碍区至少 5 米,端线外无障碍区至少 8 米,地面以上无障碍区至少 12.5 米。

②换人区:两条进攻线的延长线到记录台前边线的区域。

③自由人换人区:进攻线到两端线外沿的延长线内的区域。

二、器材与设备

(1)网柱:固定在边线外 0.5~1 米的中线延长线上的两根可调节、高 2.55 米的光滑圆柱,为避免运动员受伤,网柱外用海绵等护套包裹。

(2)球网:安置在两网柱间的中心线垂直面上空,黑色,长 9.5 米、宽 1 米,男子标准球网高度为 2.43 米,女子标准球网高度为 2.24 米,少年比赛男子球网高度为 2.35 米,女子球网高度为 2.15 米。

(3)标志带:安置在球网两端并垂直于边线,白色,长 1 米宽 5 厘米。

(4)标志杆:分别设置在两侧标志带外沿,长 1.8 米,直径 10 毫米的两条有韧性的杆子。

高出球网 80 厘米，每 10 厘米涂有红白相间的对比色。视为球网的一部分，触及即为出界。

（5）球：圆形，颜色可为一种颜色的浅色或者多色。由于国际排联世界性大赛采用三球制，故一场比赛所用的三个球的圆周、牌号、气压、重量必须统一。

（6）司线旗：旗面为长 40 厘米、宽 40 厘米的正方形。

（7）裁判台：裁判员水平视线高出球网上方 0.5 米的，便于裁判工作的可站立、可坐下的升降台。

三、队员人数

一场比赛应有两支队伍参加，每队必须保持 6 名队员上场，如出现任何一支队伍少于 6 人，则为阵容不完整，被判定输掉一局或一场比赛。

每队队员不多于 12 人，其中包括教练员。队员必须登记在记录表上，教练员和队长签字后，名单不得修改。

队长代表本队抽签，场上队长有权请求换人或暂停，在死球时可以向裁判转达本队队员提出的问题或对规则的执行进行解释。比赛结束时在积分表上确认比赛结果并署名。

教练员允许在指定活动区内进行场外指导，有权请求换人或暂停。

后排自由防守队员又称“自由人”，主要是为提高各队的防守能力，上衣与其他队员颜色要有明显区别，可不经过换人过程，在比赛中断或裁判鸣哨发球前，可在规定区域自由进出，可替换后排任意一名队员。上下次数不限，但上下场之间必须经过一次发球，并不计入在正常轮换次数内。自由人“可接、可传、不可攻拦”，不允许在任何区域对高于球网的球进行攻击性击球，若自由人到前场区进行上手传球，接应队友不得在高于球网对该球进行攻击性击球。每队也可以采用“双自由人”在场上进行比赛。

四、队员装备

队员不佩戴或使用可能危及自身或其他队员的装备或任何物件（包括各种饰品），可佩戴眼镜进行比赛，但风险自负。

队员的衣饰包括上衣、短裤、袜子和运动鞋，其中上衣、短裤袜子必须统一，颜色要一致，国际比赛中，全队鞋子颜色要一致，上衣号码印在身前身后中间位置，必须为 1~18 号。颜色与上衣必须有明显不同。

五、比赛方法

正规比赛采用五局三胜制，但各级比赛中可以采用三局两胜制。比赛采用每球得分制，胜一球或对方犯规时得一分。每局中先得到 25 分并同时领先对方 2 分为胜一局，决胜局先得 15 分且领先对手 2 分的队获胜。若比分为 14 比 14 时继续进行比赛，直至领先 2 分为止。

六、比赛组织

1. 抽签

赛前由双方队长参加，第一裁判员主持抽签，抽签获胜方可决定首先发球的队和场区。进行决胜局比赛前，应再次抽签，另一方挑选余下部分。

2. 上场阵容

每个队必须始终保持 6 名队员在场上进行比赛。队员应按位置表登记的轮转次序进行轮转，直至该局结束。

3. 位置

发球队员击球时，除发球队员外，双方队员必须在本场区内按轮转次序站位。前排队员位置右至左依次为 2 号位、3 号位、四号位；后排队员位置右至左依次为 1 号位、6 号位、5 号位。一局开始前，若场上队员未在其正确的位置上，必须按位置表进行纠正，不予判罚，但一局开始后，场上队员的位置与位置表不符时，则被视为位置错误犯规，被判失 1 分，并恢复到正确位置。第一裁判员和第二裁判员分别查看发球队和接发球队是否有位置错误。

4. 轮转次序

一局比赛中，轮转按位置表的顺序进行。发球队获得发球权后，该队队员必须按顺时针方向轮转一个位置，未按照轮转次序进行发球应判定为轮转错误，判罚该队失 1 分，队员恢复到正确位置。

5. 队员的替补

每局每队最多可替换 6 人次，可替换 1 人或多人，场上场下点对点进行替换，替补队员每局只能替换 1 次。

七、发球时的犯规

比赛由发球开始，经第一裁判员允许，发球队员击球时比赛开始。发球队员击球使其在网上飞至对方场区，比赛由此延续进行，直至球落地、出界或其队不能合法的将球击回对方场区。

（1）发球次序错误。

（2）击球时踏及场区，包括短线或发球区以外的地面。

（3）球未抛起就击球。

（4）第一裁判鸣哨后 8 秒内未将球击出。

（5）发球踩线。

（6）发球试图。

（7）发球后落在本场网上或在网下穿过。

（8）球从标志杆外侧穿过。

（9）落在对方场区之外。

八、击球时的犯规

1. 连续击球

对发球方的第一次来球时，在同一个动作下，可以连续触及身体不同部位，但除拦网外一名队员不得连续击球两次，否则判为连击犯规。

2. 持球

比赛时，运动员身体任何部分均可触球，但球必须被击出，不得接住或抛出，否则即为持球犯规。通过球在身体任何部位是否有停滞对持球进行判定。

3. 后排击球

后排队员可在后场区起跳，将整体高于球网上沿的球击过球网垂直面。但后排队员在前场区内，或踏及进攻线及进攻延长线，将整体高于球网上沿的球击过球网垂直面或触及对方拦网队员，则为后排队员进攻性击球犯规。

4. 四次击球

拦网除外，每队最多连续击球三次，超过则判为四次击球犯规。

九、拦网时的犯规

（1）后排队员到前排完成拦网或参与并完成集体拦网。

（2）当球飞向网但却未过网，同时又有队员准备击球，对方进行过网拦网。

（3）当进攻性球完全通过网区，再去击球。

（4）拦网时触及球标志杆以内的球网。

（5）后排自由人试图个人拦网或参与集体拦网。

（6）拦对方发球。

十、触网犯规

（1）在进攻或拦网过程中身体任何部位触及标志杆以内的球网。

（2）利用球网支撑、稳定身体。

（3）本方发球过程中，向下拉网，获取利益。

十一、进攻时的犯规

（1）过网击球。

（2）后排队员进入前场区完成进攻性击球。

（3）进攻后单脚或双脚全脚过中线。

十二、常规比赛间断的规定

（1）每队每局可叫两次暂停。每次三十秒，也可一次用完暂停。

（2）比赛前四局各有两次技术暂停。第五局无技术暂停。当比分为 8 分、16 分时，由记录台鸣哨并记录暂停时间。

（3）每队每局可进行 6 次换人。一次换人可多人次换人。

第八章　武术

第一节　武术概述

“观晋人字画,可见晋人之风猷;观唐人书踪,可见唐人之典则”,在延绵数千载的中华历史长河中,武术犹如涓涓之细流,浑厚而绵长;被誉为民族文化之瑰宝,并伴有“国术”之圣名的武术,源于人民的生产生活、社会活动以及军事战争,而基于武术的视角往往可窥见历史的滚滚车轮。“武术”一词最早出现在南朝梁武帝长子萧统所著的《文选—皇太子释奠会》中,其写道“偃闭武术,阐扬文令”,其意在停止武战,发扬文治;后人将武术一词作为自卫强身之术的专门用语。

崭新的时代赋予了武术坚实的使命,中国共产党第二十次代表大会明确指出:“要广泛开展全民健身活动,促进群众体育和竞技体育全面发展,加快建设体育强国。”基于此引领,武术具备丰富的内容,多彩的形式,深邃的文化意蕴,并兼具健身、竞技、修身、防身、娱乐等多方面社会功能,俨然成为民族传统体育项目中一丛璀璨之花。

一、武术的概念

逻辑学认为,“概念是反映对象的本质属性的思维形式,是人们进行判断和推理的基本要素”“概念是任何思维活动的起点”;没有明确的概念就不会有恰当的判断,以及符合逻辑的推理;因此,在详解武术运动之前,有必要对武术的概念进行理性且科学的界定,夯实其思维的基点,以便进行合乎逻辑的论证,力求名正而言顺。本部分试图洞察武术这一中华民族的文化符号,立足“体育、技击、传统文化”三重属性,以诠释武术概念。

(一)武术的体育属性

学者杨祥全认为“武术是一个动态演化的概念”;进入近代社会,伴随西方体育文化的冲击,处于救亡图存的大背景下,科学救国、教育救国等众多思潮相继出现,“体育救国思潮”当然也在其中萌生;毛泽东在《体育之研究》中便鲜明地提出“欲文明其精神,先野蛮其体魄”;中华人民共和国成立后,中西方文化在碰撞中实现了交融,人们开始用体育的视角来审视武术,武术由师徒间的身授口传逐步向学校体育转化,由此,武术体育观逐渐形成,并逐步由民间走入各大高校,最终确定其隶属于民族传统体育类;而武术归属于体育后,其竞技与健身属性得到有效的发展,就武术套路运动而言,以套路演练的形式来对所属拳种的标志性动作进行合理串联,并对技击技法进行体现,以此来提高习练者的身心素质;同时,从审美的角度进行审视,武术套路运动对动作的质量、劲力、节奏等都具有较高的要求,因此武术套路运动虽与原本独立的技击技法尚存距离,但仍不失原意,既符合了体育健身、竞技的发展需要,又保留了武术的技击特征。

然而,若要洞察武术的体育属性,首先要对武术进行精准定性。以时间维度为参考,武术可分为古代武术、传统武术和现代武术。古代武术特指明代以前,以冷兵器的军事武术发展为主线,并且没有独立武术类别的相关典籍作为记载的军事武艺内容;而传统武术是明清以来以套路为主要传承方式的流派武术,包括临战型实用技术和预设型攻防技术、以及艺术型演练技术,其中预设型攻防技术为其核心部分。现代武术则是依托于传统武术,积极吸取西方体育的思想精髓、革新的传承方式,突出了"高、难、美、新"等竞技素质发展的传统体育项目。由此可见,正如张之江所言"武术属于体育,又高于体育";究其原因,无论从体育"多质论"的多方面、多层次的强身健体、促进人本质力量的发展,还是从"单质论"视角下提出的"挑战身体极限"的竞技体育,或是周爱光学者提出的"身体活动性和教育性"才是体育的本质属性,哪怕是基于大体育观下认为的"体育运动是指以身体练习为基本手段,以锻炼体质,促进人的全面发展,丰富社会文化生活和促进精神文明为目的的一种有意识有组织的社会活动"而言,都无法全面地概括武术的定义。体育遵循人体运动原理,具有客观性和科学性,然而却无法诠释宏观武术下"一招制敌"的古代武术特点,以及传统武术中"道法自然""形神合一"等人与自然"交流"后的内在体悟。

基于上述论证,宏观的武术与体育是交叉关系(图 8-1);从立足科学客观的角度,只有在中西方文化融合的背景下产生的现代武术才属于体育的范畴。

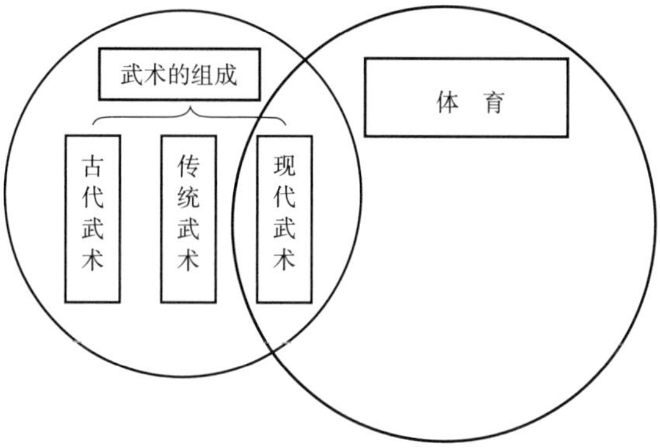

图 8-1　武术与体育关系图

(二)武术的技击属性

武术原本就是一种传统的技击技术,纵使经历时代的更迭与发展,武术的技击价值从未泯灭。原始社会"人民少而禽兽众",原始人类为了维护自己的生存条件,不得不凭借有限的劳动经验,依靠群体的力量来抵御野兽的侵袭,以此弥补原始人类在进化过程中出现的肢体羸弱的劣势,从而获取更多的食物来源,在恶劣的自然环境中谋得生存之地。伴随生产力的提高,劳动产品有所盈余,为了保护个人财产或谋得更多的劳动产品,人与兽之间的斗争逐渐向人与人转化。据相关学者统计,早在先秦时期,有史料记载的战争就多达 657 次,大致可分为原始战争、掠夺性战争以及春秋、战国争霸兼并战争三个阶段;并且,此时已出现以技击为生的游侠剑客,以及崇尚技击格斗的尚武之风;正如《庄子·说剑》篇中提到的"昔赵文王喜剑,剑士夹门,而客三千余人,日夜相击于前,死伤者岁百余人,好之不厌,如是三年",此时的技击术已初成体系,并形成了与之对应的社会价值。在后来的发展中,由于不同的地理环境、不同的价值取向、不同的人文环境、不同的行为准则、不同的审美情趣，结合历代名家的历练揣摩、薪火传承造就出风格迥异且绚丽多彩的技击术——武术。

武术历经千载的传承与发展，技击内容早已琳琅满目，在运动形式上既有以对抗形式为主的散打、太极推手、长短兵对抗，又有以难美类运动为主的武术套路运动，两者既相互呼应又相互区别。在技击理论上更是与古代兵法互为支撑，讲究“先发制人”“阴阳变化”“后发先至”“胆气为先”和“一鼓作气”等战略战术思想，使得技击理论实用且极富有哲理。不仅如此，武术在技击方法上更是博大而精深，有踢、打、摔、拿、刺等大类；其中踢法又包括：弹、蹬、踹、截、勾、铲、撩、挂、摆、丁等；打法有冲、劈、挂、砸、挑、贯、鞭、盖、栽、撩等拳法，以及推、劈、按、砍、截、摔、拍、穿、抹、挑等掌法，此外还有顶、挑、砸等肘法等；而武术中的摔法则包括别、切、滑、抱，同时结合太极推手中的掤、捋、挤、按、采、列、肘、靠等诸多技法；而拿法又分为大擒拿、小擒拿、擒拿三十六手等独立的技术体系，不同的技法又要结合不同的身法和步法，还有技巧和劲力上的变化，从而形成不同门派类别的显著特点，组成了包罗万象、林林总总的庞大技术体系。

（三）武术的文化属性

“文化是一个国家、一个民族的灵魂。文化兴国运兴，文化强民族强。没有高度的文化自信，没有文化的繁荣兴盛，就没有中华民族伟大复兴。”武术在传承与发展过程中受到浓厚的中国传统文化影响，因此在各个方面都带有浓郁的中国传统文化色彩；就智慧文化而言，历经千载的武术除表现形式愈发多元化，其蕴含着众多的智慧文化因子，也始终贯穿着武术的方方面面“善出奇者，无穷如天地，不竭如江海”，武术注重实战技击时所具备的随机应变、审时度势，声东击西、以逸待劳等计策和战术的灵活把控。而武术的礼仪文化更是与儒家思想一脉相承，儒家有“家国一体”的观念，国是更大的家，国人也是家人的“血亲特征”，而从社会关系上来讲，人和人的关系基本上是血亲关系的扩展，而武术的“一日为师终身为父”，使得没有血亲关系的独立个体赋予了这种“血亲特征”；在武术礼仪文化范畴中，形成了抱拳礼等形式代表下的形态文化、尊卑有序意识代表下的制度约束，以及以儒家尊师重道的传统文化为代表的思维模式；以武术的“抱拳礼”为例，看似简单是礼仪形态，却彰显着尊敬礼让与谦逊进取的深邃思想。此外，《墨子·修身》言：“君子战虽有陈，而勇为本焉。”武术人在练就强健体魄的同时，必定会经历肉体的锤炼与精神的考验；这种勇往直前、不惧挫折、享受历练的过程，正是每一个武术人对墨家思想的完美体现。就武术的美学文化而言，武术是身体的艺术，具备直观性和体验性；武术可以培养参与者的身体艺术体验，还可以培养参与者对动作美的认知、对节奏美的把控、对神韵美的提炼、对布局美的审核和对哲学美的感悟。武术的抑扬顿挫、起承转合与书画、戏曲等传统艺术有着异曲同工之妙，其以老庄哲学为根基的“道法自然、天人合一”等思想，更构建了一种人体与天地万物和谐发展的审美形式。

武术之文化属性博大精深，穷尽言辞仍如管中窥豹，中国武术之所以能以文化享誉世界，不仅在于其深广的内涵，更在于其雄厚的生命力。纵观历史发展，尽管武术多次经受“被禁”的厄运，但却没有为此而消亡；武术与多种文化形态融合，并延伸成丰富的文化脉络，足以证明武术文化具备独立完整的文化体系以及顽强的延续能力。

综上，我们可以概括地说，宏观的武术可分为古代武术、传统武术和现代武术；现代武术是以中华文化为理论基础，以技击方法为基本内容，以套路、格斗、功法为主要运动形式的传统体育项目。

二、武术的缘起

论及武术的起源，可追溯至人类在原始社会的生产活动中；原始社会，人们为了生存，要与野兽进行搏杀，并通过长时间的积累和发展，摸索出了相对薄弱的击打部位，以及较合理的实用搏斗技巧；人与兽斗固然是萌生搏杀技击的主要原因之一，而人与人之间的搏杀格斗对武术的"催生"作用更为直接；也正是因为有了人与人之搏杀形式参与的原始部落战争、封建社会军事战争，才使得人与人的搏斗技巧走向技术化。

（一）原始部落发展促进武术的形成

考古学家发现，早期智人在旧石器时代早期就可以"就地取材"粗糙地制作打制石器；而发展至旧石器时代晚期，石器制作已初具规模，而最具代表性的是一种细长并经过两面加工的尖状器，同期猛犸和剑齿虎等大型动物灭绝。伴随生产力的发展，私有制开始萌芽，人与人之间的搏杀频率有所增加，各原始部落间同样也出现了较频繁的战争，大量的生产工具不得不向武器发展，生产和狩猎技能也开始逐步向以技击、搏杀为目的的军事技能转变，这为后续以军事技击发展为主线的古代武术崛起，起到了强有力的助推作用。

此外，中国历来是一个有信仰的民族，而武术的形成与原始的宗教信仰有着千丝万缕的关联；原始人类在军事战争前后，通过有组织地将刺杀、技击等动作以"跳舞"的形式展现，来对部落地图腾或供奉的神明进行祭祀，以此求得好运或进行胜利的庆祝；后人将这种祭祀中出现的"武"和"舞"兼容的形式称为"武舞"，更有学者提出大胆设想，认为武舞是人通过主观意识将技击动作进行组合，是武术套路运动的前身。而在祭祀和娱乐活动中，原始人或会头戴兽角，相互缠斗，以娱乐的形式模仿人与兽斗和人与人斗的场面；《汉书·刑法志》也记载："稍增讲武之礼，以为戏乐，用相夸视，而秦更名角抵。"此外《梦粱录·角抵》中也提到"角抵者，相扑之异名也，又谓之'争交'。"可见至春秋以后，这项活动有了明确的命名，被称为角抵。

综上可见，原始部落促进武术形成方式主要通过战争、祭祀和娱乐三重渠道，但值得思考的是，世界上其他国家民族，同样经历着人类的发展和进步，但却未像中国武术那样，形成如此丰富的技术体系和文化族群，并得以延续，尤其是没有形成以套路展开的体育形式。因此，除了原始部落的影响外，中国武术的形成与古代军事技术、社会形态和文化习俗等都有着深远且密切的联系。

（二）古代军事对武术的推动

古代的军事与武术是完全独立的两个系统，但从明清两代的军事典籍中不难发现，古代军事技术与武术有着千丝万缕的联系，并对传统武术的形成起到了积极的推动作用。如在戚继光的《纪效新书》第十八卷中提到"习练武艺不是应答官府的公事，是你来当兵，防身立功，杀贼救命，本身上贴骨的勾当"，可见古代军事技术，追求的是技击杀敌的时效性和简洁性，与现代武术所强调的技击性虽有本质区别，但仍异曲同工。此外，除了技击的同一性外，古代军事在选材、技术思想，以及军事武德等方面都为后续传统武术系统的形成奠定了基础。

早在战国时期“征兵制”就已出现，而对士兵的选拔手段也伴随各诸侯国的选拔标准相继出现，如筛选骑兵方法则是“选骑士之法，取年四十以下，身长七尺五寸以上，壮健捷疾超绝伦等，能驰彀射前后左右、周旋进退……名曰武骑之士”。可见对骑兵的选材不仅对年龄、身材等作出明确要求，更对综合素质及技术水平作出较明确的要求；不仅如此，被选拔的士兵还会根据个人特长编入不同的阵营，进行有针对性的教育和训练活动，如《六韬》中明确记载“军中有披距伸钩强梁多力，溃破金鼓，绝灭旌旗者，聚为一族，名曰陷阵之士；有踰高绝远、轻足善走者，聚为一族，名曰寇兵之士”。对士兵的“因材施教”利于士兵在自己擅长的领域内对军事技能的发挥，促进古代技击技术的高质量发展。而在技术思想上，现代武术在长器械演练时会通过把位的调整，操控器械角度和位置，以此模仿在狭窄环境下的技击动作，而这种“长兵短用”思想的起源可追溯至先秦，通过对当时武器的改良，将矛和戈结合到一起形成戟，既适用于近战又可远战。后续该思想在明末清初被众多武术名家所采用，纷纷将其用于棍、长刀等技法中，助推了古代武术技击理念的完善。最后，在军事武德方面，《孙子兵法·谋巩篇》讲“不战而屈人之兵，善之善者也”，因此，受“德”的约束，在古代军事战争中一项潜在的规定就是要“师出有名”；此外，受军事武德的影响“武舞”在古代军事中也发挥着相应的作用，据《韩非子》记载，“当舜时，有苗不服，乃修教三年，执干戚舞，有苗乃服”，意思是拿着盾牌和斧头震慑敌人，最终使其屈服，可见舜看重武德，将实力建立在德与武的兼容之上。后世，这种“不战而屈人”的思想表现，在众武者对“德技兼具”价值理念的追求下被追捧，并以此来激励自我或约束门徒的言行。

在漫长的历史进程中，古代军事与武术是相互交融、相互影响并相互促进的；尤其发展至明清两代，伴随文献典籍的发展，众多军事将领纷纷将原本口手相传的军事技能记录成册，如戚继光的《纪效新书》，俞大猷的《剑经》等，后又经众多退役将领和武术名家的完善发展，为此时期武学著作的发展做出了卓著贡献，如程宗猷的《耕余剩技》、茅元仪的《武备志》等至今仍不失为经典；发展至清代，独立拳种的系统典籍已鳞次栉比，并已有对导引行气等原本不为人传的功法记载，如王宗岳的《太极拳论》等，至此拉开了传统武术发展的先河。

三、武术的流派与分类

流派一词，泛指学术、文化、艺术等方面有独特风格的派别。而根据不同的技术特点和风格而形成的武术派别，则被认定为武术流派。传统武术的流派划分受限于人们对当时武术的认识程度、地理区域等多方面因素，所以人们试图找寻不同的依据对武术流派进行划分；而现代武术是按照体育的运动形式对武术进行分类，无论是传统的武术流派还是现代武术的各种运动形式实质上都是对武术的不同分类方法，两者互相联系又尽显区别。

（一）传统武术流派的划分依据

伴随历史长河的发展，武术流派的划分众说纷纭，现将较有影响的流派划分总结如下（图 8-2）。

1. 依据主“内”或主“外”划分的“内家”与“外家”

武术关于“内家”与“外家”理论最早出现于明末黄宗羲的《南雷文集·王征南墓志铭》，其中写道：“少林以拳勇名天下，然主于搏人，人亦得以乘之。所谓内家者，以静制动，犯者应手即仆，故别少林为外家。”但当时对于外家拳的界定仅局限于少林拳，而内家拳也只是一项拳种的名称；后张之江在创办中央国术馆时，将少林、查拳、弹腿等“主搏于人，亦足以通利关节”者统称为外家拳，而将八卦掌、形意拳、太极拳等“得于导引者为多”统称为内家拳。但基于哲学的角度认识武术，则凡事皆有阴阳，有刚则必有柔，因此仅以“主刚”和“主柔”，或“主导引的气息运行”和“外在的肢体技术”来评定武术流派确有片面性和局面性；孙氏太极拳创始人，孙禄堂宗师在《孙禄堂武学录》中就认为：“或称少林为外家，武当为内家，在道为内家；可以在释为外家，其实皆皮相之间也。”

2. 依据地域划分的“南派”与“北派”

清末到民国时期，武术界广为流传的是将武术分为南、北两派；南派是指在长江流域流传的各类拳种，北派是指长江以北，在黄河流域传播的拳种。而在《北拳汇编》中认为，受地理环境等因素影响，南派武术拳法较多，腿法较少，上肢动作灵巧多变，注重下盘稳定，整体动作紧凑，劲力充沛，常伴有“以声催力”；而北派武术腿法丰富，架势开展，动作起伏明显，快速有力；因此，常有“南拳北腿”之论。

3. 依据技能风格划分的“长拳”与“短打”

早在明末清初，各武术名家就有基于拳种的风格特点对武术进行审视的习惯，并将传统武术分为“长拳”与“短打”两大流派；而“长拳”与“短打”两词汇同时出现并且成对应关系则始于程宗猷的《耕余剩技》，在其“回答篇”中写道“长拳有太祖温家之类，短打则有绵张任家之类”；后来人们将技术风格放长击远，整体动作撑拔舒展、式正招圆、大开大合的拳术统称为长拳类，与之对应的贴身近战、势险节短、小巧灵活、短促多变的拳术统称为短打类。中华人民共和国成立后，国家体委以查、华、洪、少林等拳式舒展、快速有力的拳种为素材，整理创编了一种新的拳术流派，统称为“长拳”。

4. 依据山脉划分的“少林派”与“武当派”

洞察历史的发展脉络，我们不难发现，在历史中多次举国禁武令的实施中，唯独少林寺可以获得一个相对宽松的习武条件，这也使得少林寺内传习的武技内容日益增多，因此，逐步形成了以少林寺传习武技为主体，与少林拳技击技理有相似特点的拳种依附于少林的少林派。武当派又称为内家拳，是在少林拳的基础上发展而成的；以黄宗羲撰写的《王征南墓志铭》为据，“依内家拳始自张三峰，张三峰为武当丹士”，后南京中央国术馆成立，将太极拳、八卦掌等“内家拳”归为“武当派”。

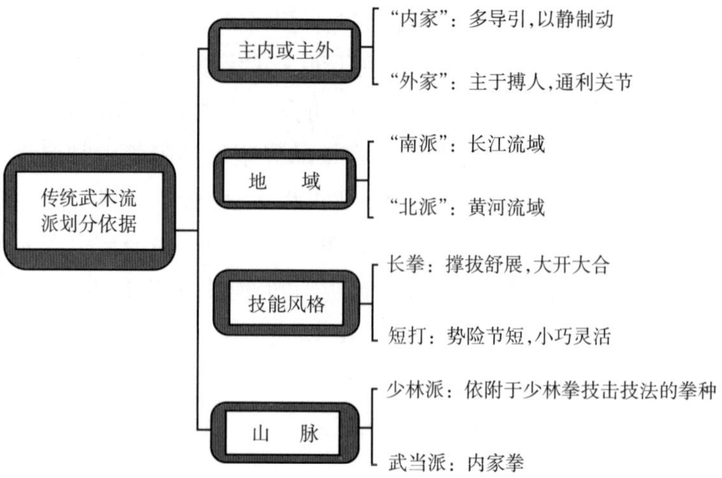

图 8-2 传统武术流派划分依据图

（二）现代武术分类的依据

现代武术与传统武术一脉相承，现代武术基于传统武术的风格特点和技法结构，通过各位武术名家的整合汇编，在结构上更加紧凑、风格上更加鲜明，在价值取向上也有了更多的发展。

国际体育联合会秘书长约翰·安德鲁斯先生认为，“体育基本上分为竞技体育、学校体育和群众体育三大类”，而现代武术有着较强的体育属性，因此基于宏观视角，依据现代武术的功能对其分类，可分为竞技武术、群众武术以及学校武术；而基于微观视角下，依据现代武术的运动形式对其分类，可分为单练套路、对练套路和集体演练。

1. 宏观视域下依据功能的现代武术分类

竞技武术是为了最大限度地发挥个人运动潜能和争取优异成绩而进行的武术训练竞赛活动，专业性和竞争性是其首要特点，由此延展出竞技武术的观赏性、专业技术的创新性，以及对身体机能极限的追求成为其主要功能；竞技武术的参与主体是竞技武术运动员，就武术套路运动而言，竞技内容包括长拳、太极拳、南拳、刀术、棍术、枪术、剑术；此外还包括四类其他拳术。竞技武术发展至今，前进的脚步从未停歇，国家体育总局于 2021 年对竞技武术动作库进行设立，同时给予完善的还有竞技武术的竞赛规则，提出难度动作无上限的指向，必将为竞技武术踵事增华。

杜振远教授认为，群众武术是人民群众中以健身、健美、娱乐休闲、愉悦身心、提高生活质量、促进交往为目的武术项目，其参与主体为人民群众，不分性别、年龄，不论职业、体质，唯目的相同。群众武术是传统武术继承推广的坚实力量，原中国武协副主席张山统计，在 2019 年仅太极拳一项拳种，我国已有超过 5000 万的习练人口；此外，群众武术因受众主体价值取向的多样性，凝聚的内容更是丰富多彩，除了在《健康中国 2030 规划纲要》等政策中明确强调“保卫融合”的健身价值以外，基于“体教融合”的视角下审视群众武术，武术练习可为少儿的力量、柔韧、协调等素质进行有效开发；因此，运动员的选拔大部分来自习练群众武术、且天资卓越的少儿。群众武术的竞赛价值同样可圈可点，仅 2021 年由中国武术协会官方举办的全国群众武术赛事就多达6次，其中在全国运动会武术比赛项目中，设立了群众组展演类项目，意味着习练群众武术的人群，同样可以通过自己的努力在赛场上实现个人价值。

学校武术是在校园领域中以培养学生全面发展、增强体质、传授知识技能和精神文明建设为目的，以在校学生为参与主体的武术项目。教育性是学校武术的首要功能，但在实际中，学校武术的良好开展对学校教育和武术的传承发展起到着双向促进作用；一方面，武术是健全身心发展的有效手段，更是弘扬传统文化的重要载体，学生主体恰逢身心发展的发育期，适应性强，可塑性高，内容丰富的武术为他们提供了广阔的锻炼天地，高屋建瓴的思政元素更为学生提供了坚实的思想指引。其次，学校武术对传统拳种的规范化教学起到正向牵引作用，高素质的武术教师结合科学灵活的教学方法，使得鳞次栉比的糟粕元素得以剔除；此外得益于武术地域性的特色发展，使得"一校一品"式的学校武术更具针对性地发展，在立德树人的同时激发了地域特色的武术项目发展。

可见，竞技武术、群众武术以及学校武术三者相互依存，共同形成了宏观视域下武术在体育范畴内的良性发展系统。

2. 微观视角下依据运动形式的现代武术分类

武术基于运动形式，可分为散打和武术套路，武术套路又分为单练套路、对练套路和集体演练，具体内容如图8-3。单练套路包括拳术和器械，在武术套路竞赛规则中，将拳术分为，自选拳术、规定拳术以及传统拳术，而传统拳术由于种类繁多，又分为一类传统拳术，二类传统拳术和三类传统拳术，以及其他拳术。一类传统拳术包括：形意拳、八卦掌、八极拳；二类传统拳术包括：通背拳、翻子拳；三类传统拳术包括：地躺拳、象形拳、查拳、少林拳以及传统南拳。器械又分为单器械、双器械和软器械。对练套路是两人或两人以上，按照规定的程序进行的假设性实战演练，其中包括徒手对练、器械对练、徒手与器械对练。集体演练，是6人以上进行集体的徒手、器械，或徒手与器械的演练，分为徒手、器械或徒手与器械。

现阶段关于武术的分类，各学者的观点高屋建瓴，但无外乎是基于不同的视角来揭示武术的本质和技术特点，进而对现代武术的所属技术间的相互关系进行剖析，更可将悠久的武术归纳得清晰明了。

第二节　武术套路运动的基本技术

武术套路运动的基本技术是掌握武术套路运动的重中之重，既包括基本动作又涵盖基本功式的练习方式，是武术教学与训练的重要组成部分；武术的基本技术包括手型、手法、步型、步法、腿法、平衡等内容。通过基本技术的练习不仅可以全方位地提升专项素质，还能在习练过程中初步掌握规律性的武术技法，进而体会动作的攻防含义和风格特点，为系统的武术套路运动学习奠定夯实根基。

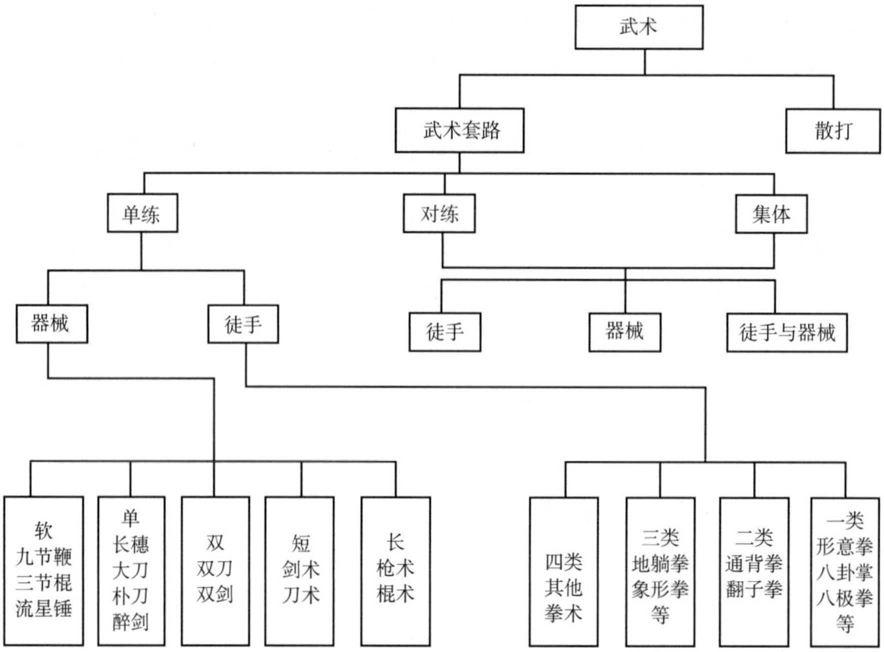

图 8-1-3 现代武术分类图

一、手型

(一)长拳的手型

拳:四指并拢卷握,拇指紧扣食指和中指的第二指节处。

掌:四指并拢伸直,拇指弯曲紧扣于虎口处。

勾:五指弯曲,第一指节指尖处撮拢于一点,曲腕。

(二)健身气功的手型(八段锦)

拳:大拇指抵掐无名指指根节内侧,其余四指屈拢于掌心(即握固)。

掌:八段锦包含两种掌型,其一,五指放松微曲,稍分开,掌心微含;其二,拇指与食指竖直分开成八字状,其余三指第一、二指节曲收,掌心微含。

爪:五指并拢大拇指第一指节,其余四指第一、二指节屈收扣紧,手腕伸直。

(三)少北拳的手型

拳:拳面平,拳心实称为“平拳”;拳面中指第二关节凸起,拳心握实称为“心拳”;五指曲拢于一处,拳面不定,拳心虚称为“爪拳”。

掌:手指全伸为掌;根据不同变化,以及运行角度可分为阴立掌、阳立掌、阴平、阳平掌,反正直插掌。

滑指:手指有曲有伸称为滑指,如勾手、剑指等。

二、手法

(一)长拳的手法

冲拳:双脚水平开立,与肩同宽,双拳抱拳于腰间,拳心向上;挺胸收腹,以右侧冲拳动作为例,右拳从腰间向前猛力冲击,同时转腰、顺肩,在肘关节过腰后,右前臂内旋,拳背朝上,力达拳面，手臂伸直，与肩同高，左臂肘关节向后牵拉，练习时可左右交替练习。

劈拳：双脚水平开立，与肩同宽，双拳抱拳于腰间，拳心向上；以右手劈拳动作为例，右拳经体前至头顶正上方，随后由上、向右、向下劈出，与肩同高，拳心朝上，拳轮朝下，可左右交替练习。

架拳：双脚水平开立，与肩同宽，双拳抱拳于腰间，拳心向上；以右臂架拳动作为例，右拳由下、向左、向上，经头前向右上方画弧架起，拳眼向下，目视左方，可左右交替练习。

推掌：双脚水平开立，与肩同宽，双拳抱拳于腰间，拳心向上；以左侧推掌动作为例，左拳变掌，前臂内旋，并以掌根为力点，向前猛力推出，手臂伸直，可左右交替练习。

摆掌：双脚水平开立，与肩同宽，双手抱掌于腰间，掌心朝向斜上方；以左侧摆掌动作为例，双掌从右向上，经头上，向左侧平举成立掌，左臂伸直，右臂屈肘。右手附于左臂肘关节内侧。目视左掌。

三、步型

（一）长拳的步型

弓步：双脚前后开立，以左脚为例，左脚向前迈出，左脚尖微内扣，左腿屈膝半蹲，屈蹲腿大腿与地面水平，左膝与左脚背垂直。右腿自然伸直，脚尖内扣，两脚全脚掌着地，上身朝向正前方。双拳抱于腰间，拳心向上。

马步：双脚水平方向开立（双脚距离约为本人脚长的三倍半），脚尖正对前方全脚掌着地，双腿半蹲，大腿与地面成水平，身体重心落于双腿之间，躯干挺直不得前倾，双手抱拳于腰间，目视前方。

扑步：双脚水平开立，以左扑步为例，右腿屈膝全蹲，大腿和小腿完全折叠。臀部贴近小腿，右脚全脚掌着地，右脚脚尖和右膝关节外展。左腿伸直，脚尖内扣，全脚掌着地。两拳抱拳于腰间，拳心向上，目视左方。

虚步：双脚前后站立，以左虚步为例，右脚为支撑腿，右腿屈膝半蹲，屈蹲腿大腿达水平，右脚掌外展45°，左脚脚跟离地，脚面绷直，脚尖微内扣，并虚点地面。重心落于支撑腿上，双手抱拳于腰间，目视前方。

歇步：双脚水平开立，与肩同宽。以左歇步为例，躯干向左侧旋转90°，两腿交叉靠拢后全蹲，左脚全脚掌着地，脚尖外展约45°。右脚前脚掌着地，臀部贴坐于右脚脚跟处，双手抱拳于腰间，目视前方。

丁步：双脚并步站立，两腿屈膝下蹲，一脚全脚掌着地，另一脚脚跟提起，前脚掌虚点地面，重心偏于全脚掌着地腿。

（二）健身气功的步型（八段锦）

马步：双脚开步站立，两脚间距约为本人脚长的2~3倍，屈膝半蹲，大腿略高于水平。

弓步：双腿前后分开一大步，横向之间保持一定宽度，前腿屈膝前弓，大腿斜向地面，膝与脚尖上下相对，脚尖微内扣，后腿自然伸直，脚跟蹬地，脚尖微内扣，全脚掌着地。

四、步法

(一)长拳的步法

插步:双脚左右开立,与肩同宽,以左侧为例,重心左移,右脚提起;右脚经左脚向左侧横插一步,右脚前脚掌着地,双腿交叉,左腿屈膝,右腿蹬直,重心偏于左腿,目视前方。

击步:双脚前后开立,与肩同宽,双手叉腰;上身前倾;随后,后脚脚跟提起,前脚随即蹬地前跃,腾空跃起时,双脚内沿在空中击响;落地时后脚和前脚依次落地,目视前方。

垫步:双脚前后开立,与肩同宽,双手叉腰;后脚提起,向前脚处落步,前脚立即蹬地向上方跳起,将位置让于后脚,然后再向前落步,目视前方。

五、腿法

(一)长拳的腿法

1. 屈伸型腿法

弹腿:双脚并步直立,双手叉腰;以左侧弹腿动作为例,左腿屈膝提起,左脚脚背绷直。左腿快速猛力提膝,并向前弹击踢出,力达脚尖;踢击高度高于腰。右腿全脚掌着地,伸直,目视前方。习练时,可左右交替练习。

蹬腿:双脚并步直立,双手叉腰;以左侧蹬腿动作为例,左腿屈膝提起,左腿脚尖勾起,随即快速向上提膝,并向正前方蹬出,力达脚跟,蹬腿高度与腰部同高,或高于腰部;右腿全脚掌着地,伸直,目视前方。习练时,可左右交替练习。

踹腿:双脚并步直立,双手叉腰;两腿左右交叉,右腿在前,微屈膝。随即右腿伸直支撑,左腿屈膝提起。左脚内扣,脚跟用力向左侧上方踹出,上身向右倾斜,目视左脚。习练时,可左右交替练习。

(2)直摆型腿法

正踢腿:双脚并步直立,双手立掌于身体两侧,双臂侧平举。以右腿正踢腿动作为例,左脚向前上半步,左腿支撑,右脚脚尖勾起,向额前处快速猛力踢击,双眼目视前方。习练时,可左右交替练习。

侧踢腿:双脚并步直立,双手立掌于身体两侧,双臂侧平举。以左腿侧踢腿动作为例,右脚向前上半步,并保持脚尖外展全脚掌着地,左脚脚跟提起,身体略右转,左臂前伸,右臂后举。左脚脚尖勾起,向左耳后方踢击,同时右臂屈肘上举亮掌,左臂曲肘立掌于右肩前,目视前方;右腿侧踢腿动作方法一致,方向相反。习练时,可左右交替练习。

里合腿:双脚并步直立,双手立掌于身体两侧,双臂侧平举。以右腿里合腿动作为例,左脚向左前方上半步,右脚脚尖勾起、内扣并向左上方踢击,右腿经体前向左侧上方直腿摆动,于头前向右侧下压,与左侧立着手掌完成迎击动作,击响后右腿继续下压,落于左腿旁;目视前方。习练时,可左右交替练习。

外摆腿:双脚并步直立,双手立掌于身体两侧,双臂侧平举。左脚向左前方上半步,右脚尖勾起,并向左上方踢击,右腿经体前向左侧上方直腿摆动,于头前向右侧下压,与右侧立着手掌完成迎击动作,击响后右腿继续下压,落于左腿旁;双眼目视前方。习练时,可左右交替练习。

3. 扫转型腿法

前扫腿：双脚并步直立，左脚向右腿后插步，同时双手由下向左、向上、向右，做弧形摆掌，右臂伸直与肩同高，右手成立掌动作，左掌附于右臂内侧，头部右转，目视右方。随即上体左后转 180°，左臂随体转，向左后方平搂至身体左侧，右臂随身体转至身体右侧，掌心朝前；上身继续左转，左脚尖外展，右掌从后向上、向前曲肘降落，同时左臂屈肘，左掌掌指朝上，从右臂内侧向上窜出。随即，右掌下降并摆动至身后，成后勾手动作；在左脚尖外展的同时，左腿屈膝，左脚跟抬起，以左脚前脚掌碾地；右腿平铺，脚尖内扣，脚掌着地，直腿向前扫转一周半。

后扫腿：双脚并步直立，左脚向前上步，成左弓步，同时双手从腰间向前推出，成双推掌动作。左脚尖内扣，左腿屈膝全蹲，成右弓步；同时，上身右转并前俯，双掌随身体右转，在右腿内侧扶地，右手在前。伴随双手撑地，以及上身向后扭转的惯性力量，使动作以左脚前脚掌为轴，右腿伸直平铺，脚尖内扣，脚掌着地，向后扭转一周。

（二）少北拳的腿法

少北拳涵盖踢、扫、踹、弹、勾、蹬等腿法，在少北拳的整体技术体系中又分为“步腿连环”和“腿腿连环”；而在连环腿体系中又涵盖点击对方胸部和膝部以下的“天地的天连环腿”，击点对方身体两侧的“扫弹弹扫连环腿”，以及在转体条件下，击点对方躯干的“同时对同连环腿”。

六、长拳的平衡动作

盘腿平衡：支撑腿屈膝半蹲，曲蹲腿大腿达水平；另一腿屈膝外展，小腿提收，脚背绷直，并将踝关节盘放在支撑腿大腿上，挺胸塌腰。

扣腿平衡：支撑腿屈膝半蹲，曲蹲腿大腿达水平；另一腿屈膝外展，小腿提收，脚背绷直，踝关节紧扣于支撑腿的膝后腘窝处，挺胸塌腰。

提膝平衡：支撑腿直立，另一腿屈膝，并提膝，膝关节高度过腰，脚背绷直，下垂内扣于右腿前侧，双眼向左平视。

十字平衡：由并步直立动作开始，左腿屈膝提起，双掌在体前交叉，掌心朝外。随即，双掌向两侧直臂分开平举，躯干前俯，左腿直腿后伸，高于水平，脚面绷直，双腿伸直，后举腿要高于头顶水平部位，挺胸抬头。

第三节　武术基础套路

一、五步拳

五步拳是将武术中长拳套路的三种基本手型拳、掌、勾，以及五种基本步型弓、马、仆、虚、歇进行有序且科学组合，同时结合冲拳、按掌、穿掌等手法，构成的长拳类基本练习套路。习练五步拳，可有效对长拳动作的基本功进行巩固夯实、提升专项运动的协调能力，亦可提升对长拳类动作风格的科学认知。

（一）技法特点

1. 手捷眼锐

长拳对手法的要求是快捷、有力，而并非仅局限于出拳的速度和频率，要使劲从腰发，节节贯穿，使肩、肘、腕关节，在运动时灵活顺畅，以此才能做到手法快捷；此外，长拳对眼神的要求格外严格；长拳中历来有“眼似电”的说法，眼神更是表现动作意向和传神的关键，但在长拳运动中，眼神并非是孤立的动作技术，眼神与身法，以及颈部的活动密切搭配，使得在套路演练中做到“眼随手动”，而在动作的定式中又要做到，手到眼到、快捷锐利、目随势注。只有这样才能将动作的攻防意图，以及演练者的思想表达表现得淋漓尽致，给人一种虽静犹动之感。

2. 身活步稳

武术家于承惠认为，身法指“传递力量的方法”，并认为身法是始于腰肾之枢，达于四梢肌肤，高度概括了人体运动的一种自然规律。身法在长拳运动中表现为闪、展、转、缩、折、弯、俯、仰等，多以腰为主宰，并且和不同动作采取不同的变化，使之与手、眼、步协调配合；因此良好的身法，对习练者的胸椎和腰椎的柔韧素质有较高要求，更讲究“蜿蜒灵活，体随式变”。而在长拳运动中，步法与身法的关系一脉相承，众所周知，稳固灵活的步法可为身体活动提供必要的稳固根基，因此，习练过程中对下肢的力量素质练习必不可少；此外，步法要在稳固的基础上追求灵活轻快，以步快催动肢体动作演练速度的提升，步到拳到，方可上下协调一致。

3. 劲力顺达

发力顺达是动作衔接的必备条件，要做到发力顺达务必要懂得长拳动作，肢体发力的先后顺序；抽象的含义可概括为“三节明理”，上三节即肩为根节、肘为中节、手为梢节，下三节即胯为根节、膝为中节、足为梢节，以蹬腿动作为例，力量发于根节，终于梢节。发力过程，要力从地起，劲从腰发，探寻“力量流动”的感觉。

4. 以形喻式

长拳在运动时有动势、静势、起势、落势等 12 种态势，前人将 12 种态势以形象的比喻激励人们对长拳技术的追求；如“动如涛”，讲究运动姿势要像大海的波涛一样，滔滔不绝，激荡起伏，富有韵律，而“静如岳”，则形容静止时犹如巍峨的山峰迎面，稳如山岳；“起如猿，落如雀”则寓意腾空跳跃时要像猿猴一样矫健灵活，触地过程中又要像燕雀一样轻灵平稳。

（二）基本动作及方法

第一式：并步抱拳（预备式）

（1）并步直立，双手成掌垂于髋部两侧。

（2）两手迅速上提抱拳于腰间，同时向左侧甩头，目视左方。

要点：双手上提抱拳节奏要与甩头同步，并确保躯干挺直，目光平视；抱拳时拳面朝前，不得超过腹前。

第二式：弓步冲拳

（1）左脚向左迈出一步成左弓步，同时左手由拳变掌，向左伸直平搂。

（2）随即左掌收回于腰间抱拳，右拳向前做冲拳动作，拳背朝上，目视前方。

要点：控制左脚上步幅度，为确保弓步平稳，弓步双脚横向距离应控制在 20 厘米左右，搂手时手臂伸直，掌心朝外；冲拳高度与肩同高。

第三式：弹腿冲拳

（1）身体重心前移，以左腿为支撑，右腿向前做弹踢动作。

（2）同时左拳由腰间向前冲拳成平拳，右拳收回，抱拳于腰间，目视前方。

要点：重心前移至完成弹腿时确保动作不出现移动、晃动，弹腿要有由曲至伸的过程，并做到支撑腿伸直，弹踢腿力达脚背；弹踢、冲拳、抱拳同步完成。

第四式：马步架打

（1）右脚脚掌内扣，落地向左转体 90°，同时双腿下蹲成马步。

（2）左拳变掌曲臂架于头上，成架掌动作，右拳由腰间向右冲拳，成平拳，头部右转，目视右方。

要点：弹腿动作结束后，脚掌内扣下蹲成马步；整体节奏要求冲拳、马步、架掌、甩头同步完成。

第五式：歇步盖打

（1）左脚向右脚后撤步，成插步动作，右拳变掌，经头上向左下压，成盖掌。

（2）身体向左拧转 90 度，左掌收回于腰间成抱拳动作，目视右掌。

（3）双腿屈膝下蹲成歇步，同时左拳向前冲拳，成平拳；右掌变拳收回于腰间，成抱拳动作，目视左拳方向。

要点：左脚向右脚后插步时，右脚支撑脚掌外展 45°，插步落于右脚跟后方，双脚相距约一脚掌距离，下蹲时重心平稳；整体节奏要求插步与盖掌同步，屈膝下蹲与冲拳同步。

第六式：提膝穿掌

（1）双腿起立，并以前脚掌为轴，向左侧旋转 90 度。

（2）左拳变掌，掌心向下，右拳变掌，掌心向上，右掌由左掌背上方向斜上方穿出，成穿掌动作，左腿提膝，脚掌内扣，左手顺势收于右肩前成立掌动作，目视右掌方向。

要点：双腿直立时重心控制平稳，右掌穿掌后掌心朝前，左臂立掌时手臂端平。

第七式：仆步穿掌

（1）右腿屈膝下蹲，左脚落地成仆步。

（2）左掌指朝前，并沿左腿内侧向脚背方向穿出，目视左掌方向。

要点：左掌做穿掌动作时运行轨迹，要经胸前至腹前再沿左腿内侧向前穿出；左腿由提膝过渡仆步时，脚掌内扣，膝关节伸直。

第八式：虚步挑掌

（1）左腿屈膝，重心前移成弓步。

（2）右脚蹬地，向前上步成右虚步，同时左手向上、向后画弧成正勾手，高度与耳同高。

（3）右手由后向下、向前，沿右腿外侧向上做挑掌动作，指尖朝上，与肩同高，目视前方。

要点：弓步过渡至虚步时，（先直立），再曲蹲成虚步；勾手压腕与挑掌力点准确；整体节奏要求虚步与挑掌、勾手、甩头同步。

第九式、并步抱拳(收式)

左脚向右脚靠拢,成并步直立动作,双手同时收于腰间,成抱拳动作(此动作可与预备式动作相接,使套路持续练习;反方向套路,动作一致但方向相反)。

要点:左脚向右脚并步时动作轻盈,发力准确;双手同时变掌后,向腰间抱拳。

二、健身气功·八段锦

(一)技法特点

1. 柔和圆活,松紧结合,动静相间

柔和是指习练动作不僵硬,轻松自如,舒展大方;圆活是指动作路线带有弧形,不直来直去,符合人体各关节自然弯曲的状态。动作要以腰部为轴,带动四肢运动,节节贯穿,行云流水延绵不绝,从而达到疏通经络,畅通气血的功效。松是指习练时各肌肉,以及中枢神经系统的放松,在主观意识的支配下达到呼吸柔和,心静体松,同时保持正确姿态,此与适度的发力产生的"紧"成鲜明对比。而动与静主要是身体动作的外在表现,动即是在意念的引导下动作轻灵活泼,舒适自然;而静是指动作要做到沉稳,缓慢用力,保持牵引拉伸。松紧与动静的良好把控,能够使肢体受到相应的强度刺激,有助于提高锻炼效果。

2. 神与形合,气寓其中

健身气功中,神是指在精神意识支配下的神态表现,以及人体的精神状态和意识活动。神为形之主,形乃神之宅,神与形是相互联系、共同促进的有机整体。气寓其中是指通过精神的修养和身体的锻炼,促进真气在体内的运行,同时配合顺畅呼吸,以达到强身健体的效果。

(二)基本动作及方法

预备式

(1)双脚并步站立,两臂自然下垂于体侧,身体中正。

(2)伴随松腰、沉髋,身体重心移至右腿,左脚向左侧开步,脚尖朝前与肩同宽,目视前方。

(3)随后两臂内旋,双掌分别向两侧摆起,与髋同高,掌心向后,双腿膝关节微屈。同时两臂外旋向前合抱于腹前成圆弧形,与肚脐同高,掌心向内,两掌指间距离约为 10 厘米,双眼仍目视前方。(本式托举、下落为 1 遍共做 6 遍)

要点:双臂合抱时,不能出现拇指上翘,或其余四指斜向地面现象;整体形态不能出现塌腰、跪膝、脚尖外展。

第一式:双手托天理三焦

(1)接上式,两臂外旋微下落,双掌五指分开并在腹前交叉,掌心向上。

(2)上动不停,两臂继续上托,肘关节伸直,同时下颚微收,动作略停。

(3)双腿缓慢挺膝伸直,同时双手上托至胸前,随之两臂内旋,向上托起,掌心向上,抬头,目视双掌。

(4)身体重心缓慢下降,双腿膝关节微屈,同时十指慢慢分开,双臂分别向身体两侧下落。

（5）两掌捧于腹前，掌心向上，目视前方。（本式托举、下落为1遍共做6遍）

要点：两掌在胸前翻转后垂直上托；两掌下落呈捧掌时，掌心向上。

第二式：左右开弓似射雕

（1）身体重心右移，左脚向左侧开步站立，膝关节自然伸直，双掌向上交叉于胸前，左掌在外，右掌在内，双掌掌心朝内，目视前方。

（2）双腿缓慢下蹲成马步，右掌成"爪"向右拉至肩前，左掌成"八字掌"，左臂内旋，向左侧推出，与肩同高，掌心向左，如拉弓射箭之势，目视左掌方向。

（3）身体重心右移，同时，右手五指伸开成掌，向上、向右画弧，与肩同高，指尖朝上，掌心斜向前。

（4）左手指伸开成掌，掌心斜向后，目视右掌。

（5）重心继续右移；左脚回收成并步站立，两掌分别由两侧下落，捧于腹前，指尖相对，掌心向上，目视前方。（本式一左一右为1遍，共做3遍）

要点：开弓时，八字掌侧推与龙爪侧拉成直线，马步下蹲时确保体态中正，不得出现撅臀、跪膝、脚尖外展等现象。

第三式：调理脾胃须单举

（1）双腿缓慢伸直站立，左掌上托，左臂外旋，经面前上穿，随之内旋上举至左上方，肘关节微曲，掌心朝上，力达掌根；同时，右掌微上托，手臂内旋下按至右胯旁，肘关节微曲，掌心向下，力达掌根，动作略停，目视前方。

（2）身体重心缓慢下降，双腿膝关节微屈，左臂曲肘外旋，左掌经面前下落至腹前，掌心向上，右臂外旋。

（3）右掌向上捧于腹前，两掌指尖相对，相距约10厘米，掌心朝上，目视前方。同上述动作，左右相反再做一遍。（本式一左一右为1遍，共做3遍）

（4）第三遍动作结束后，双腿膝关节微曲，右臂曲肘，右掌下按于右胯旁，掌心向下，指尖向前，目视前方。

要点：呈单举时，上举手至头左（右）上方，下按掌指尖朝前；上举手下落时，要按上举路线返回；呈捧掌时，两掌心向上。

第四式：五劳七伤往后瞧

（1）接上式，双腿缓慢蹬直，双臂伸直掌心向后，指尖向下；

（2）上动不停，双臂充分外旋，掌心向外，头向左后转，动作略停，目视左斜后方。

（3）松腰沉髋，身体重心缓慢下降，两腿膝关节微屈，同时双臂内旋按于胯部两侧，掌心朝下，指尖朝前，目视前方。随后动作相同，方向相反，重复上述动作。（本式一左一右为1遍，共做3遍）

（4）第三遍动作结束后，双腿膝关节微屈，同时，双掌捧于腹前，指尖相对，掌心向上，目视前方。

要点：后瞧时，身体不得出现转动。屈膝下蹲，两膝不得超越脚尖；两掌下按，指尖向前。

第五式:摇头摆尾去心火

(1)接上式,身体重心左移,右脚向右开步站立,双腿膝关节自然伸直。

(2)两掌上托至与胸同高,随后双臂内旋,双掌继续上托至头上方,关节弯曲,掌心向上,指尖相对,目视前方。

(3)双腿缓慢屈膝下蹲成马步,双臂沿体侧下落,扶于膝关节上方,肘关节微屈,指尖斜相对。

(4)身体重心右移,上身先向右倾,随之俯身,目视右脚。

(5)身体重心左移,上身由右向前、向左旋转,目视右脚。

(6)身体重心右移成马步,同时,头向后摇,上身直立,下颌微收,目视前方。

(7)后续动作一致,方向相反,身体重心左移,上体向“左倾”,随之俯身,目视左脚;随即,身体重心右移,随即,上身由左向前、向右旋转,目视左脚。然后,身体重心左移成马步,同时头向后摇,上身直立,下颌微收,目视前方。(本式一左一右为1遍,共做3遍)

(8)第三遍动作结束后,身体重心左移,右脚回收成开步站立,与肩同宽;同时双掌向外,经体侧上举,掌心向相对,目视前方。

(9)随后,身体重心缓慢下降,双腿膝关节微屈,同时曲肘,两掌下按至腹前,掌心朝下,指尖相对,目视前方。

要点:摇头摆尾时,下颌内收,转头悬臂,挺胸、展腹。

第六式:两手攀足固肾腰

(1)双腿伸直站立,双掌指尖朝前;两臂向前,向上举起,肘关节伸直,掌心向前。

(2)上动不停,双臂外旋,双掌掌心向上,顺腋下向后插。

(3)双臂外旋至掌心相对,屈肘,双掌按于胸前,掌心向下,指尖相对,目视前方。

(4)承接上式,两掌心向内,沿脊柱两侧向下穿至臀部两侧,随之,上身前俯,双掌继续沿腿后向下穿,经双脚两侧后置于脚面,抬头,动作略停。

(5)双掌沿地面前伸,随后,用手臂带动躯干至直立,双臂伸直上举,掌心向前,目视前方。(本式一上一下为1遍,共做6遍)

(6)动作做完6遍后,重心缓慢下降,双腿膝关节微屈,同时双掌沿体前下按至腹前,掌心朝下,指尖朝前,目视前方。

要点:两掌向下摩运,达臀部时俯身;起身时塌腰,以臂带身。

第七式:攒拳怒目增气力

(1)接上式动作,身体重心右移,左脚向左开步,双腿缓慢屈膝,下蹲成马步。

(2)双掌握固,抱于腰侧,拳眼朝上;左拳缓慢用力向前冲出,与肩同高,拳眼朝上;瞪目,目视左拳冲出方向。

(3)左臂内旋,左拳变掌,虎口方向朝下,目视左掌;左臂外旋,肘关节微屈。左掌向左缠绕,变掌心向上后握固,目视左拳。

(4)曲肘抱拳于腰侧,拳眼朝上,目视前方。后续动作一致,方向相反。(本式一左一右为1遍,共做3遍)

（5）动作完成3遍后，身体重心右移，左脚回收成并步直立，同时双拳变掌，自然垂于身体两侧，目视前方。

要点：马步下蹲时不能出现撅臀、跪膝、脚尖外展等现象；攥拳时配合怒目；攥拳与握固回收时，肘关节贴肋。

第八式：背后七颠百病消

（1）双脚脚跟提起，头向上顶，动作略停；

（2）双脚脚跟下落，轻震地面目视前方。（本式一起一落为1遍，共做3遍）

要点：提踵时略停顿，不得耸肩；双脚脚跟下落以前脚掌为轴，脚趾抓住地面，提肛收腹，向地面震击。

第九式：收式

（1）双臂内旋，向两侧摆起，与髋同高，掌心朝后。

（2）双臂屈肘，双掌叠落于丹田处（男性左手在内右手在外，女性相反）；双臂自然下落，双掌轻贴于腿外侧，目视前方。

要点：双掌劳宫穴相贴合，扣于丹田处，周身放松，气沉丹田，动作结束后，搓手摩面。

三、少北拳

（一）技法特点

在少北拳的武术体系中涵盖“双功四术”，也就是两大基本功和四种术部。其中双功分为“九术功、六根功”；四术是指“拳术、器术、功术、巧术”，双功是四术的基础，四术是双功在技术层面的发展。其中九术功包括锻炼习练者九种基本素质的功法，如马步、猫功等；六根功是指以“手、眼、身、腿、步、气”为习武的六大根节，并通过各项功法进行锻炼。而四术中的拳术，是本教材所涉及的技术范畴，“拳术”是由“长拳、短打、破拿、巧遁”四部分组成；在长拳理论中，强调“六法论、六合论、阴阳论、形意论”，即要求长拳的式、架、招，以及各根法要符合技击的基本规律，并通过“内外三合”（心与意合、意与气合、气与力合、手与足合、肘与膝合、肩与胯合）的协调理论，配合虚实、动静等对立却协调的阴阳互为调和的理论，突显少北拳术中的“武功自卫、健身之道”的特点。

少北拳法注重实战，技法朴实无华、凶猛彪悍，拳法发力以点刚力为主，以柔化力为辅，做到刚柔相济；尤其注重健身与实战技击的交互融合，同时突显功法的习练价值；少北拳追求在符合肢体运行规律的基础上，发挥有效的技击效应；功法技术中突显“动练与静练、意练与体练、宏观与微观”相互融合的辩证关系，技击技术则要求“出则击、回则防、击于首、防于首”“手动腿必动，腿动手不闲”，每一招都体现出高度的攻防价值。

（二）基本动作及方法

第一式：怀中抱月

（1）从并步直立动作开始，右脚向右开步，与肩同宽。

（2）两腿屈膝下蹲成马步，含胸拔背。

（3）两臂于体侧由下至上，缓慢平举，与肩同高，再平举于胸前，两臂水平方向略内弯，沉肩垂肘，五指张开，手若扶球，目视前方，舌抵上腭，脚趾扒地。

要点：双腿开立时重心平稳，开步距离适中，距离约为本人脚掌距离的 3.5 倍。双掌下按时，掌心朝下。

第二式：开山十封

（1）下肢马步不变，双手变拳，目视前方。

（2）左前臂于右前臂外侧由下而上格挡发力，右肘向右后方顶肘发力，随即，两臂在胸前十字交叉，成实战防守动作。

（3）左手向正前方成右弓步旋转冲出，拳眼向右，拳心向下。

（4）右前臂于左前臂外侧，由下而上格挡发力，同时左肘向左后方肘顶发力，右手向正前方成左弓步旋转冲击，拳眼向左，拳心向下。

（5）右前臂于左前臂外侧由下而上格挡发力，右肘向右后方肘顶发力，两臂在胸前十字交叉，成实战防守动作。

（6）后续动作一致，方向相反。（本式一左一右为 1 遍，共做 2 遍）

要点：冲拳与顶肘要做到同步发力，如拉弓状；弓步与马步相互转换，不得出现重心起伏，或脚跟离地等错误；格挡时切记前臂直立，力达前臂外侧，突显攻防意图。

第三式：气贯长虹

（1）双臂自然收于胸前，双拳向左前方同时做冲拳动作，拳眼相对，目视出拳侧。

（2）右拳由左、上、右下方向（顺时针）方向运动发力；右拳向上运动至右上方，左拳随之同向运动并下砸发力，眼随手动。

（3）身体向右侧转体 180°，左腿向右腿靠拢并步，半蹲。

（4）左腿后撤一步，成左弓步，双拳逆时针做抡砸动作，并上挑发力，眼随手动；左拳眼向下，右拳眼向上。后续动作一致，方向相反。（本式一左一右为 1 遍，共做 2 遍）

要点：轮臂动作运行轨迹成立圆，双臂伸直，拉伸舒展；向下抡砸时，力达拳背；撤步时体态轻盈，半蹲时两腿靠拢互为支点。

第四式：虎步四冲

（1）身体向左侧转体，成实战防守式（观守势），即左拳竖于头前，右拳斜 45° 竖于胸前，成半马步状态。

（2）身体重心前移成左弓步，左拳向左做冲拳动作，右拳再向左前方做冲拳动作，双拳击出后依次自然收回至原位。

（3）左拳向左前方击出，同时起右脚前蹬，击出后左拳收回，右脚向前落步成弓步，同时右拳向前击出并收回，成半马步观守状态，目视前方。

要点：冲拳力达拳背，手臂伸直；蹬腿时，支撑腿脚掌微外展，蹬腿由曲至伸，力达脚跟，高度过腰。

第五式：力劈华山

（1）接上式，身体向左侧转身，左掌由体前经头上向身体左侧抡臂下劈；

（2）右拳变掌由头上方向前劈出，成左弓步；左掌向前劈出，同时右腿向前蹬出，蹬出后右腿向前落步，成右弓步。

（3）右掌由头上方向前劈出，劈掌后双手抱拳于胸前成实战防守式（观守势），下肢成半马步动作，目视前方。

（4）右拳向前水平冲出，左拳再向前做冲拳动作，同时做左蹬腿动作；蹬腿后腿部前落，右拳向前做冲拳动作。

（5）身体重心下降成半马步，右拳收回，左拳向前做冲拳动作，随后双臂收于胸前成实战防守式（观守势）。

（6）身体后转 180°，右臂、左臂依次向身体正后方轮臂下劈，同时左腿前蹬，右臂、左臂收回至腰间后再依次向前方劈出。

（7）左腿蹬腿后向前落步成半马步，双臂收于胸前成实战防守式（观守势）。

要点：抡臂下劈成立圆，力达掌外沿；蹬腿时，支撑腿脚掌微外展，蹬腿由曲至伸，力达脚跟，高度过腰。

第六式：反搪脱臂

（1）身体重心前移成左弓步，目视前方。

（2）左手立掌，向前推出，右手仍斜 45° 竖于胸前。

（3）右拳与右手前臂由右下而上做勾拳动作，躯干向左旋转 90°，右脚向前跟步。

要点：上勾动作肘关节贴身上勾，力达拳面，后脚向前跟步，前脚掌蹬地支撑。

第七式、拉熊斩爪

（1）身体重心前移，右腿向前弹踢，双手变掌，掌心向前由上而下向身后掸出，目视前方。

（2）上动不停，右腿收回，双手经由体侧合于胸前方，双手前后握拳，双肘外开，右腿后落成左仆步。

（3）躯干及手臂动作不变，右腿以脚跟为轴外转 90°，成右弓步，目视左前方。（此式与反搪脱臂动作相连，动作一致，方向相反，重复演练一遍）

要点：双手后掸同时向前弹踢；仆步重心后移，以前脚掌为轴，转为弓步；躯干右转时向前击肘，力达肘尖。

第八式：靠山打虎

（1）身体重心左移，右脚抬起做震脚动作，随即曲蹲成左虚步，目视前方。

（2）右拳顺时针于体外右侧抡行一周，立于头前，同时左拳顺时针于体左侧抡行一周，左拳虚按于左腿膝上成打虎式；

（3）身体略直立，双腿略曲，左臂竖立于体前，右手竖于胸前后，目视前方，成格斗预备式。

要点：左拳栽拳与右拳上勾同步，栽拳拳眼朝内、拳面朝下，立于虚步前腿内侧；右臂向上抡勾于右耳前，不得遮挡面部。

第九式：上步连冲接退步连冲

（1）左脚向前迈一小步，右脚向前跟上，恢复格斗预备式。

（2）同时左拳、右拳依次向前做冲拳动作。（本式一左一右为 1 遍，共做 2 遍）

（3）左脚向后迈一步，右脚向后跟上，完成后滑步同时，左拳、右拳依次向前做冲拳动作。（本式一左一右为1遍，共做2遍）

要点：冲拳与步法同步；冲拳力达拳面，手臂伸直；上步和退步快速灵活，后手冲拳时配合后脚前脚掌蹬地支撑。

第十式：大鹏展翅

（1）左手成立掌向体前格挡，同时右脚原地振脚，右手由下向左上方，至胸前后向右侧旋腕格挡。

（2）双手同时收于右侧腰间，身体向右旋转90°，同时左腿向左前方侧踹，左掌为横切掌向前击出。

（3）身体向左转体180°，右手成立掌向体前格挡，同时左脚原地振脚，左手由下向右上方，至胸前后向左侧旋腕格挡。

（4）双手同时收于左侧腰间，同时右腿向右前方侧踹，右掌为横切掌向前击出。（身体向右旋转360°，反方向重复上述动作）

（5）动作完成后，屈膝下蹲，成半马步实战防守式（左侧观守势）。

要点：横切掌与顶肘同步发力完成，侧踹腿由曲至伸，勾脚，力达脚外沿。

第十一式：蛟龙入海

（1）左手成掌向斜上方格挡，右手沿左手路线做劈拳动作。

（2）右腿做提膝动作，随后右脚落于左脚内侧，向左转体180°；右腿落地同时左腿向后踹出，同时右手握拳，向体前做平冲拳，目视前方。

（3）左腿落地后成半马步，成右侧半马步实战防守式（观守势）。（上述动作内容一致，反方向重复一次）

要点：手掌格挡时掌心朝外，冲拳与后蹬腿同步，后蹬腿力达脚跟。

第十二式：滑移转掌

（1）从左观守势开始，左脚向后退步成叉步，左、右手依次成掌向斜上方格挡。

（2）接上势，右脚向后退步，双手握拳，成防守式收于胸前。

（3）左拳向前做冲拳动作，完成后屈膝下蹲成半马步（左观守势）。

要点：撤步与格挡同节奏完成；半马步要求，前腿脚掌朝前成弓步状，后腿成马步，屈膝下蹲，大腿达水平。

第十三式：雀步飞脚

（1）右脚向前迈步落地，左腿向前垫步。

（2）右脚蹬地起跳，左腿屈膝提起，同时右腿向体前直摆踢出，高度过肩；以左掌掌心击打右掌掌背，随后右掌与右脚面击响后双臂展开。

（3）落地后，身体直立，双臂展开，目视前方。

要点：助跑时双臂自然摆动，起跳时双手成掌于头顶上方击响；击响腿伸直，高度过肩，击响后身体左转90°，自然下落。

第十四式：捧展莲台

（1）双拳变掌交叉于体前，掌心朝内，左臂在外，双腿开立，五指全力张开，双手由下而上用力侧展至水平，掌心向下。

（2）接上式，掌心向上，继续上举过头顶，再由上而下于体前交叉，右手在后，左手在前，同时左脚向右脚后退步，当双手由上而下时，身体下蹲成歇步。

（3）左臂成横切掌动作，右臂向后顶肘。

（4）左脚向前上步，开步直立，右肘向内侧旋转一周，左手由掌变勾手；重复上述动作，方向相反。

（5）右脚向左脚并步，同时双手成掌，沿腹前向上，经头顶向腹前作按掌动作，气沉丹田；双手收于胯部两侧，并步直立。

要点：双腿开立，间距与肩同宽，退步成插步时，以前脚掌为轴适度拧转，平稳屈膝下蹲成虚步。收式向下按掌时，双掌经头顶百汇下按，气沉丹田。

第四节　武术套路竞赛规则

为适应武术规范化、标准化、国际化发展的实际需要，武术套路项目竞赛规则，自 1958 年国家体委制定了第一部《武术竞赛规则》，对拳、刀、剑、枪、棍五种项目进行规定套路的编制后，武术竞赛规则不断推陈出新、与时俱进；现阶段，就传统项目和规定项目而言，权威的武术套路项目的竞赛规则非《武术套路竞赛规则与裁判法（2012）》莫属。《武术套路竞赛规则与裁判法（2012）》由中国武术协会审定，首次将规则与裁判法分离，思路清晰、量化科学、指导性强；因此，结合公共体育课武术套路项目的教学内容，对武术套路竞赛规则的阐述部分将重点依托《武术套路竞赛规则与裁判法（2012）》和《健身气功竞赛规则（试行）》，并从中提取竞赛通则、裁判员组成和评分方法与标准等内容。

一、竞赛通则

竞赛通则是详细掌握各项竞赛要求的基础条件，涵盖赛前的：竞赛类型、竞赛项目、年龄分组、确定比赛顺序，以及比赛过程中的：检录、计时、弃权、申诉、兴奋剂检测、名次评定等相关要求；此外，还涉及武术套路完成时间、比赛场地要求、比赛服装、器械、音乐等注意事项。

（一）武术套路竞赛通则

1. 竞赛类型

竞赛按形式分类可分为个人赛、团体赛、个人及团体赛；按年龄分类可分为儿童赛、青少年赛以及成年赛。

2. 竞赛项目

竞赛项目分为自选项目、规定项目、对练项目、传统项目和集体项目；其中自选项目、规定项目和传统项目分别按照拳术和器械进行分类；对练项目则分为：徒手对练、徒手与器械对练以及器械对练。

3. 竞赛年龄分组

参赛人员不满 12 周岁属于儿童组、12 周岁至 18 周岁以下属于青少年组、18 周岁以上

（含 18 周岁）则是成年组。

4. 确定比赛顺序

比赛过程中，在竞赛监督委员会和总裁判长的监督下，由编排记录长在技术会议后组织抽签，以此确定比赛顺序。比赛如有预、决赛，决赛的比赛顺序，按运动员预赛成绩由低到高确定。如预赛排名相同，则抽签确定比赛顺序。

5. 检录

检录过程涵盖三次检录，赛前 30 分钟开始第一次检录，随后每隔十分钟进行一次检录，赛前 10 分钟进行最后一次检录，并要求运动员在第一次检录中要到达指定场地进行报到。

6. 计时

武术套路比赛中对计时的要求如下：由运动员静止姿势开始动作，计时开始；当运动员完成全套动作后并步站立，计时结束。

7. 申诉

运动员所在运动队，在比赛中对难度评判和套路完成时间有异议的可以进行申诉。运动队必须在该项比赛结束后 15 分钟内，由该队领队或教练员向仲裁委员会以书面形式提出申诉，同时交付人民币 1000 元的申诉费。经仲裁委员会审议，如评判结果正确，提出申诉的运动队必须服从；如评判结果有误，仲裁委员会提出申请，由竞赛监督委员会对错判的裁判员进行处理，退回申诉费；裁决结果应及时通报组委会，并通知提出申诉的运动队。

8. 兴奋剂检测

兴奋剂检测根据《奥林匹克宪章》的规定和国际奥林匹克委员会的有关要求，进行兴奋剂检测。

9. 名次评定

集体项目、个人单项、对练均按比赛成绩高低排列名次；得分最高者为该项第 1 名，次者为第 2 名，以此类推。个人全能名次按单项成绩总和的高低排列名次；个人项目得分相同时，难度应得分高者列前、完成高等级难度数量多者列前、演练水平应得分高者列前。

10. 套路完成时间

自选套路，除太极拳外，成年不少于 1 分 20 秒钟，青少年（含儿童）不少于 1 分 10 秒钟；太极拳、太极剑套路为 3~4 分钟。传统套路不少于 1 分钟。对练套路不少于 50 秒钟，集体项目为 3~4 分钟。

11. 比赛场地

个人项目比赛的场地长为 14 米，宽为 8 米，其周围至少有两米宽的安全区。集体项目的比赛场地，是个人项目比赛场地的 2 倍，长为 16 米，宽为 14 米，其周围至少有 1 米宽的安全区域。比赛场地内沿，应标明 5 厘米宽的白色边线，比赛场地高度不少于 8 米，两个比赛场地，临近边缘距离在 6 米以上。

12. 比赛服装、器械、配乐

比赛过程中裁判员统一着装，运动员穿武术比赛服装。比赛器械要求使用中国武术协会指定的比赛器械。配乐项目必须在音乐伴奏下进行，不得出现歌词音乐，自行选择。

（二）健身气功竞赛通则

1. 竞赛类型

个人赛、集体赛、团体赛。

2. 竞赛项目

中国健身气功协会推广的健身气功功法及各参赛队自编的健身气功·气舞。

3. 背景音乐及参赛服装

背景音乐和参赛队员服装应按每次竞赛规程规定执行，裁判人员应着中国健身气功协会定制的裁判服。

4. 赛前检录

参赛队员在赛前 30 分钟到达指定地点报到，参加第一次检录。赛前 10 分钟进行第三次检录。

5. 参赛礼仪

参赛队员在比赛开始前和完成比赛项目及领分后，应向裁判长行健身气功礼。

6. 示分办法

个人赛和集体赛的比赛成绩实行公开示分。

7. 名次确定

按比赛成绩由高到低排列名次。若最后比赛成绩得分相同，动作规格应得分高者列前；如仍相同，依次以演示水平、动作规格（气舞艺术表现）有效分高者列前；如仍相同，名次并列。

二、裁判员组成与职责

（一）武术套路裁判员组成与职责

1. 裁判员的组成

裁判员的组成分为执行裁判员和辅助裁判员；此外还包括仲裁委员会和竞赛监督委员会。执行裁判员包括，总裁判长一人，副总裁判长一至两人，在自选项目比赛中要求裁判长一人、A 组评分裁判员 3 人 、B 组评分裁判员 3 人、C 组评分裁判员 3 人；规定（对练、传统）和集体项目比赛中，要求裁判长 1 人、A 组评分裁判员 3 人、B 组评分裁判员 3 人。除此以外，执行裁判员还包括编排记录长 1 人、检录长 1 人。辅助裁判员包括编排记录员 3~5 人、检录员 3~6 人、宣告员 1~2 人、放音员 1~2 人、仲裁摄像员 2~4 人。仲裁委员会由主任、副主任、委员共 3 人或 5 人组成。竞赛监督委员会由主任、副主任、委员共 3~5 人组成。

2. 裁判员的职责

总裁判长的职责是组织领导裁判工作，保证竞赛规则和规程的执行，检查落实赛前各项准备工作，负责解释规则，但无权修改规则，在比赛过程中，根据比赛需要可调动裁判员工作，裁判员发生严重错误时有权处理审核。副总裁判长负责协助总裁判长工作，在总裁判长缺席时代行其职责。裁判长负责组织裁判员业务学习，审核难度及规定内容申报表，组织实施裁判工作，并执行运动员整套演练水平的评分，执行比赛中对运动员套路完成时间不足或超出规定的进行扣分，负责运动员比赛套路创新难度的加分。评分裁判员负责认真执行规则，并独立评分；其中 A 组评分裁判员执行运动员整套演练动作质量的评分、B 组评分裁判员执行运动员整套演练水平的评分、C 组评分裁判员执行运动员整套难度的评分。编排记录长负责组织安排编排记录工作,审查报名表、难度及规定内容申报表,并根据大会要求编排秩序册、成绩册。检录长负责组织安排检录工作,按比赛顺序按时检录,检查比赛服装和比赛器械,组织颁奖仪式等。

仲裁委员会主要负责接受运动队的申诉,并及时做出裁决,但不改变裁判结果,仲裁委员会的裁决为最终裁决。竞赛监督委员会主要负责监督检查仲裁委员会、裁判员的工作,以及各运动队运动员的比赛行为;竞赛监督委员会有权对仲裁委员会人员、裁判员和运动队的违纪行为作出处罚。但竞赛监督委员会不直接参与仲裁委员会和裁判员职责范围内的工作,不介入裁决结果的纠纷,不改变裁判员、仲裁委员会的裁决结果。

(二)健身气功裁判员组成与职责

1. 裁判员的组成

健身气功项目中竞赛组织机构分为竞赛委员会和仲裁委员会,以及裁判委员会,而裁判委员会又划分为裁判人员和辅助人员;裁判人员包括总裁判长 1 名,副总裁判长 1~2 名;裁判长 1~2 名;编排记录长 1 名;检录长 1 名;A 组裁判员 3~5 名,B 组裁判员 3~5 名。辅助人员包括编排记录员 1~2 名;检录员 3~5 名;记分员 1~2 名;计时员 1 名;宣告员 1 名;放音员 1 名;摄像员 2 名;计算机操作员 2 名。仲裁委员会由 1 名主任, 1~2 名副主任,以及 1~3 名委员组成。

2. 裁判员的职责

总裁判长负责落实竞赛前各项准备工作,保证竞赛规则的执行;有权解释但不能修改竞赛规则;在比赛中有权调动裁判员工作和纠正裁判员错误;审核并宣布比赛成绩,负责大会的裁判工作总结。副总裁判长协助总裁判长工作,在总裁判长缺席时代行总裁判长职责。裁判长负责裁判人员的业务学习,行使裁判长扣分职能,裁判长不得干预裁判员的独立评分,对裁判人员的错误,可向总裁判长提出处理建议。裁判员在裁判长的领导下工作,严格执行竞赛规则,独立进行评分,并做好详细记录。A 组裁判员负责参赛队员动作规格(气舞功法展示)的评分; B 组裁判员负责参赛队员演示水平(气舞艺术表现)的评分。编排记录长负责竞赛编排、成绩记录等统计工作。检录长负责竞赛检录、信息核实等查验、引导工作,包括查验身份证件、核对参赛号码、检录上场顺序、报送检录表格等。

三、评分方法与标准

武术套路在竞赛规则中,武术套路的评分方法与标准,涵盖自选项目评分方法与标准,(规定项目、对练项目、集体项目)评分方法与标准,以及传统项目评分方法与标准等内容;但自选项目并不属于本教材涉及教学内容,因此仅对规定项目和传统项目的评分方法和标准进行梳理。

(一)武术套路评分方法与标准

1. 传统项目评分方法与标准

1)评分方法

传统套路仅对动作质量和演练水平进行评分;各项比赛的满分为 10.00 分,其中动作质量的分值为 5.00 分,演练水平的分值为 5.00 分。A 组评分裁判员根据运动员演练时出现的动作错误和其他错误进行扣分; B 组评分裁判员和裁判长根据运动员整套动作的演练评定等级分。

2)评分标准

动作质量评分:动作与规格要求不符,每出现一次扣 0.10 分,其他错误每出现一次扣 0.10~0.30 分。在一个动作中连续出现两个以上其他错误,累计扣分。

演练水平评分:传统项目中演练水平等级分的评分标准,按劲力、协调、节奏、风格、配乐的评分标准分为三档 9 级,其中 5.00~4.21 分为好、4.20~3.01 分为一般、3.00~1.51 分为不好。

2. 规定(对练、集体)项目评分方法与标准

1)评分方法

各项比赛的满分为 10.00 分,其中动作质量的分值为 5.00 分,演练水平的分值为 5.00 分。A 组评分裁判员根据运动员演练时出现的动作错误和其他错误进行扣分;B 组评分裁判员和裁判长根据运动员整套动作的演练评定等级分,并对不符合编排要求的内容进行扣分。

2)评分标准

动作质量评分:动作与规格要求不符,每出现一次扣 0.10 分,其他错误每出现一次扣 0.10~0.30 分。在一个动作中连续出现两个以上其他错误,累计扣分。

演练水平评分:演练水平的评分,包括演练水平等级分的评定和编排扣分。演练水平等级分的评定,需要按劲力、协调、节奏、风格、配乐的评分标准分为三档 9 级,其中 4.21~5.00 分为好、3.01~4.20 分为一般、1.51~3.00 分为不好。编排扣分则是:如运动员完成的套路与编排要求的内容不符,每出现一次扣 0.10~0.20 分。

3. 应得分的确定

A 组、B 组评分裁判员和裁判长所示分数要精确到小数点后两位数。动作自然应得分和演练水平应得分之和为运动员应得分。

1)动作质量应得分

A 组三名评分裁判员中,至少两名对运动员演练时出现的不符合规格要求的动作或其他错误内容同时确认时,按照其扣分标准进行扣分,累计所扣分数为动作质量应扣分。动作质量分值减去动作质量应扣分为动作质量应得分。

2)演练水平应得分

B 组三名评分裁判员和裁判长对运动员整套动作的演练评定等级分,取中间两个分数的平均值为演练水平等级分;等级分取到小数点后两位数。在规定(集体、对练)项目中,B 组三名评分裁判员和裁判长中,至少两名对运动员演练时出现的不符合编排要求的内容同时确认时,按照其扣分标准进行扣分,累计所扣分数为编排扣分。

4. 最后得分的确定

裁判长执行对套路完成时间不足或超出规定的扣分,因此运动员的最后得分,应为裁判长从运动员的应得分中,减去“裁判长扣分”即为运动员的最后得分。

(二)健身气功评分方法与标准

1. 健身气功评分方法

健身气功项目满分为 10 分,其中动作规格分值为 5 分,演示水平分值为 5 分。A 组裁

判员根据运动员现场功法动作的完成情况，用动作规格总分值减去各种动作规格错误和动作失误的扣分，即为运动员的动作规格得分。B 组裁判员根据运动员现场整体演示水平，按照整体质量、风格特征的评分标准进行综合评判，按照三档 9 级确定等级分数，即为运动员的演示水平得分。最后由裁判长对运动员出现重做、功法演示时间滞后、改变动作性质等错误，给予相应的扣分。

2. 健身气功功法类别评分标准

1）动作规格评分标准

凡功法动作错误及手型、步型、身型、口型、手法、步法、腿法、平衡、发声、器械持握方法等不符合功法规格要求的，每出现一次扣 0.1 分，但同一错误在同一动作中出现多次、同一动作出现多种错误或多人次在同一动作中出现错误，累计扣分最高为 0.4 分。竞赛功法中，凡要求静止 2 秒的动作，时间不足扣 0.1 分。

2）动作失误扣分

每出现一次身体晃动、脚移动、跳动扣 0.1 分；每出现一次器械脱手、触地，器械开裂，坐垫移动，服饰影响动作等内容，扣 0.1 分。每出现一次附加支撑扣 0.2 分。每出现一次倒地、器械掉地扣 0.3 分。每出现一次遗忘现象，根据不同程度，扣 0.1~0.3 分。

3. 演示水平类别评分标准

1）整体质量

动作质量要求动作姿势、动作幅度、动作路线、动作起止点和器械方法符合功法动作要求。动作与队形整齐，动作与背景音乐和谐一致。

2）演练质量

劲力顺达、虚实分明、动作协调。呼吸顺畅、意念集中，眼神运用符合功法动作要求。

3）风格特征

整套动作演示充分体现演练功法的主要风格特征，如八段锦的风格特征要符合：立身中正，神注庄中，松紧结合，动静相兼。

4. 裁判长最终扣分

（1）参赛队（队员）因不可抗力造成比赛功法中断者，经裁判长同意，可重做一次，不予扣分；参赛队（队员）因动作失误造成比赛功法中断者，可申请重做一次，扣 1 分；参赛队员临场受伤不能继续比赛者，裁判长有权令其终止。经过治疗可继续比赛的，则安排在该项目比赛最后一组上场，按重做处理，扣 1 分。因伤不能在上述规定时间内继续比赛者，按弃权处理。

（2）着装不符合规程规定，扣 0.1 分。

（3）比赛中，音乐结束后未完成动作，扣 0.1 分；气舞比赛中，未在规程规定的音乐时间内完成动作，扣 0.1 分。

（4）自编气舞套路内容不符合规则与规程要求的，每出现一次扣 0.1 分。

（5）竞赛功法每出现一次改变动作性质的，扣 0.2 分。

第九章　健美操运动

第一节　健美操概述

健美操是一项非常受欢迎的运动项目，它将体操、音乐、舞蹈、健身有机融合，无论在健身领域还是竞技领域都得到了全面的推广，其发展已日趋成熟和完善。同时健美操也是一门实践性较强的课程，不仅被列为体育艺术类专业的核心课程，也被其他体育专业纳入课程体系。

一、健美操的起源与发展

现代健美操实际上从 20 世纪 60 年代末开始萌芽，起源于美国，并很快风靡。1969 年美国人杰姬· 索伦森综合这种有氧操的特点，结合当时流行于美国黑人的各种爵士舞和非洲民间舞，创编了健身舞，这种舞带有较强的娱乐性，形式新颖，把较强的节奏性和自然而大幅度的动作融为一体，对现代健美操的形成产生了深远的影响。最具有代表性的人物是简· 方达，她将健美操分为初级课程和高级课程的两部分，每个部分包括热身活动，手臂运动，腰部运动，腿、髋运动和放松活动等内容。简· 方达健美操已成为世界健美操的一种模式，各国相继模仿、采用，对我国健美操的创编和开展也有着重要影响。

20 世纪 80 年代初期健美操传入我国，并先在高校得到普及。不少高校教师在报纸杂志上刊登了一些介绍健美操和探讨美育的文章，并编排了一些成套动作。1986 年，北京体育大学出版了我国第一部《健美操试用教材》，并正式在北京体育大学本科学生中开设了健美操选修课。之后，许多高校将健美操列入教学大纲，使健美操成为一项重要的体育教学内容，为健美操的推广普及打下了良好的基础。

1980 年，世界健美操冠军联合会成立。1983 年，国际健美操联合会成立，同年在美国举行了首届健美操比赛。1984 年首届远东区健美操大赛在日本举行。健美操运动在世界各地全面兴起。每年健美操在国际上举办的活动有：世界锦标赛、世界杯赛、世界冠军赛、世界巡回赛。

1992 年 9 月，中国健美操协会正式成立，总部设在北京。1987 年，在北京举办了首届全国健美操邀请赛，随后 1988、1989、1990、1991 年先后在北京、贵阳、昆明、北京举办了四届邀请赛。1992 年起改名为全国健美操锦标赛，成为每年举办的传统赛事。另外，1992、1995 年在北京举办了两届全国健美操冠军赛。1998 年，北京体育大学举办了全国锦标赛暨全国健美操运动会。之后健美操在我国得到大力推广，成绩斐然，效果显著。

健美操不仅在美、英、法等国家迅速发展，而且在一些发展中国家和地区也得到不同程度的开展。在亚洲地区，日本、菲律宾、新加坡等国家也建有许多健美操活动中心及健身俱乐部，人们都开始将健美操作为自己的主要健身方式，由此形成了世界范围内的“健美操热”。

随着人民生活水平的不断提高,健美操所特有的保健、医疗、健身、健美、娱乐的实用价值受到越来越多的人的重视,吸引了不同年龄的爱好者参与,形成了一定规模的消费群体。各级电视台纷纷制作以健美操竞赛、普及为内容的专题节目,其收视率远远超过其他节目。

二、健美操的概念与分类

(一)健美操的概念

健美操通常是以有氧运动为基础,身体练习为基本手段,配合音乐节奏的现代体育运动项目,它除了有健、力、美的特征之外,还具有健身性、竞技性、娱乐性和观赏性的价值,这也是现代文化的重要组成部分。

另外,在国外,健美操也被称作“有氧体操”。因为这项运动是在有氧供能的环境下进行的一种运动形式,其特点就是持续一定时间或中低强度的有氧运动,可以达到增进健康、塑型的效果。健美操主要发展身体各部位的协调性和柔韧性,锻炼练习者的心肺功能,是进行有氧耐力训练的一种有效方式。

经过长期发展和实践总结,健美操也逐渐成了一项独立的运动项目,有独立的规定动作、竞赛规则以及表演方式。

(二)健美操的分类

目前健美操的种类繁多,主要是根据健美操活动目的和所需要解决的任务来进行划分的。有的划分为健身性和竞技性健美操,有的划分为健身性、竞技性和表演性健美操。本书将为大家介绍健身性健美操、竞技性健美操和表演性健美操。

1. 健身健美操

健身健美操也是大众健美操,其主要有以下特点:①节奏鲜明,旋律轻松愉快;②动作简单易学,运动强度和难度较低,而且动作形式多对称和重复;③对场地要求低,随意性强,受众人群广,健身、健美、健心,具有娱乐性、健身性、群众性、普及性。健身性健美操包括有氧舞蹈、搏击操、踏板操、街舞、水中健美操、爵士健美操、拉丁健美操和轻器械健美操等。

2. 竞技健美操

竞技健美操是一项在音乐的伴奏下,能够表现连续、复杂、高强度操化动作能力的运动项目。该项目起源于传统的有氧健身运动,必须通过健美操七种基本步法以及不同的难度动作组合成整套动作来展示运动员柔韧、力量及完成连续动作的能力。

竞技健美操是根据竞赛规则与技术规程的要求,按照要求进行创编,并展现出运动员较高的艺术性和高水平转向技术能力的成套动作,以在比赛中取得优异成绩为主要目的的竞技运动项目。国际体操联合会的健美操比赛项目包括竞技健美操项目与有氧项目。健美操世界锦标赛所设的正式比赛的项目有女子单人、男子单人、混合双人、三人和集体五人等项目。有氧项目包括有氧舞蹈和有氧踏板。

按照国际规则参赛人数、比赛场地、参赛服装、参赛年龄和成套动作都有严格的规定,从而保证比赛的规范性、公正性和客观性。由国际体操联合会健美操委员会所制定的竞技竞赛规则是世界统一使用的规则,每个奥运周期(4年)进行一次修订,此规则对竞技健美操的发展和推广起到重要作用。

3. 表演性健美操

表演性健美操是在一定的背景下，以健美操动作为基础，结合服装、道具、场景、音乐等元素专门创编的成套作品，是体育艺术表演作品中的主要内容之一，其目的是通过表演愉悦观众，展现健美操的魅力。表演性健美操成套动作一般为 3~7 分钟，内容是根据表演的任务、性质和需求进行创编，创编动作自由、不受限制，创编的元素及风格呈现多元化形式，队形变化、集体配合丰富，可加入难度技巧动作保证表演效果。

与竞技性和健身性健美操最大的区别就是表演性健美操更具有观赏性，能够陶冶情操。随着近年来健美操的不断推广和发展，我国健美操项目也得到了蓬勃发展。

三、健美操的特点与作用

（一）健美操的特点

1. 音乐节奏性

健美操动作是根据音乐节奏来进行的。那么，健美操之所以深受人们喜爱，除了练习身体的娱乐和健身功效以外，最重要的因素就是它能跟现代音乐相结合并给健美操带来活力。健美操利用了音乐的节奏感和韵律感，所以，音乐是健美操不可缺少的一部分。

2. 安全性

健美操本质就是为了强身健体。运动负荷、强度、时间、节奏、场地的安全和娱乐性都充分地考虑了这一运动的可行性。因此，它适合不同体质的人群进行锻炼，十分安全。

3. 群众性

健美操种类繁多、形式多样、风格迥异、运动量可控，不同年龄段的人都可以根据自己的身体状态选择适合自己的健美操锻炼。

4. 创新性

在健美操的比赛中，除了规定的成套动作以外，还可在队形变化、音乐选配、技术难度方面进行动作组合的创编。不断的创编是健美操经久不衰的重要原因。

（二）健美操的作用

1. 促进身体健康

健美操是典型的有氧运动，根据丰富的动作、动感的音乐节奏，让运动者在运动过程中能够最大限度地摄入氧气，并充分利用氧气来燃烧身体脂肪，加快身体的新陈代谢，提高人体机能水平，对改善心血管、呼吸系统及大脑中枢神经系统有很好的帮助。

2. 塑造形体

形体的塑造是通过体形和体态两方面来进行的。体态主要是指身体各部位的外部形态；体形是指身体的形状，即整个身体从头到脚各部位之间的比例及身体肌肉的曲线。在塑造形体方面，健美操可以改善人们日常生活中所造成的含胸驼背不良形态，还可以改善身体肌肉线条的美感。特别是对于肥胖运动者，健美操对促进其身心健康、良好体态有显著的效果。

3. 调节身心

随着社会的发展和时代的进步，人们的生活更舒适便捷，但与此同时，社会竞争带来的精神压力也随之增大，由此引起的心理疾病逐渐成了社会关注的热点。健美操运动的动作优美协调，同时还配有节奏鲜明的音乐，所以它能缓解精神压力和预防各种身体、心理疾病，从而使人达到最佳状态。

而且，健美操是一项集体运动，可以让很多健美操爱好者同聚一处，增加了人们的社会交往机会。因此，健美操不仅能强身健体，同时还可以使人在精神上得到享受，在心理上得到满足。

4. 提高身体素质

正常身体素质包括力量、速度、耐力、灵敏、协调、柔韧和平衡等方面，健美操运动对提高身体素质有着积极的作用。如健美操运动的准备活动（如压腿等）以及运动时各种伸展性动作，都能使肌肉处于充分拉伸的状态，能够提高肌肉、肌腱和韧带的弹性。另外，健美操可以有效地提高身体的协调性。

第二节　健美操基本术语与基本动作

一、健美操基本术语

由于健美操起步较晚，相比其他难美类项目，健美操基本术语部分是借鉴了体操、艺术体操等项目的术语。它主要包括场地方位术语、动作方向术语、肢体关系、动作连接术语、身体姿态与动作要领术语以及动作表现术语。

（一）场地方位术语

在健美操教学过程中，表明身体面向在场地上所处的方位很重要，健美操运动借鉴了舞蹈教学中的基本方位的术语，在动作开始时，在场地中心正面位置定位基本方位中的“第1点”，按顺时针方向，每45°为一个基本方位，将场地划分为8个基本方位，即1、2、3、4、5、6、7、8点位。

（二）动作方向术语

在健美操运动中动作方位是指运动员身体的某一部位的肢体或身体各个部位的运动方向，运动过程中的方位是从人体直立开始来确定的。

（1）向前：向胸部所对的方向做运动。

（2）向后：向背部所对的方向做运动。

（3）向侧：向肩侧所对的方向做运动，分为向左侧或是向右侧。

（4）前侧：向前与侧的中间45°的方向做运动。前侧包括左前侧和右前侧。左前侧指向前与左侧的中间45°的方向，反之为右前侧。

（5）后侧：向后与侧的中间45°的方向，后侧包括左后侧和右后侧。左后侧是向后与左侧的中间45°的方向，反之为右后侧。

（6）向上：从下往上，向头顶所对的方向。

（7）向下：从上往下，向脚底所对的方向。

（8）中间方向：两个基本方向之间45°的方向。例如：前上方、前下方。

（9）斜方向：指相邻的三个基本方向正中的方向。例如：斜前上、斜前下。

（10）顺时针：转动过程与时针转动方向相同。

（11）逆时针：转动过程与时针转动方向相反。

（三）肢体关系、动作连接术语

1. 肢体关系

（1）向内：直立开始，上肢、下肢由两侧向身体中线运动。如两臂侧指引胸前交叉。

（2）向外：直立开始，上肢、下肢由身体正中线向两侧的运动。如两臂胸前交叉至侧举。

（3）同侧：身体同一侧的上肢与下肢的动作配合。

（4）异侧：身体不同侧的上肢与下肢的动作配合。

（5）同面：上肢与下肢的运动面一致。

（6）异面：上肢与下肢的运动面不一致。

（7）对称：上肢或下肢同时或依次做相同的动作或不同方向的相同动作。

（8）不对称：左右肢体做不同的动作或依次做不同的动作。

（9）依次：肢体不同位置相继做出同一个方向的动作。

（10）同时：身体和肢体同时向一个方向做动作。

2. 动作连接

（1）由：动作开始时的方位。如由左向右，由上向下。

（2）经：在完成动作过程中经过某一特定的位置。如前平举经前至上举。

（3）至：动作结束时须到达指定位置。如侧平举经前至胸前平屈。

（4）接：在两个单独动作之间形成的连接。如团身跳转360°接横分腿跳。

（5）成：动作完成后的结束姿势。如燕式平衡成立正姿势。

3. 难度动作

2003—2016年版本《健美操竞赛规则》把健美操难度动作分为4类：动力性动作、静力性动作、跳与跃、平衡与柔韧。难度动作中绝大多数都是以常规术语描述竞技健美操难度动作，目前竞技健美操难度动作共有300多个。

以下主要对一些特有的术语名称进行介绍。

（1）开普（Capoiers）：单臂支撑侧水平劈腿。

（2）剪踢（Scisssors kick）：单脚起跳，一脚踢至水平面上，腾空后剪刀式交换大踢。

（3）科萨克跳（Cossack jump）：双脚同时起跳，双腿膝关节并拢平行于地面，一脚屈膝。

（4）分切（Cut）：以俯卧撑开始，双手推起后，分腿摆越，臀部吸起前穿。

（5）给纳（Gainer）：由站立姿势开始，一腿向前摆动使整个身体腾空并平行于地面，腾空后双脚并拢。

（6）文森（Wenson）：膝关节内侧放于肘关节的地面支撑动作。

（7）依柳辛（Illusion）：由站立开始，一脚后摆在垂直面内绕环，同时身体以支撑腿为支点转体 360°。

（8）直升飞机（Helicopter）：分腿坐后倒，两腿依次做绕环后成俯撑。

（9）剪式变身跳（Scissors leap1/2turn）：单脚起跳，转体 180° 变换腿展示纵跳姿势。

（四）身体姿态与动作要领术语

1. 身体姿态

（1）立：双腿站立姿势。如并腿站立、分腿站立、单脚站立、提踵站立。

（2）跪：双膝弯曲着至地面的姿势。如跪立、跪坐、跪撑。

（3）蹲：从站立，双腿屈膝屈髋降低身体重心。如半蹲、全蹲。

（4）撑：双手和双脚同时支撑将身体离开地面。如俯撑、仰撑、跪撑、侧撑。

（5）坐：臀部着地的姿势。如并腿坐、分腿坐。

（6）卧：身体平躺在地上。如仰卧、俯卧、侧卧。

（7）弓步：前后腿分开约一大步距离，前腿屈膝，后腿伸直。如前弓步、侧弓步。

（8）倒立：用手或头等部位撑至地面，头在下，脚在上，将身体倒置，与地面垂直并静止一定时间的动作。如手倒立、头顶倒立。

（9）交叉：两臂或两腿同时向内交错重叠。

（10）波浪：身体某些相邻部位依次做连贯的屈伸动作。如手臂波浪、身体的波浪。

（11）摆动：以身体某部位的肢体为半径，以相邻关节为轴，做有节奏的弧线动作。如身体悬垂前后摆动，单腿站立另一条腿前后摆动或左右摆动。

（12）绕：身体某些部位做 180° 或 360° 以内的动作。如身体从前面绕到后面。

（13）绕环：身体或肢体某部位做 180° 、360° 或 360° 以上动作。如两臂向前绕环或向后绕环。

（14）弹动：肢体某关节有规律、有节奏地连续完成屈伸动作。如屈膝弹动。

2. 动作要领

（1）挺：指胸部或腹部向前伸展。如挺胸。

（2）含：肩胛骨向外开，胸口向内收。如含胸。

（3）沉：身体某些部位做向下放松的动作。如沉肩。

（4）抬：以头部关节为轴做向上伸展运动。如抬头。

（5）梗：下颌向内收、颈部保持不动。如梗头。

（6）蹬：支撑腿和脚同时用力向脚底方向用力的过程。如蹬地。

（7）推：上肢用于地面对抗性用力。如推起、推手。

（8）夹：由两侧上肢或下肢向中间收紧。如夹肩、夹肘。

（9）倾：在身体直立姿势与地面形成一定角度。如弓步前倾、身体前倾。

（10）顶：上肢手臂在做支撑或推起时，肩胛骨外展或上回旋，以加固提高支撑点或支撑力量。如顶肩。

（11）跟：关节部位或者身体整体同时向前加速移动。如跟肩、跟上体。

（12）绷：脚背或者膝盖同时向下用力。如绷脚背、绷膝盖。

（13）送：肢体在做摆动动作时，关节可向前远离支点。如送胯、送肩。

（14）低：头部或身体向下微屈。如低头。

（15）压：四肢或身体同时向下用力。如压腿、压肩。

（五）动作表现术语

（1）弹性：是指在健美操运动过程中肢体动作自然、流畅，给人一种自然轻松的感觉。

（2）力度：是指在健美操练习过程中，肢体所展现的力度，通常是肢体控制能力。

（3）节奏：是指健美操动作在音乐的配合下要有节奏。

（4）幅度：是指肢体在健美操训练中展开的大小和轨迹。

（5）风格：是指健美操动作，展现出的艺术性和思想特点。

二、健美操基本动作

（一）基本手型

在健美操中，手型的变化也是动作的表现之一。手指、手掌随着上肢手臂的姿态而灵活变化，可以展现不同动作的力度和表演形式。而健美操部分手型也同舞蹈部分手型相似。健美操常见手型有以下几种。

（1）并拢手势：手指四指伸直，大拇指微屈并贴于食指。

（2）分开手势：五指用力伸展张开，手指和手腕保持直线。

（3）一指手势：食指伸直，其他四指握拳。

（4）芭蕾手势：大拇指内收，中指微下，其余三指微微上抬。

（5）拳手势：五指指关节弯曲抱在一起。

（6）立掌手势：五指伸直并拢，手腕用力上翘。

（7）西班牙舞手势：五指用力伸直，并依次内旋分开不同角度。

（8）花手势：在分掌的基础上，小拇指微微内扣。

（9）剑指：食指与中指并拢伸直，其他三指弯曲相叠一起。

（10）响指：无名指和小拇指弯曲贴于掌心，大拇指与中指用力摩擦打出声响。

（二）基本步伐

健美操的基本步伐总共分为5类：交替类、点地类、迈步类、抬腿类及双腿类等。根据不同规定动作要求，健美操成套动作都由以上基本步伐类型进行创编。

1. 交替类

1）踏步（March）

动作做法：两脚原地依次抬起落下，两臂微屈自然摆动，落地时脚踝、膝关节和髋关节依次有弹动的缓冲。

2）走步（Walk）

动作做法：双脚依次交替向前迈步，落地时从脚后跟过渡到前脚掌，两臂自然摆动。

3）一字步（Easy Walk）

动作做法：一只脚向前一步，另一只脚迈步并于前脚，然后再依次还原。前后并脚时关节要有弹动。

4）V 字步（V Step）

动作做法：两脚依次向侧前方迈步，再依次退回，步伐轨迹呈 V 字形。

5）A 字步（A Step）

动作做法：两脚依次向侧后方迈步，再依次退回，步伐轨迹呈 A 字形。

6）漫步（Mambo）

动作做法：一脚向前迈出，屈膝重心随之迁移。另一只脚稍向后抬起并原地落下，重心后移，前后移动的过程中，双腿要有弹动。

7）跑步（Jog）

动作做法：两腿经过腾空后，依次缓冲落地，两臂微屈自然前后摆动，要求小腿向后屈膝折叠。

2. 点地类

1）脚尖点地（Touch Tap）

动作做法：一脚稍屈膝站立，另一脚伸出，脚尖点地，还原立正姿势。

2）脚跟点地（Hell）

动作做法：一腿稍屈膝站立，另一腿伸出，脚跟点地，还原立正姿势，只做向前或向侧的脚跟点地。

3. 迈步类

1）并步（Step touch）

动作做法：一脚迈出，另一脚随之并拢屈膝点地，再向反方向迈步，屈膝要有弹动。

2）并步跳（Step jump）

动作做法：一脚迈出，另一脚随着并拢起跳，并双脚落地，落地要屈膝缓冲。

3）侧交叉步（Grapevine）

动作做法：一脚向侧迈一步，另一脚在其后交叉，随之再向侧迈一步，另一脚并拢，屈膝点地，重心要快速移动。

4）侧交叉步跳（Grapevine jump）

动作做法：一脚向侧迈一步，另一脚在其后交叉，随之再向侧迈一步，另一脚并拢，同时轻轻向上跳起。

5）迈步点地（Step tap）

动作做法：一脚向侧迈一步，两腿经屈膝移动重心，另一腿再向前、侧或后用脚尖点地。重心移动明显，上体不要晃动。

6）迈步吸腿（Step knee）

动作做法：一脚迈出一步，另一脚屈膝抬起，然后向反方向迈步，双膝要有缓冲弹动，大腿抬膝超过水平面，小腿自然下垂。

7）迈步吸腿跳（Step knee jump）

动作做法：一脚迈出一步，另一脚屈膝抬起，重心向前移动跟上体，同时主力腿单脚起跳，然后向反方向迈步。

8)迈步后屈腿(Step curl)

动作做法:一脚迈出一步,另一腿向后弯曲,然后再向反方向迈步,主力腿要微屈弹动,后屈腿脚跟要踢向臀部。

9)迈步后屈腿跳(Step curl jump)

动作做法:一脚迈出一步,另一腿向后弯曲,同时主力腿单腿向上起跳,然后相反方向迈步。起跳保持重心平衡,落地有缓冲。

10)小马跳(Pony)

动作做法:左腿蹬地跳起,同时右腿向侧迈步落地,随之左腿并右脚点地,随后反方向做一次,动作相同,但方向相反,两脚轻快落地。

4. 抬腿类

1)吸腿(Knee up)

动作做法:一腿屈膝抬起,小腿自然垂直,然后落下。

2)吸腿跳(Knee up jump)

动作做法:一条腿屈膝向上抬起,另一条主力腿微屈向上轻跳。

3)摆腿(Leg lift)

动作做法:一条腿屈膝支撑,另一条腿前后摆动。

4)摆腿跳(Leg lift jump)

动作做法:一条腿自然前后摆动,同时另一条腿屈膝向上轻跳。落地时要有缓冲。

5)踢腿(Kick)

动作做法:一腿站立,另一条腿从后向前踢腿,上体保持直立。

6)踢腿跳(Kick jump)

动作做法:一条腿站立,另一条腿向上或者向侧踢,踢的同时向上轻跳。

7)弹踢腿(Flick)

动作做法:一条腿站立,另一条腿屈膝,向前、侧、下方踢。

8)弹踢腿跳(Flick jump)

动作做法:主力腿小腿向上轻跳,另一条腿屈膝,向前、侧下方踢。

9)后屈腿跳(Curl jump)

动作做法:一条腿站立向上轻跳。另一条腿向后屈膝。

5. 双腿类

(1)并腿跳(Jump)

动作做法:双脚并拢向上跳,脚腕有弹动。

2)开合跳(Jumping jack)

动作做法:双脚跳起来同时成分腿落地,再分腿跳起并腿落下。

3)弓步跳(Lunge)

动作做法:双脚跳起落地成弓步姿势。

4)分腿半蹲跳(Squat jump)

动作做法：分腿站立屈膝半蹲，向上起跳，分腿落地屈膝缓冲。

5）膝弹动（Knee jump）

动作做法：双腿并拢，膝关节有弹性地屈伸保持弹动。

（三）上肢动作

（1）上举：两臂伸直同时向上举过头顶，掌心相对。

（2）前举：两臂伸直同时向胸的前方举，掌心相对。

（3）侧平举：两臂伸直自然向上 90°，掌心向下。

（4）斜上举：手臂位于前、侧、上三个方向之间举 45°。

（5）斜下举：手臂位于前、侧、下三个方向之间举 45°。

（6）胸前平屈：两臂手肘微屈置于胸前。

（7）冲拳：两臂微屈提至腰间，另一只手握拳向前出拳。

三、健美操大众锻炼标准等级

（一）大众健美操概述

大众健美操主要是以健身为目的，根据身体条件情况，注重参与锻炼和自我检测。测定的主要内容是国家体育总局体操运动管理中心制定的《全国健美操大众锻炼标准规定动作》。健美操大众锻炼标准的制定主要遵循的是有氧原则、无损伤原则、简单易学原则、循序渐进原则、提高人体基本素质原则，从而让练习者增强体质、增进健康、塑造美的形体，并形成良好的心理状态。

（二）大众健美操等级和层次

大众健美操的锻炼标准共分为 6 个等级 4 个层次，等级水平分别为一级、二级、三级、四级、五级、六级。层次分别为一级入门，二、三级为初级，四、五级为中级，六级为高级。大众健美操锻炼标准面向的人群分别为一级面向大众，二、三级面向有意参加健美操的锻炼者，四、五级面向健美操爱好者，六级面向有意于健美操深造或者是准备进入竞技健美操的训练者。

（三）大众健美操锻炼标准对各级的要求

1. 一级

（1）学习以步伐为主的最基本动作，步伐以单一、原地动作为主。

（2）进行低强度的有氧训练。

（3）素质训练以辅助支撑的俯卧撑、低强度的仰卧起坐和低负重的力量练习为主。

（4）学习和了解健美操的常识。

2. 二、三级

（1）掌握基本动作。

（2）学习健美操典型动作。

3. 四、五级

（1）掌握健美操典型动作。

（2）学习健美操复合动作及简单的步伐变换技术及跳跃技术。

（3）提高身体的协调性。

（4）提高运动负荷，保持中等强度的有氧训练。

（5）素质训练以塑造形体为主，增加柔韧的练习方法。

4. 六级

（1）掌握复合动作的变化规律，巩固已掌握的步伐变换技术及跳跃技术。

（2）提高动作的表现力。

（3）加大运动负荷，以中等强度有氧训练为主，达到减脂的目的。

（4）提高肌肉力量，并进一步塑造其形态，加大动作的空间位移，展现良好的协调性。

（四）健美操大众锻炼标准的评定因素

1. 动作的正确性

（1）身体姿态要舒展。

（2）动作技术要正确。

（3）动作范围要适当。

2. 身体的协调性

（1）全身协调运动。

（2）动作轻松、有弹性。

（3）动作清晰，无多余动作。

（4）动作避免过分松弛或过分紧张。

3. 连接动作的流畅性

（1）动作之间的连接要自然、流畅。

（2）动作的转换及方向的变化要干净利落，无多余动作。

4. 节奏感

（1）动作要充分表现音乐情绪。

（2）动作和音乐节奏要配合协调。

（3）一连串动作节奏要准确。

5. 表现力

（1）动作要展示内心的激情，体现一种健康、向上的情绪。

（2）提倡个人风格的表现力。

（五）大众健美操锻炼标准套路教学

套路示例：第三套全国健美操大众锻炼标准成人一级规定动作。

组合一如表 9-1 所示。

表 9-1　组合一

节拍		下肢动作	上肢动作
预备姿势		站立	
第一节	1~8 拍	右脚开始一字步 2 次	1~2 拍双臂胸前屈，3~4 拍双臂落下后摆，5 拍双臂胸前屈，6 拍双臂上举，7 拍双臂胸前屈，8 拍双臂放于体侧

续表

节拍		下肢动作	上肢动作
第二节	2~4 拍	右脚开始向前走 3 步并向前吸腿	1~3 拍双肩经前举后摆至肩侧屈，4 拍击掌一次
	5~8 拍	左脚开始向后退 3 步并向前吸腿	5~7 拍双肩经前举后摆至肩侧屈，8 拍击掌一次
第三节	1~4 拍	右脚开始侧并步 2 次	1 拍右臂肩侧屈，2 拍还原，3 拍左臂肩侧屈，4 拍还原
	5~8 拍	右脚开始连续侧并步 2 次	5 拍双臂胸前平屈，6 拍还原，7~8 拍同 5~6 拍动作相同
第四节	1~4 拍	左脚十字步	两臂弯曲至腰间，前后自然摆动
	5~8 拍	左脚开始踏步 4 次	5 拍击掌，6 拍还原，7~8 拍同 5~6 拍动作相同

第五至八个 8 拍，动作相同，但方向相反。

组合二如表 9-2 所示

表 9-2 组合二

节拍		下肢动作	上肢动作
预备姿势		站立	
第一节	1~8 拍	右脚开始前点地 4 次	1 拍双臂屈臂右摆 1 次，2 拍还原，3 拍双臂屈臂左摆至侧上举，左臂胸前平屈，6 拍还原，7~8 拍同 5~6 拍动作相同，但方向相反
第二节	1~4 拍	右脚开始向右转体走 270°	两臂弯曲至腰间，前后自然摆动
	5~8 拍	并腿半蹲 2 次	5 拍双臂前平举，6 拍右臂向后胸前平屈拉伸一次，同时身体向右转体 90°，7 拍双臂前平举，8 拍还原立正姿势
第三节	1~4 拍	左脚向前一步，抬吸右腿，落地时转体 90°	1 拍双臂前平举，2 拍屈臂后拉，3 拍前平举，4 拍自然落下
	5~8 拍	右脚向前一步，抬吸左腿	5~8 拍同 1~4 拍动作相同
第四节	1~8 拍	左脚开始向侧迈步后屈腿 4 次	两臂屈肘前后摆动 4 次

第五至八个 8 拍，动作相同，但方向相反。

组合三如表 9-3 所示。

表 9-3 组合三

节拍		下肢动作	上肢动作
预备姿势		站立	
第一节	1~4 拍	右脚向右侧交叉步	1~3 拍双臂经侧至上举，4 拍胸前平屈
	5~8 拍	左脚向右迈一步两腿分成半蹲	5~6 拍双臂前平举，7~8 拍还原体侧
第二节	1~4 拍	右脚开始侧点地 4 次	1 拍右臂左前举、左臂屈肘于腰间，3~4 拍同 1~2 拍动作相同，但方向相反
	5~8 拍	右脚连续 2 次侧点地	5~8 拍同 1~2 拍动作相同，并重复 2 次

续表

节拍		下肢动作	上肢动作
第三节	1~8 拍	左脚开始向前走 3 步接吸腿 3 次	1 拍双臂肩侧屈外展,2 拍胸前交叉,3 拍同 1 拍动作,4 拍击掌,5 拍肩侧屈外展,6 拍腿下击掌,7~8 拍同 3~4 拍动作相同
第四节	1~8 拍	右脚开始向后走 3 步接吸腿 3 次	1 拍双臂肩侧屈外展,2 拍胸前交叉,3 拍同 1 拍动作,4 拍击掌,5 拍肩侧屈外展,6 拍腿下击掌,7~8 拍同 3~4 拍动作相同

第五至八个 8 拍,动作相同,但方向相反。

组合四如表 9-4 所示。

表 9-4　组合四

节拍		下肢动作	上肢动作
预备姿势		站立	
第一节	1~4 拍	右脚开始 V 字步	1 拍右臂侧上举,2 拍左臂侧上举,3~4 拍击掌 2 次
	5~8 拍	右脚开始 A 字步	5 拍右臂侧下举,6 拍左臂侧下举,7~8 拍击掌 2 次
第二节	1~4 拍	右腿开始左右脚交换弹踢腿跳 2 次	1 拍上臂前举,2 拍下摆,3~4 拍同 1~2 拍动作相同
	5~8 拍	5 拍右脚弹踢出,6 拍弯曲收回,7 拍弹踢出去,8 拍还原立正姿势	5 拍双臂前平举,6 拍胸前平屈,7 拍同 5 拍动作相同,8 拍还原立正姿势
第三节	1~8 拍	出左脚一字漫步 2 次	双臂自然弯曲至腰间,前后自然摆动
第四节	1~8 拍	左脚开始,左右交替向侧迈步后点地 4 次	1~2 拍右臂经肩侧屈向左下冲拳,3~4 拍左臂经肩侧屈向右下冲拳,5~6 拍右臂侧上举向左侧下举,7~8 拍左臂侧上举向右侧下举

第五至八个 8 拍,动作相同,但方向相反。

一级动作是健美操大众锻炼标准的入门套路,一级成套动作始终保持低强度的有氧状态,本套操的动作较为简单,可采用分组合进行学习,在学习中首先应该先掌握基本步伐,然后再开始动作组合的练习。这也是学习本套操的重点。而学习本套操的关键就是注意基本步法的弹动性与手臂动作的配合以及身体的基本姿态。具体练习还应该注意以下几点。

(1)音乐节奏的把控。音乐是健美操的灵魂,是动作的旋律和节奏,练习中,由于初学者的基本功较弱,往往只顾动作而忽略了对音乐节奏的把控,因此,在学习动作之前,可以先听听音乐或者数拍子,增强节奏感。

(2)动作的力度,健美操的动作都是非常有活力的,而动作力度也是健美操的主要特点之一,这在健美操的比赛中也是重要的评分点。动作力度的训练比较难,练习者尤其是初学练习者,只有通过不断的动作重复和力量训练,才能对动作有深入的理解和正确的发力。因此,在一级动作中,注重动作力度是非常有必要的。

(3)步伐弹动性。健美操步伐的弹动性也是健美操操化动作的技术特点之一,通过不同强度的有氧动作,可以增强练习者的体能以及心肺功能。而步伐的弹动性也要配合音乐,所以,注意步伐的弹动性是非常有必要的。

第三节 健身性健美操课程

一、踏板操

(一)踏板操概述

有氧运动是由美国人肯尼斯·库珀提出来的,有氧运动是人体在氧气充分供应情况下进行的体育锻炼。踏板操就是在有氧运动的基础上衍生而来的。它被社会体育运动和健身房中的运动爱好者所喜爱。1991 年我国中央电视台 CCTV5 频道的《健美五分钟》节目,就首次推出了踏板操,从此踏板操开始出现在我国各大高级健身房中。

(二)踏板操的基本动作

1. 上肢基本动作

踏板操的上肢动作与徒手健美操大致相同,都是屈、举、环、绕、绕环和振等动作。可以通过不同的方向、路线、幅度、角度来进行动作变化,也可以用不对称、对称、斜线等动作进行变化。

2. 下肢基本动作

踏板操的下肢动作跟徒手健美操一样,下肢动作较多,本节只对常见的几个下肢动作进行描述。首先介绍踏板位置的表示,踏板为长方形,根据不同的方位分为 a、b、c、d、e、f、g、h 为踏板周围位置;r、s、t 为踏板上左、中、右位置;v、x 分别为 s、t 到踏板两边中间的位置。

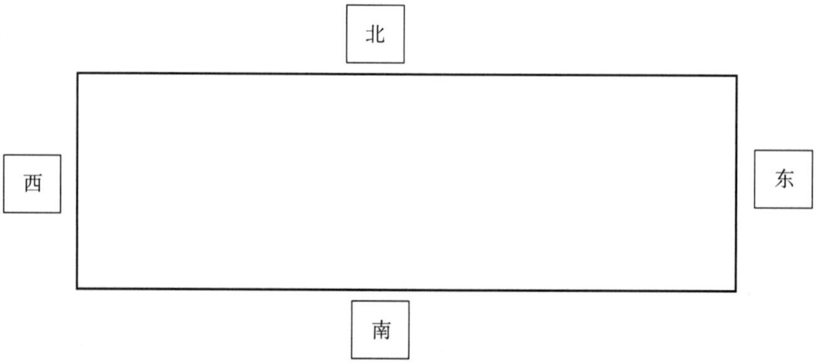

1)横跨板

准备:身体从踏板左侧 g 位置开始,身体面向正北方。

动作做法: 1~2 拍右脚向右侧跨一步上板,踏至踏板中央位置,左脚紧跟右脚,身体随着重心移动到踏板上。3—4 拍右脚再向右侧横跨一步至 h 板下,同时左脚并于右脚,身体随着重心进行移动,完成整个横跨踏板动作。

注意:动作要有节奏,重心要移动。

2)交叉步

准备:身体处于板下 a 的左侧位置,身体面向正北方。

动作做法: 1—2 拍右脚向右侧迈一步,左脚向右侧迈出一步,并交叉于右脚之后; 3—4

拍右脚再向右侧迈出一步,左脚并于右脚。

注意:交叉的位置不能错。

(3)马蹄步

准备:身体处于板下 c 位,身体面向正前方。

动作做法:1—2 拍右脚向右侧前方迈步上板至 t 位置,左脚上板至 r 位置,同时右脚脚尖点地;3—4 拍以左脚为轴进行旋转,同时右脚下板至 a 位,左脚下板使身体朝向板东位置;5—6 拍右脚向斜前方迈步上板,右脚为轴旋转,使身体朝向南,同时左脚踏板至 t 位置;7—8 拍右脚下踏板落至 d 位,左脚并于右脚,下踏板至 d 位置。

注意:旋转的重心要稳定,要有节奏。

4)跨骑步

准备:身体位于踏板后 c 位置,身体面向正西方向。

动作做法:1—2 拍右脚向右前方迈步至踏板 r 位置,左脚并于右脚;3—4 拍右脚向右后方向迈步下踏板至 d 位,左脚向左后方向迈步下踏板 c 位;5—6 拍右脚上踏板至 r 位,左脚上踏板至 r 位并于右脚;7—8 拍右脚向右后方向迈步下踏板至 d 位,左脚下踏板至 d 位,并于右脚。

注意:迈步的方向要准确。

5)点板步

准备:身体位于踏板 b 位置,身体面向正北方。

动作做法:1—2 拍左脚向前方迈步上踏板至 s 位,身体重心前移,右脚掐脚掌在 s 位置点板;3—4 拍右脚向后伸展,下踏板至 b 位,左脚下踏板至 b 位并于右脚。

注意:点板重心移动速度要快。

6)边角步

准备:身体位于踏板下 b 位置,身体面向正北方。

动作做法:1—2 拍右脚向左前方迈一步上踏板至 r 位,左腿提膝;3—4 拍左腿伸膝落于开始位置 b,右脚落于 b 位置,然后还原开始姿势;5—6 拍左脚向右前方迈一步上踏板至 t 位,右腿提膝;7—8 拍右腿伸膝落于开始位置 b 位,左脚落于 b 位,然后还原到开始姿势。

注意:提膝要到位。

7)查尔斯顿步

准备:身体位于踏板 b 位,身体面朝 f 位。

动作做法:1—2 拍左脚向斜前方迈一步至踏板上 r 位,左腿提膝或者点板或弹踢;3—4 拍左脚落于 b 位,右脚下踏板,落在左脚之后,两脚成弓箭步,身体重心前倾。

注意:弹动有节奏。

8)开合跳

准备:身体位于踏板 b 位,身体朝向正北。

动作做法:1—2 拍双腿屈膝同时并腿向上起跳,快要落地时左右腿同时分开姿势落地,然后再分腿向上起跳,快速并腿落地;3—4 拍与 1—2 拍动作相同。

注意:跳跃分腿、并腿要快。

9)1 字步

准备:身体位于踏板 b 位,身体面向正北。

动作做法: 1—2 拍右脚上踏板至 s 位,左脚跟上右脚; 3—4 拍右脚还原踏至板下 b 位,同时左脚并于右脚。

注意:方向要正确。

10)V 字步

准备:身体位于踏板 b 位,身体面向正北方。

动作做法: 1—2 拍左脚向侧前方迈一步至踏板 r 位,同时右脚向右侧前方迈一步至踏板 t 位;3—4 拍左脚下至踏板 b 位,右脚下至踏板 b 位。

注意:V 字步伐要有弹动。

11)X 字步伐

准备:身体位于踏板 f 位,身体面向正东方。

动作做法:1—2 拍右脚向右前方迈一步至踏板上 s 位,紧接着并于右脚;3—4 拍右脚向右前方迈步下踏板至 c 位,紧接着左脚向左前方迈步下踏板至 d 位; 5—6 拍右脚向后侧方迈步至踏板上 s 位,左脚向后侧方迈步至踏板 s 位并于右脚;7—8 拍右脚向右后方迈步下踏板至 a 位,紧接着左脚向左后方迈步至 f 位。

注意:方向的变化要准确。

二、搏击操

(一)搏击操概述

搏击操又称跆搏,是有氧运动(Aerobics)的又一项创新,它是结合了拳击、泰拳、跆拳道、空手道、散打的一些动作,遵循健美操的最新编排方法,在强有力的一音乐节拍下完成的一种身体锻炼方式。它让原有的有氧健美操更具有独特的魅力和特性。

搏击操起源于美国,起初是拳击运动员在训练时放音乐,适当缓解枯燥训练的放松方式,没想到它可以一直流传至今,成为一种新的锻炼方式。当搏击操进入亚洲之后,迅速地被运动者所喜爱,因为它强有力的节奏和拳击动作,让锻炼者更有精力、更有自信。

(二)搏击操的基本动作

1. 基本站姿

搏击操的基本站姿主要来源于对抗性项目的防御姿势,一般分为正面站姿和侧面站姿两种,前一种是防御姿势,后一种是格斗姿势。

1)正面防御站姿

动作做法:双腿分开平行开立,稍微屈膝,收腹立腰,两肩放松平行,两臂屈于胸前,小臂垂直于地面,双手握拳置于下颌位置,身体重心在两脚之间。

2)侧面格斗站姿

动作做法:(以右脚在前为例)双脚前后分开站立,稍微屈膝,后腿向外侧 45°,身体斜侧前方,双手握拳置于下颌位置,身体重心在两脚之间。

2. 基本拳法

1）直拳

动作做法：直拳在有氧搏击操中是最为常见的拳法。双手握拳置于下颌位置，身体重心在两脚之间。（以出右臂为例）直拳可在防御站姿和格斗站姿两种站立姿势上进行出拳。无论哪种出拳方式，都需要出拳时蹬地—转身—顺肩—出拳，动作一气呵成。

动作要领：手臂打出同时，拳心旋转向下，注意出拳后手臂不要完全伸直，这样可以有效保护肘关节不受伤。

2）刺拳

动作做法：（以出右臂为例）刺拳的出拳与直拳相似，是直拳衍生出的一种快拳招数。

动作要领：出拳速度要快，出拳后手臂不要完全伸直，要顺着弹性收拳。

3）勾拳

动作做法：（以出右臂为例）双脚前后分开站立，稍微屈膝，后腿向外侧 45°，身体斜侧前方，双手握拳置于下颌位置，身体重心在两脚之间。出拳时由转腰、扭髋、膝盖内扣，脚掌撑地发力，手臂弯曲，向上出拳。

动作要领：发力出拳，手臂保持弯曲，重心在两脚之间。

4）摆拳

动作做法：（以出右臂为例）左脚蹬地，重心移向右脚，向左拧腰转体，同时右臂屈肘胸前平屈。

动作要领：手臂出拳要抬平、拳心向下，收腹立腰。

5）锤拳

动作做法：（以出右臂为例）拳微向外旋上举，由上向下呈半弧形斜下劈。

动作要领：发力出拳，手臂保持弯曲，重心在两脚之间。

3. 基本肘法

1）抬肘

动作做法：肘关节由下至上，从身体前上方抬起，拳心向下，肘尖用力。

2）提肘

动作做法：扭腰转体，肘关节由下至上沿直线上提，脚尖蹬地挺腰。

3）砸肘

动作做法：肘关节提起，由上至下沿斜方向砸压。

4）沉肘

动作做法：身体下沉，提肘，由上至下沿直线出肘。

4. 格挡

1）上格挡

动作做法：手臂由下至上防御，手臂离前额约一拳距离。

2）下格挡

动作做法：手臂由上至下防御，手臂与身体约成一条线，手距大腿约 20 厘米。

3)内格挡

动作做法:手臂由外向内防御,拳背朝前,拳心对着自己。

4)外格挡

动作做法:手臂由内向外格挡,停于肩侧,手同额高。

5)十字上防

动作做法:双手手腕交叉由下至上防御,双手离额前一拳距离。

6)十字下防

动作做法:双手手腕交叉由上至下防御,手置于小腹前10~15厘米。

5. 基本腿法

1)前踢

动作做法:(以右腿为例)左右脚前后站立,后腿出腿由膝盖带动小腿直接前踢,小腿弹出后,脚尖下压,踢完还原预备姿势。

动作要领:快速发力,直线踢腿,上体略微后仰稍含胸。

2)横踢

动作做法:(以右腿为例)左右脚前后站立,右脚先扭转脚后跟,顶髋摆动,肩部拧转,小腿弹出进行横踢,踢完还原预备姿势。

动作要领:大小腿夹紧,上体、髋关节、膝盖在一条直线上,不要撅屁股。

3)侧踢

动作做法:(以右腿为例)左右脚前后站立,右脚转动带动脚跟,以大腿带动小腿向侧踢腿,踢完还原预备姿势。

动作要领:大小腿夹紧,上体、髋关节、膝盖在一条直线上。

4)后踢

动作做法:(以右腿为例)前后脚站立,身体稍转,一条腿屈膝,小腿平行于地面,转头回视,向正后方强力挺膝伸展蹬出,身体稍微前俯。

动作要领:蹬腿有力,保持平衡。

5)弹踢

动作做法:(以右腿为例)弹踢是一种快速的腿法,移动重心至左主力腿,右腿抬膝平屈,带小腿折叠稍内旋,绷脚尖,以膝关节为轴,迅速屈伸弹动小腿,眼睛平视前方。

动作要领:保持重心平衡,弹踢有力。

6)跳踢

动作做法:(以右腿为例)前后脚站立,左腿屈膝蹬地跳起,右腿在空中由屈到伸,绷脚面,向上弹踢,力达脚尖,眼睛平视前方,两脚依次着地。

动作要领:跳跃有力,踢腿快速,保持平衡。

三、花球啦啦操

(一)啦啦操概述

啦啦操具有广义和狭义之分,广义的啦啦操是一种有组织的为体育赛事助威的表演活动；狭义的啦啦操是指在音乐的衬托下，运动员完成高超的啦啦操特殊技巧动作，体现青春活力、健康向上的团队精神和团队荣誉感的一项集体运动。

啦啦操运动起源于美国，也是体育运动中的一个新兴项目。啦啦操可追溯到早期部落社会，它主要是为了激励外出打仗或打猎回来的战士们。

正式啦啦操运动是从19世纪开始的，第一个啦啦操俱乐部在美国普林斯顿大学成立。啦啦队则是在1898年成立的，明尼苏达大学的学生约翰尼·坎贝尔在一次橄榄球比赛时由于心情非常激动，直接站在人群中跳起了啦啦操并带领大家一起加油助威，于是，约翰尼·坎贝尔成了第一位啦啦队队长，这标志着啦啦队的诞生，也对啦啦操的发展有着重要意义。

20世纪70年代，啦啦队开始出现在各种比赛现场，如摔跤、田径和游泳等。1980年，美国举办了首届全美啦啦操锦标赛，并首次制定了规范的啦啦操运动竞赛规则，标志着啦啦操运动进入了竞技比赛的行列。而啦啦操对于中国来讲是一项新兴的项目，从1998年中国大学生篮球联赛诞生以来，它多次在比赛中为队员们加油助威，就这样，啦啦操运动首先在高校得到了发展。之后中国也多次派选手参加国际性啦啦操比赛，正式与世界啦啦操接轨并发展迅速。

目前，世界啦啦操锦标赛是全球啦啦队界一项重要赛事，每年4月份，在美国奥兰多迪士尼乐园赛场里，都将迎来全球60多个组织，20多个国家的上万名顶尖的啦啦操高手。其中也包括中国啦啦操队。

（二）啦啦操的分类

现代啦啦操是以团体的形式出现的，主要分为技巧啦啦操、舞蹈啦啦操等。技巧啦啦操结合舞蹈、口号、舞伴特技、技巧、叠罗汉、轿子抛、跳跃等技术动作，配合音乐、服装、道具等标示物品要素，遵守比赛规则中对人数、时间限制、安全规则等规定进行比赛的运动，称之为竞技啦啦操。技巧啦啦操包含集体技巧、都市技巧、双人配合技巧、小团体配合技巧、集体托举、比赛日技巧。舞蹈啦啦操融入了不同元素的风格，有爵士、街舞、高踢腿等，并配合音乐、服装、道具等特点进行表演，也有着自己的比赛要求。舞蹈啦啦操包含集体花球、集体街舞、集体爵士、集体高踢腿、双人舞等。

所有的比赛组别包括俱乐部组、全明星组、娱乐组、小学组（中小学和大学）、大师组、特殊组、残疾组和各年龄段的国家队，且要根据队伍年龄、人数与性别再进行分组。

（三）啦啦操的特点

1. 团队合作

啦啦操项目多以集体形式展开活动，只有在人数上达到一定要求，才能在队形上有更多的变化和空间转换、编排更多层次的动作、完成更多的复杂技巧和创造性动作，并且真正体现啦啦操的魅力。

2. 节奏感强

啦啦操运动在比赛和表演时，都能表现出一种朝气蓬勃、健康积极向上的精神。啦啦操运动融入了多种舞蹈、音乐文化元素，啦啦操运动员在音乐元素的配合下，更能展出动作的节奏感和啦啦操文化的感染力。

3. 目的明确

啦啦操通过具有丰富含义的、响亮的口号、整齐划一的动作、色彩鲜明的道具以及各种复杂的队形变化及技巧动作的转换向人们传导一种健康、活力、自信乐观的精神面貌和集体主义进取精神。

4. 风格鲜明

(1)所有肢体动作在运动过程以定位、短暂加速来体现啦啦操动作的力度感。

(2)慢板动作只能作为过渡动作。

(3)运用各种基本手位、步伐、跳跃、舞蹈元素、口号、队形、节奏的变化展现啦啦操项目特点。

(4)所有难度动作都有具体的规定和要求。

(四)啦啦操的基本动作

1. 基本手位

啦啦操总共有 36 种手位动作并且都以字母和方位来代替,如侧 K 手位,双手握拳,身体向左(右)侧转体,同时左臂斜前举,右臂斜下举,形成字母 K 的手位。因啦啦操手位较多,本节简要介绍以下几种常见手位姿势。

1)上 A 手位

动作做法:两手握拳,两臂斜上举,与脊柱成 30° 夹角,拳心相对。

2)下 A 手位

动作做法:两手握拳,两臂斜下举,与脊柱成 30° 夹角,拳心相对。

3)上 V 手位

动作做法:两臂侧上举,与脊柱成 45° 夹角,但不能完全张开,应置于双耳斜前方 45°,拳心朝外。

4)下 V 手位

动作做法:两臂侧下举,与脊柱成 45° 夹角,但不能完全张开,应置于双耳斜前方 45°,拳心朝外。

5)W 手位

动作做法:两臂侧上举,肩上平屈,大小臂成 90° 夹角,拳心相对。

6)短 T 手位

动作做法:两臂侧平举,胸前平屈,小臂略低于肩,两拳相对,拳心朝下。

7)T 手位

动作做法:两臂侧平举,但没有完全张开,与肩成 30° 夹角,拳心向下。

8)加油手位

动作做法:双手握拳式胸前击掌,肘关节朝下,双拳略低于下颌。

(9)K 手位

动作做法:一臂前上举,与脊柱成 45° 夹角,拳心朝内;另一臂前下举与脊柱成 45° 夹角,拳心朝内,两拳拳眼相对。

10)斜线手位

动作做法:一臂侧上举,与脊柱成 45° 夹角,拳心朝外;另一臂侧下举与脊柱形成 45° 夹角,拳心朝下。

11)下 L 手位

动作做法:一臂前下举,拳心朝内;另一臂侧平举,与肩成 30° 夹角,拳心朝下。

12)上 L 手位

动作做法:一臂前上举,拳心朝内;另一臂侧平举,与肩成 30° 夹角,拳心朝下。

(13)斜上冲拳手位

动作做法:一手握拳叉腰,手臂与肩成 30° 夹角,拳心朝后;另一臂斜上冲拳,与脊柱形成 30° 夹角,拳心朝外。

14)斜下冲拳手位

动作做法:一手握拳叉腰,手臂与肩形成 30° 夹角,拳心朝后;另一臂斜下冲拳,与脊柱成 30° 夹角,拳心朝下。

15)侧下冲拳手位

动作做法:一手握拳叉腰,两臂与肩成 30° 夹角,拳心朝后;另一臂侧下举,与脊柱成 45° 夹角,拳心朝下。

16)侧上冲拳手位

动作做法:一手握拳叉腰,两臂与肩形成 30° 夹角,拳心朝后;另一臂侧上举,与脊柱成 45° 夹角,拳心朝下。

17)下 M 手位

动作做法:双手握拳叉腰与髋部,两臂与肩成 30° 夹角,拳心朝后。

18)上 M 手位

动作做法:双手握拳,两臂侧上举,肩上平屈,肘关节朝外,手腕向下屈,指尖触肩。

19)R 手位

动作做法:一臂斜下举,与脊柱成 30° 夹角,拳心朝下;另一臂侧上举,头后屈肘,肘关节朝外,拳心紧贴后脑勺。

20)短剑手位

动作做法:一手握拳叉腰,手臂与肩成 30° 夹角,拳心朝后;另一臂胸前屈,肘关节朝下,拳心朝内。

21)小弓箭手位

动作做法:一臂侧平举,与肩成 30° 夹角,拳心朝下;另一臂胸前屈,肘关节朝下,拳心朝内。

22)弓箭手位

动作做法:一臂胸前平屈,肘关节朝外,小臂略低于肩;另一臂侧平举,与肩成 30° 夹角,拳心朝下。

23)K 侧手位

动作做法:手臂动作同 K 手位动作,身体向一侧转动,后腿成弯曲弓步。

24)侧下冲拳手位

动作做法:一手握拳叉腰,手臂与肩成 30° 夹角,拳心朝后;另一臂侧下举,与脊柱形成 45° 夹角,拳心朝下。

25)侧上冲拳手位

动作做法:一手握拳叉腰,手臂与肩成 30° 夹角,拳心朝后;另一臂侧上举,与脊柱形成 45° 夹角,拳心朝前。

26)高冲拳手位

动作做法:一臂前上举,与脊柱成 30° 夹角,拳心朝内;另一手握拳叉腰,手臂与肩形成 30° 夹角,拳心朝后。

27)低 X 手位

动作做法两臂交叉斜下举,与脊柱成 30° 夹角,拳心朝下。

28)前 X 手位

动作做法:两臂交叉前平举,略低于肩,拳心朝下。

29)高 X 手位

动作做法:两臂交叉斜上举,与脊柱成 30° 夹角,拳心朝下。

30)屈臂 X 手位

动作做法:两臂屈肘交叉于胸前,拳心朝内。

31)下 H 手位

动作做法:两臂前下举,与脊柱成 30° 夹角,拳心相对。

32)小 H 手位

动作做法:一臂前上举,与脊柱成 30° 夹角,拳心朝内;另一臂胸前平屈,肘关节朝下,拳心朝内。

33)上 H 手位

动作做法:两臂前上举与肩同宽,与脊柱形成 30° 夹角,拳心相对。

34)X 手位

动作做法:两臂侧上举,头后平屈,肘关节朝外,两拳相对,拳心紧贴后脑勺。

35)后 M 手位

动作做法:两臂屈肘平行向身后伸展,双手握拳收于腰侧,拳心相对。

36)屈臂 H 手位

动作做法:两臂屈肘平行收于胸前,拳心相对。

第四节　健身性健美操竞赛规则

一、规则概述

(一)比赛内容

规定动作比赛(全国健美操大众锻炼标准)。

自选动作比赛。

(二)参赛人数

规定动作:每队 5 人,性别不限,或按比赛规程执行。

自选动作:可分为个人、双人和集体项目等,性别按规程执行。

(三)出场顺序

比赛的出场顺序在赛前由组委会竞赛部指定中间人抽签确定。

(四)比赛场地与设备

比赛场地为 12 米 ×12 米的地板或地毯;有背景遮挡;有专业的放音设备;裁判席设在比赛场地的正前方。

(五)成套动作时间

规定动作:成套动作时间按《全国健美操大众锻炼标准》规定时间执行。

自选动作:成套动作时间为 2 分至 2 分 15 秒,计时从动作开始到动作结束。

(六)音乐伴奏

规定动作音乐由主办方单位提供《全国健美操大众锻炼标准》规定动作音乐并统一播放。

自选动作音乐由参赛队自备,可将音乐提前存入 U 盘里,需备 2 份,其中 1 份报到后交大会放音组。自选动作音乐允许有 2×8 拍的前奏,音乐的速度不限,比赛音乐必须是高质量的。

(七)比赛服装

着健身服或运动式休闲服和运动鞋(规定健美操鞋,不可穿球鞋);服装上可有亮片等装饰物,女选手可化淡妆;比赛时选手不得佩戴首饰。

(八)裁判组组成

裁判组由 1 名裁判长、5~7 名裁判员、1 名总记录长、2~3 名记录员、1 名计时员(自选动作比赛)、1~2 名放音员、2~3 名检录员、1 名宣告员组成,也可根据比赛规模的大小适当增减裁判人员。

(九)评分方法

采取公开示分的方法,成套动作满分为 10 分制,裁判员的评分精确到 0.1 分;裁判员的评分去掉 1~2 个最高分和最低分,中间 3 个分数的平均分即为得分,再减去裁判长减分即为最后得分。对比赛成绩和结果不接受申述。

（十）比赛成绩与奖励

比赛成绩按比赛规程执行；奖项设置与奖励办法按比赛规程执行。

二、成套动作评分

（一）规定动作评分（10 分制）

评分因素与分值：表演和团队精神 4 分，动作完成 6 分。

1. 表演和团队精神

表现力与热情：动作要展示内心的激情，体现一种健康和向上的情绪。

队形：队形变化清晰、流畅，体现集体配合意识。

一致性：集体动作整齐，每个人在完成动作的时间、空间、能力和表现力上一致。

2. 动作的完成

动作的正确性：身体姿态舒展，动作技术正确，动作范围适当。

动作的熟练性：动作熟练，无漏做动作，漏做个别动作扣 0.1~0.2 分；漏做 1 × 8 拍以上动作扣 0.3~0.4 分；漏做 2 × 8 拍以上动作扣 0.5 分或更多。

3. 身体的协调性

全身协调运动，动作轻松、有弹性，动作清晰、无多余动作，动作避免过分松弛或过分紧张。

4. 连接动作的流畅性

动作之间的连接自然、流畅；动作的转换及方向的变化要干净、无多余动作。

5. 动作与音乐

动作要充分表现音乐的情绪，动作和音乐节奏配合要准确；若干动作不吻合扣 0.1—0.2 分；半套动作不吻合扣 0.3~0.4 分；整套动作不吻合扣 0.5 分或更多。

扣分表如表 9-5 所示。

表 9-5　规定动作扣分表

评分因素	内容	一般（分）	较差（分）	不可接受（分）
表演和团队精神（4 分）	表现力与热情	0.1~0.2	0.3~0.4	0.5 分或更多
	队形	0.1~0.2	0.3~0.4	0.5 分或更多
	一致性（每次）	0.1	0.2	0.3
动作完成（6 分）	动作不正确	0.1~0.2	0.3~0.4	0.5 分或更多
	动作熟练、完整	0.1~0.2	0.3~0.4	0.5 分或更多
	身体协调	0.1~0.2	0.3~0.4	0.5 分或更多
	动作连接	0.1~0.2	0.3~0.4	0.5 分或更多
	改变动作或附加动作	0.1~0.2	0.3~0.4	0.5 分或更多
	动作充分表现音乐的情绪	0.1~0.2	0.3~0.4	0.5 分或更多
	动作和音乐节奏配合准确	0.1~0.2	0.3~0.4	0.5 分或更多

（二）自选动作评分（10 分制）

评分因素与分值：集体 / 个人动作设计 3 分 /4 分；动作完成 4 分 /4 分；表演和团队精神 3 分 /2 分。

1. 动作设计

1）艺术性

主题应健康、充满活力、富有激情，表演风格和形式不限，可以是健身街舞、拉丁操、搏击操和啦啦队操等不同风格的健身操或舞，也可使用轻器械，如扇子、纱巾、健身球、哑铃、橡皮筋等。

2）风格突出，富有创意

动作类型丰富，动作的转换自然流畅。音乐的选择与动作风格相一致并配合协调，录音质量高、清晰。充分利用场地和空间；服饰选择美观协调。

3）安全性

成套中无可能对身体造成伤害的动作（不安全动作）；动作的难度适合参赛者的身体能力和运动水平，适合参赛者的年龄特点。

2. 动作完成

动作完成轻松、准确、流畅；动作完成能体现所选择主题的风格和特点；动作与音乐须协调一致，包括风格、结构、动效等方面；基本姿态和技术正确，动作优美。

3. 表演和团队精神

1）表现力与热情

动作要展示内心的激情，体现一种健康和向上的情绪。

2）队形

队形变化清晰、流畅，体现集体配合的意识。

3）一致性

集体动作整齐，每个人在完成动作的时间、空间、能力和表现力上一致。

动作设计扣分表如表 9-6 所示。

表 9-6　自选动作扣分表

评分因素	内容	一般	较差	不可接受
动作设计集体（3 分）/ 个人（4 分）	主题健康、充分活力	0.1~0.2	0.3~0.4	0.5 分或更多
	风格突出、富有创意	0.1~0.2	0.3~0.4	0.5 分或更多
	动作类型丰富，动作的转换自然流畅	0.1~0.2	0.3~0.4	0.5 分或更多
	服饰选择美观协调	0.1~0.2	0.3~0.4	0.5 分或更多
	音乐的选择与动作风格相一致并配合协调，录音质量高、清晰	0.1~0.2	0.3~0.4	0.5 分或更多
	充分利用场地和空间	0.1~0.2	0.3~0.4	0.5 分或更多
	每出现一个不安全动作	0.2		

续表

评分因素		内容	一般	较差	不可接受
动作完成集体（4分）/个人（4分）		动作完成轻松、准确、流畅	0.1~0.2	0.3~0.4	0.5分或更多
		动作完成能体现所选择主题的风格和特点	0.1~0.2	0.3~0.4	0.5分或更多
		动作与音乐须协调一致	0.1~0.2	0.3~0.4	0.5分或更多
		基本姿态和技术正确，动作优美	0.1~0.2	0.3~0.4	0.5分或更多
集体	表演和团队精神（3分）	表现力与热情	0.1~0.2	0.3~0.4	0.5分或更多
		队形	0.1~0.2	0.3~0.4	0.5分或更多
		一致性（每次）	0.1	0.2	0.3
个人/表演（2分）		表现力与热情	扣至0.3	0.4~0.5	0.6分或更多

（三）裁判长减分

裁判长对比赛的过程进行组织和监控，并对下列情况进行减分，每项均减0.2分：被叫到后20秒内未出场；参赛人数不符合规定；成套时间不足或超过；着装不符合规定；比赛时掉物或装束散落。

三、不安全动作

（一）不安全动作

各种竞技体操和技巧运动的翻转和抛接动作；过度背弓；无支撑体前屈；仰卧翻臀；头绕环和过度头后仰；膝转；足尖起；仰卧直腿坐起、仰卧直腿举腿、仰卧两头起；臀部低于膝关节的深蹲；高难度的托举动作。

（二）关于难度动作

在成套动作中不鼓励出现竞技健美操中的难度动作，如出现类似的动作，将不予加分，并对出现的错误动作进行减分。

四、纪律与处罚

裁判员纪律与处罚严格按照国家体育总局关于全国体育竞赛裁判纪律有关规定执行。

参赛者纪律与处罚：

（1）裁判示意后1分钟未出场者，取消比赛资格；

（2）拒绝领奖者取消所有成绩名次；

（3）检录三次未到者取消该项比赛资格；

（4）对不遵守大会其他纪律、不尊重裁判员和大会工作人员、有意干扰比赛者等将视情况给予以下处罚：警告；取消比赛资格；取消健美操等级指导员资格；终身取消比赛资格。

五、特殊情况处理

运动员在遇到以下特殊情况时，应立即停止做动作并向裁判长反映，在问题解决后重做，在成套动作结束后提出的要求将不被接受。

播放错音乐；由于音响设备而出现的音乐问题；由于设备（灯光、舞台、会场）问题而出现的干扰。

第十章　大学体育游戏

第一节　大学体育游戏概述

一、体育游戏的作用

我国是一个有着五千年悠久历史文化的文明古国,我们的祖先与世界其他文明古国的人们,在促进人类身体和智慧发展的漫长岁月中,有着共同的经历和足迹,我国古代劳动人民不但创造了灿烂的文化艺术,而且也创造了内涵丰富的体育,包括最初状态的游戏娱乐活动。它对于人类进化和社会进步,起着重大的历史作用,作为中华民族宝贵的文化遗产,我们不但要有所继承,而且要不断创新,以适应现代社会生活和现代体育教育事业发展和改革的需要。

随着劳动条件的逐步改善,生活水平也不断提高。闲暇时,人们在游戏中添加了竞赛性的娱乐活动。而在校园内,基于新课标不断和完善深入的大背景,学生也要给予体育课程充分的重视,因为体育课程能提高学生的身体素质,而身体素质的提高又能推动学习质量的提升,所以学生可以通过体育锻炼充分放松身心,把自己的压力释放出去,从而有利于其身心健康发展。在体育课堂教学中引入游戏教学法,能够激发学生参与体育运动和体育教学活动的兴趣。各个学校在深入落实新课标的过程中,对教学都进行了大幅度的改革,体育课程教学也进行了重大调整。大学体育课程教学为了满足新时期学生的实际需求,不仅对教学模式进行了改革和创新,还在体育课堂教学中引入了学生比较喜欢的体育游戏,这样可以在最大程度上对学生体育学习的兴趣进行激发。在体育课堂教学中引入游戏教学法,不仅能把学生爱玩的天性释放出来,还能很好地帮助学生提高身体素质以及其他各方面的综合素质,让学生在愉悦的环境中学习到体育知识,锻炼和提高学生的体育技能。

学生在游戏中能认识社会、认识自己。通过模仿各种社会角色学会处理人际关系(指有效地与他人进行交往活动的能力),遵守社会规范,适应社会生活。特别是在一些集体游戏中,学生需要互相帮助、互相配合,共同完成一些规定性的动作。这对培养集体生活的习惯,培养集体主义精神,都有显著的作用。游戏的规则具有重要的教育意义。规则把活动者组织起来,要求他们遵守纪律,并履行一定的职责,可以很好培养学生对自己行为的责任感。

近年来全国各地的企、事业单位,纷纷举办各种类型的趣味运动会,比赛项目大都是体育游戏,如花色拔河、网上踢毽子、跳绳接力、五人飞碟对抗赛、青蛙跳、自行车慢速障碍赛等。这类运动会吸引着广大职工。因此,在实现我国体育的目的任务和普及群众性的体育运动中,体育游戏是一个作用很大、使用价值很高的体育手段。

二、体育游戏的分类

我国纷繁众多的体育游戏大致可以分为 5 类,其具体分类情况如下:①按组织形式可以分为不分队游戏和分队游戏两种。不分队游戏规则比较简单,集体行动的成分和比赛因素不大。分队游戏要求每队人数、实力大致相等,并在同等条件下进行,各队都有共同的目标,要求参加者协同一致完成任务,竞赛的因素较强,游戏的胜负在很大程度上取决于集体的协调行动。②按人体基本活动能力可分为奔跑的游戏、跳跃的游戏、投掷的游戏等。③按提高身体素质可分为速度游戏、力量游戏、耐力游戏、灵敏游戏。④按运动负荷可分为大运动负荷游戏、中运动负荷游戏、小运动负荷游戏。⑤按游戏的性质来分,可分为一般性游戏、军事游戏、球类游戏等。体育游戏分类的目的主要是使游戏能反映动作的性质、组织的特点,以便于教师根据实际情况进行选用。但每一个游戏都反映着多方面的特点,不可能绝对地属于某一类。 如"运球接力"这个游戏,就既属于球类游戏又属于奔跑的游戏。

学者们认为,游戏是以一定形式反映人类社会的劳动、军事、文化及生活等方面的活动,它不仅可以应用于现代体育教学,而且有着相当广泛的社会意义和群众基础。故现代游戏分类学说的观点主要是以游戏本身的教育功能及社会文化娱乐效应为基础。按照这一观点,我们将游戏划分为以发展智力为主的文化娱乐游戏和以发展体质体能为主的体育教学游戏两大类。

文化娱乐游戏是按照一定的规则和目的所进行的一种有组织的体育活动,包括走、跳、跑、攀登、搬运、投掷等动作。若按组织形式可分为不分队游戏和分队游戏两类。不分队游戏,如"大鱼网""大人小孩"等。分队游戏则要求每队人数、力量大致相等,并且在同等条件下活动,各队目标任务一致,通过集体力量获取比赛胜利。这些游戏竞争性强,有一定难度,气氛活泼热烈。如"冲破火力网""营救战友""松鼠回家"等游戏。这类游戏可以充分发挥参加者的智力和体能,培养集体主义协作精神和勇敢顽强、不怕困难的意志品质。

体育教学游戏:通过长期的体育教学和锻炼,当学生的技术能达到一定水平后,活动性游戏自然就会向高级阶段的竞赛性游戏发展,如球类运动中的篮球、排球、乒乓球、足球、网球、棒垒球、手球、羽毛球等。这类游戏有固定的成员和统一规则,具有较复杂的技战术要求,讲究斗智斗勇和群体配合。游戏中个人的走、跑、跳、掷等技能得到了和谐统一和充分发挥,该类游戏除了可以培养学生良好的思想意志品质外,还能提高身体活动能力水平,促进学生的各项技术、技能向更高层次发展。

三、体育游戏的起源

劳动创造了人类,也为人类谱写了光辉的历史。追溯到很久远的原始社会,人类是在劳动中日益脱离动物而进化为人的。劳动是人类最基本的社会实践活动,由生产劳动演变而来的体育游戏特别多。原始社会生活条件恶劣,人们需要很好的跑、跳、投掷与游泳等能力。为了更好地生存,这些技能需要不断锻炼和提高。如在弓箭发明以前,人们通过投掷石块来狙击飞奔的禽兽,为提高投掷的精准度,需要进行相关的训练。而战争是古代社会生活的重要组成部分。为了取得胜利,人们平时要进行各种演练。为了使演练更具吸引力,一些演练采用游戏的方式,这些游戏方式的演练逐渐演变成为体育游戏。

中华民族有灿烂辉煌的古代文化,丰富多彩的古代体育是中国古代文化的重要组成部分。中国古代体育从远古人类的生存活动中逐渐独立出来的时候,便被赋予了游戏的、竞技的、健身的以及教育的内涵和功效，并与其他文化一样，开始了自己的历史进程。

数千年的历史长河中，中国古代体育经过不同时期的流传融汇，逐渐在广袤的中华大地上生根并发展了起来，传承不绝。这些传统的体育活动，既有体现军事特点的身体训练内容，又有以延年益寿为特征的养生保健形式，同时还具有消闲、娱乐性的特点。这些由中华民族创造的传统体育活动共同绘成了中国体育文化绚丽多彩的历史画卷。

特别地，唐朝为我国传统体育游戏的发展与繁荣提供了时代土壤，成为体育游戏盛行的王朝。唐朝政治开明，先后出现了“贞观之治”与“开元盛世”，在这种长期安定的政治环境下，唐朝的统治者们对游戏活动的开展表现出浓厚的兴趣，因而出现了几个比较有名的“娱乐皇帝”，如中宗、玄宗、穆宗等，社会上层的风气对社会下层的体育游戏活动也起着导向作用，使游戏成了一种普遍的风尚。蹴鞠在唐代盛行，并且在球、球门、玩法等方面出现重大变革，如出现了“气球”。拔河运动也得到广泛开展，唐代宫廷中经常举办文武百官参加的拔河比赛。

随着人类社会的不断进步和文明程度的不断提高，产生了专门从事教育活动的学校，体育成为学校教育的内容之一。我国最早的体育内容是与征战有关的军事技能——射、御，与宗教祭祀有关的礼、乐等。

20 世纪 80 年代，游戏已作为我国中小学、幼儿园体育教材的基本内容，成为对学生进行体育教育的重要内容，同时也相继出版了大量关于体育游戏理论和实践的书籍。

游戏的不断发展，逐渐脱离对生产和生活实际的简单模仿，情境性逐渐减少，趣味性、竞争性、创造性逐渐增加，规则也随之完善。

在我国以现代教育思想为指导，大力改革应试教育，积极倡导和推进素质教育、终身教育的今天，家庭教育、社区教育，尤其是学校教育更应该重新审视游戏因素在各种教育中的重要地位和作用，弘扬体育游戏精神。

四、体育游戏的特点

体育游戏是一项轻松活泼的活动。它的娱乐趣味性，吸引着众多的参与者，使人们在娱乐中竞争，在竞争中体验着愉悦，在不知不觉中接受教育，在增强体质的同时发现自我，这些都体现了体育游戏特有的魅力。体育游戏的娱乐性符合游戏者生理和心理要求，根据这一特点，我们应在体育教学中适当采取游戏方法，以达到事半功倍的效果。

1. 趣味性

一些单调、枯燥的体育课，其效果常常是不能令人满意的。但体育游戏却有非常大的吸引力，学生不仅能从中享受到体育带来的乐趣，同时也可以获得很好的情感体验的机会。因此，可以说体育游戏能够使体育教学活泼生动、成效显著。

2. 凝聚力

体育游戏活动一般都是集体性的，而且学生在参与体育游戏过程中扮演着不同的社会角色。在游戏活动过程中，学生能够各尽其责。体育游戏活动能够给学生提供团结协作、发扬集体主义精神的机会，学生也可以通过活动表现出不怕吃苦、顽强拼搏的精神。

3. 教化性

体育游戏规则除了能规定活动形式外，还要规定在活动时空内什么是恰当和可以接受的行为，如判罚规则，一方面能增添娱乐的气氛，另一方面又能规范参与者的行为。因此，体育游戏也具有个体社会化的结构与功能，教化性是体育游戏的一大特征。

4. 普及性

体育游戏内容丰富，形式多样，综合多种活动技能，便于普及。任何一种体育运动项目都可以有它自己的游戏内容。如田径中的跑、跳、投，球类运动中的篮、足、排，体操中的技巧等动作都可以成为游戏内容，它不受年龄、性别、文化程度、工作职业等因素的影响，男女老少皆宜，便于开展，并且游戏规则易于掌握，方法灵活多变，具有广泛的普及性。

5. 目的性

体育游戏是一种有意识的行为，有着明确的目的，即增强体质，通过体育游戏可以改善身体状况，增强身体素质，提高身体活动能力和适应外界环境的能力。另外，体育游戏还可以针对不同的对象，进行集体主义、爱国主义、团结友爱精神等教育。所以说，体育游戏有着极为丰富的教育内涵，参与者可以通过游戏在思想、行为、心理素质等方面受益。

6. 教育性

有人说："体育游戏是寓教于动的最佳方式。"这也就说明，大部分体育游戏都含有教育因素，它要求参与者既要克服自然环境的障碍，又要克服身心障碍。同时，对培养参与者的集体观念、顽强意志、团结协作等品格有积极的作用。

7. 竞争性

竞争性是体育游戏的鲜明特点，竞争是以激烈的争夺和对抗来进行的，对抗的双方在规则的约束下，尽量克"敌"制胜，并在胜利中肯定自我，在充满竞争性的体育游戏中培养游戏者的竞争意识、进取精神，建立良好的、健康的人生态度。体育游戏的竞争内容可以随意变通，可以比体力、比技巧、比智力，也可以比运气、比与同伴合作的协作能力、比集体的力量等，激发参与者的进取心。这种竞争性可使弱者有获胜的可能，给强者提出新的挑战，使参与者在游戏中挖掘人的潜力，各显神通。

8. 科学性

体育游戏是实施教学计划的一个重要方面。因此，选择游戏要从游戏者的实际出发，结合不同阶段教材内容和教学目的，由浅入深，由易到难，循序渐进。同时，体育游戏的组织方法要尽可能简便，要避免伤害事故的发生，尽量在较短的时间内达到理想的目的。

9. 多样性

体育游戏的方法可简单可复杂；运动员负荷可大，也可小。无论何种游戏，单纯固定的、机械的游戏，也会使参与者感到厌倦，不利于游戏者个性的发展。所以要针对教材内容、形式，引导游戏者结合课堂教学和生活实践进行自编、自创。同时，游戏的内容与形式多种多样，其锻炼价值和教育作用也各不相同。所以，在学校体育教学中融进游戏内容，既可使教学新颖、多样化，又能培养体育参与者的思维和创造力，充分体现他们的个性。

第二节　身体素质游戏

一、力量素质训练游戏

(一)力量素质训练游戏概要

任何身体素质都是通过一定的肌肉工作方式来实现的,而肌肉的力量是人体一切活动的基础。力量素质决定速度素质。

首先,力量素质的增长有助于速度素质的提高。因而肌肉的快速收缩是以爆发力量为前提的。一名短跑运动员如果没有强而有力的双腿,那是不可能取得优异成绩的。我国百米曾跑过10秒2的优秀运动员余维立,深蹲达到180千克。其次,力量训练也有助于耐力素质的提高。从生活常识中可以得知,一个强有力的人总比一个体弱者能持续活动更长的时间,此外,力量、速度的提高会增加肌肉的弹性,促进灵敏素质和柔韧素质的发展。

(二)游戏项目

1. 球球接力

1)游戏目的

锻炼下肢爆发力及滞空能力。

2)游戏方法

将学生分成两组,每组人数相等,纵队站于罚球线后,起跳点位于禁区弧线前后。第一人将篮球砸向篮板后立即回到队尾,同时第二人向前跑出,要在篮球落地前起跳再次将球砸向篮板,砸向篮板且没落地算一个,一个得一分,以此类推。一分钟内,得分多者胜。

3)游戏规则

(1)必须在空中接球。

(2)必须双手将球砸向篮板。

4)场地器材

篮球场半个、篮球一个。

2. 小推车

1)游戏目的

增强核心和上肢力量及上肢的爆发力。

2)游戏方法

两人一组,分为若干队伍。第一个人在起点做原地俯卧支撑,第二个人站在第一个人的后方,抓住第一个人的脚踝放于腰间,然后第一个人用手往前爬,第二个人跟着第一个人走30米距离,先到的队伍获胜。

3)游戏规则

(1)过程中第一个人的脚不能落地。

(2)爬行的人不能出现塌腰或左右摇摆等动作。

4)场地器材

操场。

3. 天罗地网

1)游戏目的

锻炼下肢耐力及敏捷性。

2)游戏方法

从同学中挑选指定同学若干名,其余人在范围内要尽量躲避网的追捕,不要被网抓到。网需要手拉手,两边的人可以抓人,中间的人可以用胳膊网人。十分钟内被网到的人失败,十分钟后没被网到的人获胜,失败者获得相应惩罚。

3)游戏规则

(1)如果抓人过程中网断了则犯规。

(2)逃跑人如果出界则变成网。

4)场地器材

一个篮球场。

4. 警察抓小偷

1)游戏目的

增强下肢耐力及敏捷性。

2)游戏方法

在同学中选出1~2名警察,其余人为小偷。警察需要抓住小偷,抓住之后需要说服他成为警察(以石头剪刀布的形式决定),说服成功后则需要帮忙一起抓小偷,说服不成功需要原地转十圈来惩罚自己,以此类推。十分钟内如果警察将小偷全部抓住则获胜,如果有一个小偷没有被抓住则小偷获胜。

3)游戏规则

(1)逃跑人如果出界则变成警察。

(2)警察惩罚自己时必须转够十圈。

4)场地器材

操场。

5. 篮球接力赛

1)游戏目的

增强上肢爆发力和身体协调性。

2)游戏方法

分两组或两组以上,每组成员成一路纵队相对站立,中间相距30米。左侧的第一人将篮球抛起,抛起后接球再次将球抛起,跑到对面的右侧队伍第一人前将球双手递给右侧的第一人后迅速站到队尾,同时右侧第一人跑到左侧第二人前,将球递给他,以此类推,队伍所有成员每人跑一次,用时短的队伍获胜。

3)游戏规则

(1)篮球抛起高度必须超过头顶。

(2)跑动过程中篮球不能落地。

(3)必须双手递给下一个人,不能传球或地滚球。

4)场地器材

操场、篮球。

6. 坐姿起跑

1)游戏目的

锻炼下肢爆发力、反应速度以及全身的协调性。

2)游戏方法

分成若干组,每组人数因班级人数定。选择一条起跑线,每人一条跑道(不能相互影响),然后背对起跑线坐下,哨响前手不能碰地,哨响后用最快速度站起,然后冲刺跑50米,选取每组前两名进行半决赛,然后决赛,最后决出冠军。

3)游戏规则

(1)坐下时必须双腿伸直并拢。

(2)不允许抢跑,抢跑者取消资格。

4)场地器材

操场。

7. 声东击西

1)游戏目的

增强上肢的爆发力、身体的协调性和反应。

2)游戏方法

分成若干组,每组人数为奇数。首先用石头剪刀布的方法选出进攻者和防守者,防守者要比进攻者少一人,进攻者需要围成一个圆圈,相邻进攻者距离为2米。进攻者需要将自己手中的篮球传给另一名进攻者,防守者需要抢断进攻者的传球将球拿住或者造成进攻者的失误(传球不到位、被抢断等),造成失误后,失误的进攻者与防守者交换。进攻者在传球时其中一只脚不能抬起,如果抬起或移动算失误需要交换。

3)游戏规则

如果防守者上前防守,不能将球抱在怀里超过5秒。

4)场地器材

操场、篮球。

8. 鲤鱼跃龙门

1)游戏目的

增强上肢的爆发力、支撑能力以及身体的核心力量。

2)游戏方法

分成两组或两组以上,每组成一路纵队。选择一条起跑线,然后第一个人贴近起跑线,双手需要撑住膝盖并弯腰（弯腰幅度取决于后面队员的起跳高度），然后第二名队员跑过去，用手撑住第一名队员的背部或者肩部，跳起过程中两腿分开，落地后快速学习第一名队员动作，同时第一名队员迅速回到队尾，第三名队员跳跃，以此类推，直到每人都完成一次后停止。用时短的队伍获胜。

3）游戏规则

（1）被跳跃队员手必须撑住膝盖避免受伤。

（2）跳跃队员跳起时双腿必须分开。

4）场地器材

操场。

二、速度素质训练游戏

速度是竞技运动的核心，也是有效完成各项运动技术的关键。体育运动中，速度决定了技术动作的实效性和表现性。速度素质的训练始终与专项技术紧密地联系在一起。专项动作的完成需要合理、迅速、协调的肢体运动。也就是说，速度是完成基本动作和专项动作的保证，速度的提高可以促进技术动作的改进和专项成绩的提高。因此，正确认识速度的构成与分类，并采用合理有效的训练方法与手段就成为速度素质训练的重点。

1. 竞速之王

1）游戏目的

提高学生们的速度素质能力，锻炼学生反应能力。

2）游戏方法

将学生分成若干小组，由教师将学生带到百米跑道起点，放置起点标志桶，并在百米终点放置标记桶。起点司令员吹哨，学生开始起跑，到达终点后，由终点老师计表。

3）游戏规则

（1）比赛过程中禁止学生有抢跑行为。

（2）学生竞速过程中不允许出现串道情况。

4）场地器材

哨子一枚，秒表一枚，标志桶若干。

5）教学建议

教师要看上课学生是否为体育专业学生，如是非体育专业学生，也可将赛程缩减为50米。

2. 道反天罡

1）游戏目的

锻炼学生反应能力以及协调与速度的配合能力。

2）游戏方法

将学生分为若干组，由教师将学生带到百米起跑线处，当听到第一声哨响时，学生开始背对赛道进行倒着跑，当听到第二声哨响时，学生需要转身正对赛道跑，直至终点。

3)游戏规则

(1)学生不能抢跑。

(2)在未听到第二声哨响时禁止转身面向赛道正常跑。

4)场地器材

哨子一枚,标志桶若干。

5)教学建议

由于本项目有一定的风险以及难度,同学在第二声哨响转身时,一定要注意两侧赛道上的对手,避免肢体接触,以防摔倒受伤。

3. 接力总动员

1)游戏目的

练习团队配合能力,使团队精神注入每个小组,并提高学生的速度素质能力。

2)游戏方法

把学生分成若干小组,每组人数必须相等。听到哨响后每组第一位选手开始向终点冲刺,跑至终点后迅速绕过终点标志桶往回跑。跑回起跑线后拍击下一位同学的手,下一位同学以同样的方式进行冲刺跑,以先跑完一轮的小组为胜。

3)游戏规则

(1)第一位同学不能抢跑。

(2)学生交接的时候必须拍响手。

4)场地器材

田径场,哨子一枚,标志桶若干。

5)教学建议

学生在交接过程中容易不能及时制动而撞到下一位同学,所以教师一定要强调安全。

4. 横跨山海

1)游戏目的

提高学生步幅,从而进一步提高速度。

2)游戏方法

将跨栏架调整至有相对高低的两种高度,女生与女生一组,男生与男生一组。学生须平行站立在跨栏架一侧,以一条腿为支撑腿,另一条腿迅速抬高跨过栏架后,积极下压。当跨栏腿落地时,充当支撑腿,另一条腿跨栏并积极下压。

3)游戏规则

(1)学生的腿须跨过栏架,不能半途而废。

(2)两腿必须都跨过栏架,不能偷懒。

4)场地器材

田径场,秒表一枚,哨子一枚,跨栏架若干。

5)教学建议

由于男女生身高不同,跨栏架须调节两个高度,由于本游戏难度较大,所以教师可以给予学生鼓励，来增加游戏趣味。

5. 跳房子

1）游戏目的

提高步频和快速高抬折叠腿的能力，以提高速度素质能力。

2）游戏方法

由4根小棒围成多组正方形组成的小房，双脚在同一房落地，快速跑过每格40厘米间距的小棒。

3）游戏规则

（1）先进入小格的摆动腿高抬。

（2）支撑腿与地面短暂的接触。

4）场地器材

田径场，小棒若干，哨子一枚。

5）游戏建议

跳房子的时候两腿要快速进入小房，但要仔细看着小棒，以免造成游戏道具损坏。

6. 通天楼梯

1）游戏目的

在提高步幅与步频的同时，还可以锻炼学生的耐力。

2）游戏方法

将学生分为若干小组，纵队排好。当听到哨响的同时，第一排同学开始向上一阶一阶地跑，到达顶端后，第二排同学跟上，后排同学以此类推。哪组最后一名学生先到达顶峰，哪组获胜。

3）游戏规则

（1）学生禁止抢跑。

（2）前一组同学到达顶峰时，下一组同学才能开始前进。

（3）学生前进时只能一阶一阶地跑，禁止多阶地跨跑。

4）场地器材

有台阶的设施，哨子一枚。

5）游戏建议

学生在跨楼梯的时候，要注意腿抬得不能太低，否则容易崴脚。

7. 虚晃一枪

1）游戏目的

练习学生的反应能力，以及加速度能力。

2）游戏方法

将学生分成人数相等的两大组，纵队站好，由教练喊出“各就各位”的口令，教练可以“假吹哨”，也可以拍手做假动作等。只有当哨响的时候学生才可以起跑，每人有一次机会，被晃起跑的同学被淘汰。最后看哪一组剩下的没被晃、起跑的最多，哪组获胜。

3）游戏规则

每位同学只有一次机会。

4）场地器材

田径场，哨子一枚。

5）游戏建议

本游戏无终点这一说法，所以，男生女生站队并无要求。本游戏趣味性很大，建议采用。

三、耐力素质训练游戏

耐力素质是人体的基本身体素质之一。耐力素质在超长跑、中长跑、长距离游泳、自行车、滑冰、滑雪、划船等周期性运动项目中的意义是不言而喻的。耐力素质对其他项目，如摔跤、柔道等非周期性项目也有重要意义。

（一）通过耐力训练，提高运动员的呼吸系统、血液循环系统的功能

运动员的呼吸系统、血液循环系统的功能得以提高，则其抗疲劳的能力就会得到提高，而抗疲劳能力越强，有机体保持持久的高水平运动的能力就越强，这对创造优异成绩无疑是有利的。

（二）通过耐力训练，呼吸及心血管系统机能得到发展，血氧供应充分

这必定使机体能量物质的贮备增多，使有关生理、生化功能提高，而这能促进及加速训练后消除疲劳的过程。机体快速恢复可以使训练间歇缩短，增加重复次数，有利于完成大强度大运动量训练任务。

1. 小鸭子赛跑

1）游戏目的

恢复学生的身体耐力素质，提高个人能力。

2）游戏方法

在操场上的百米起跑线上放置两个或若干个标志桶，作为比赛起点。然后，用卷尺测量出十米的距离，再放若干个标志桶，作为终点。学生通过鸭子步进行比赛，在到达终点绕过标志后，原路返回。

3）游戏规则

（1）学生不能进行直立行走。

（2）在游戏过程中，参加人员不得存在任何身体接触或者干扰其他学生的行为。

4）场地器材

秒表一枚、障碍物或标志桶若干。

2. 推车竞速

1）游戏目的

提高学生的心肺能力，提高学生意志品质，增强肌肉耐力。

2）游戏方法

在足球场量出10~15米的距离，设置起点和终点。将学生以两人一组进行分组，分成若干组。一名同学双手双脚着地，另一名同学将双手双脚着地的同学的双脚扶起并放于在自

己的腰部，躯干在双手着地同学的双腿中间。前面的同学用双手进行行走，后面的同学负责推着他走。

3）游戏规则

（1）在比赛期间，参赛同学不允许互相干扰。

（2）在比赛过程中，必须走直线，若坚持不到终点，则为失败。

4）游戏器材

标志桶，足球场。

3. 三块五

1）游戏目的

提高学生反应能力，增强学生身体素质耐力，加强身体机能的耐力。

2）游戏方法

将学生排成纵队每人是五毛钱，在球场内跑动。当听到站在球场中间的教师喊出钱数的时候，立即以最快的速度，按照钱数进行抱团，超出或者低于钱数的人，即为失败。

3）游戏规则

（1）不得强制到已经抱好团的队伍中去，否则判罚为这个人失败。

（2）可超越前面的队员，进行奔跑抱团。

4）场地器材

空旷的场地，如足球场、篮球场等。

4. 群龙追尾

1）游戏目的

提高学生身体耐力，增强心肺能力，加强学生的身体素质。

2）游戏方法

将学生分成四组，每组人数相同，站在球场上的四个角并成四路纵队站立，比赛分成两个组进行，每组对角按照逆时针方向进行追逐，当最后一个同学被另一组第一个同学追到，则游戏马上终止。

3）游戏规则

（1）游戏时注意安全，不允许互相干扰。

（2）在游戏时，必须按照路线进行追逐，不允许私自篡改路线。

4）场地器材

足球场，或者篮球场。

5. 速耐之王

1）游戏目的

提高学生耐力素质，提高体育精神意识，培养坚韧不拔的品质。

2）场地器材

田径场，哨子一枚。

3)游戏方法

学生分为男生与女生两个大组。统一站在400米起跑线上,当听到教师的哨声响起时,统一开始起跑,先到达终点的第一名的同学,为小组之王。

4)游戏规则

(1)在哨响之前,任何学生不允许私自开始起跑。

(2)跑步过程中,不允许有任何身体接触,或者对抗。

5)游戏建议

本项目强度较大,建议由一名同学作为领跑员。

6. 波比跳

1)游戏目的

提高学生身体素质,锻炼学生耐力素质。

2)游戏方法

将学生分为若干小组,每组配一个瑜伽垫。先在垫子上做一个俯卧撑,站起来之后向上跳并做击掌动作。然后,下位同学做同样的动作,每组计时为三分钟。

3)游戏规则

(1)做俯卧撑时,动作一定要标准。

(2)后面预备的同学要与正在进行游戏的同学保持安全距离。

(3)跳起来击掌的同时手一定要拍响

4)场地器材

田径场,瑜伽垫若干,秒表一枚,口哨子一枚。

7. 逮帮逮

1)游戏目的

锻炼学生身体素质,改善学生身体健康状况,提高学生心肺能力。

2)游戏方法

学生分成几组,同时进行游戏。每组同学进行猜拳,输的人作为抓人的一方,其他同学为被抓的一方。当抓人的一方抓到一名同学,这名同学与抓人的同学一起进行抓人,以此类推。最终将全部人抓获,则游戏结束。游戏场地为半个足球场。

3)游戏规则

(1)在游戏中,不超过规定的范围。

(2)在游戏中,注意安全,避免撞到不参加游戏的同学。

4)场地器材

足球场。

四、灵敏素质训练游戏

灵敏素质是指运动员在没有准备状态下的急起、急停、变向、再加速的运动能力,即在各种变化条件下改变身体运动的能力。爆发力量是起动速度和减速变血的素质基础。灵敏更强调减速能力(制动力量)及随之而来的减速与加速耦合过程。在许多运动项目中它比简单的获得和保持速度更加重要。灵敏素质水平高的运动员可以在不同的速度情况下改变运动方向、把控速度节奏,同时又具备在高速运动中再发力的能力。

1. 禁飞时空

1)游戏目的

通过对哨声的判断和对飞盘轨迹的预判考验学生的反应能力,有效提升学生的灵敏性。

2)人数

小组若干,每组十人。

3)游戏方法

每两小组成两纵队在50米起点并排站立,裁判员哨声响起,双方第一位队员同时跑动,并互相向对方投掷飞盘,飞盘不可以飞出田径场跑道,也不可以飞向队员前方,每人共有20分基础分,如果未接到对方投掷的飞盘,扣一分。在到达50米终点前扣分最少者获胜。

4)游戏规则

(1)不可以故意向对方队员前方投掷飞盘,如果投掷扣一分。

(2)不可以将飞盘掷飞出跑道外,否则投掷飞盘者扣一分。

(3)不可以大幅度变道干扰对方正常接盘。否则扣一分。

(4)不可以长时间将飞盘留在手中,否则扣一分。

(5)不可以抢跑、压哨等,否则扣一分。

5)场地器材

飞盘若干,拥有50米直线的田径场。

2. 跳大绳

1)游戏目的

锻炼参赛人员的手脚协调性和跳跃能力。

2)人数

总共六人,绳子两侧两人,剩余四人在中间。

3)游戏方法

裁判下令,一人吹哨。摇绳人根据哨声快慢节奏摇绳子。中间跳绳的人也要根据绳子节奏改变跳跃频率,根据哨声及时做出判断,不可以碰到绳子。如果碰到绳子则被淘汰。两组比拼,最后哨声结束后,剩下人多的队伍胜利。

4)游戏规则

(1)不可以故意抓绳子,否则视为被淘汰。

(2)不可以推搡前后队员,否则视为被淘汰。

(3)不可以擅自离开跳绳区域,否则视为被淘汰。

(4)不可以站位距离队伍太远,否则视为被淘汰。

(5)不可以故意扰乱对方队伍节奏,否则视为被淘汰。

5)场地器材

大跳绳一根。

五、平衡素质训练游戏

它是指抵抗破坏平衡的外力，以保持全身处于稳定状态的能力。人的任何运动可以说几乎都是在维持身体平衡的状态下进行的，尤其是大肌肉的活动，更需要有较好的平衡能力才能胜任。发展平衡能力有利于提高运动器官的功能和前庭器官的机能，改善中枢神经系统对肌肉组织与内脏器官的调节功能，保证身体活动的顺利进行，提高适应复杂环境的能力和自我保护的能力，发展平衡能力一般可以通过静态的平衡活动和动态的平衡活动来进行。

1. 过独木桥

1）游戏目的

培养学生平衡力，增强其身体素质。提高学生肢体稳定性，提高视觉神经与感觉功能协调性。

2）游戏方法

将绳子打开成一条直线，在绳子的两端设置起点和终点。在绳子终点两至三米处放置若干个标志物。学生需要从绳子起点走到绳子终点，拿到标志物并原路返回。

3）游戏规则

（1）参加游戏的学生必须双脚在绳子上行走。

（2）如果学生在游戏过程中有任何一只脚没有踩到绳子，必须重新开始游戏。

4）场地器材

5~8 米长绳子一根，标志物若干。

2. 俯冲炸弹

1）游戏目的

提高学生心肺能力，以及平衡控制能力，提升学生意志品质，使其充分体会体育精神。

2）游戏方法

将学生分成 4~6 人一组，将已经吹好的气球放到地上，学生呈俯卧状态，将球用吸管从起点吹到终点，同时，双手双脚配合，控制平衡将会球吹过点。在比赛开始前测量好距离，距离不宜过长。

3）游戏规则

（1）在比赛过程中，学生需要用吸管将气球吹到终点。

（2）在比赛过程中，同组比赛期间，不允许互相干扰。

（3）不允许用四肢将气球放到终点。

4）场地器材

气球若干，吸管以及空旷的场地。

3. 独立木头人

1）游戏目的

锻炼学生身体动态平衡和静态平衡，提升身体控制能力。

2）游戏方法

与基本木头人一致，将学生分成几组同时进行游戏，每组需要一个负责人喊“1、2、3，木头人”。但改变的是，当木头人的同学需要单脚着地。同时身体不允许出现晃动或者双脚着地。

3）游戏规则

（1）在游戏过程中，学生必须双脚着地。

（2）不允许出现互相影响的情况，不允许出现任何身体接触。

（3）在喊“不许动”之后，学生不允许有任何移动，否则评定失败。

4）场地器材

空旷的场地。

4. 沙袋过桥

1）游戏目的

提高学生身体控制能力、动态平衡以及控制物体能力。

2）游戏方法

在空旷的场地，量出 20~30 米的距离。学生将小沙袋放置在自己的头顶，双手打平保持平衡从起点走到终点，在移动过程中不但要保持身体平衡还要保持物体的平衡。

3）游戏规则

（1）在比赛过程中，不允许用双手扶住沙袋往终点走。

（2）如果沙袋掉落则需要回到起点重新进行比赛。

（3）不允许互相有任何干扰。

4）场地器材

沙袋若干，空旷的场地。

5. 踩报纸

1）游戏目的

锻炼学生平衡能力，以及自身控制能力。激发学生自身的运动平衡的潜力。

2）游戏方法

每人准备两张报纸，先铺一张在地上，双脚同时站上去。再把另外一张报纸铺在前方，双脚再走到上面。然后，再把身后的一张纸对折之后再放到前方，以此类推，当纸对折到不能够用双脚站立时，可采用单脚站立，直到纸张越变越小。谁坚持脚不落地到最后，谁赢。

3）游戏规则

（1）在游戏时，双脚不能触碰到地面。

（2）在游戏过程中，如果纸张有损坏则不能继续参加比赛，视为放弃。

（3）比赛时，不得干扰参加比赛的人。

4）场地器材

报纸若干，空旷的场地。

6. 小陀螺游戏

1）游戏目的

锻炼同学们在转圈后保持平衡，练习动态平衡与静态平衡。

2)游戏方法

如果人数多,将学生分成若干组,同时进行游戏。每组以指定或者抽签的方式决定出一名下口令的同学。被下口令的学生双手打平或者两手臂自然下垂,听到口令后,被下口令的同学,开始进行转圈,直到下口令的同学给出停止的口令。谁能坚持一直不倒地,谁就获得胜利。

3)游戏规则

(1)开始进行游戏的同学,不得互相干扰。

(2)转圈时不允许拖延时间、慢慢转圈。

4)场地器材

空旷的场地。

7. 我是杂技演员

1)游戏目的

提高学生在运动时能够保持平衡的能力,提高其平衡感觉,充分体会体育精神。

2)游戏方法

在空旷的场地上,放上绳子或者平衡木。将学生分成两名同学一组,同一组的两名同学,一起上绳子或者平衡木,脚跟对着脚尖往前走,直到走到终点。走到终点以后,再用后脚跟对着前脚尖后退着走回来,走到绳子或者平衡木之间,学着杂技演员那样,做指定的动作,做动作时要单脚站到平衡木上。

3)游戏规则

(1)在游戏时,两人一组,同组的同学不得相互干扰影响。

(2)在平衡木或者绳子中间时,学生必须单脚站在上面,双脚站到上面视为违规动作。

4)场地器材

足够长的绳子或者平衡木。

六、协调性素质训练游戏

运动协调能力是综合的神经机能能力,其表现形式即是运动协调。人体运动协调能力由反应能力、空间定向能力、本体感知能力、节奏能力、平衡能力、与动作认知有关的认知能力等多种要素所构成。

良好发展的协调能力有助于运动员迅速地建立起大脑皮层中相关中枢之间的暂时联系,更快地形成动力定型,高质量地掌握运动技巧;有助于运动员更好地适应运动时的外部环境;有助于运动员在完成同样的练习时更节省地使用能量;有助于减少运动创伤的发生。

1. 龙戏二珠

1)游戏目的

相对手脚的运作可以有效锻炼学生的协调性。

2)游戏方法

学生选择合适的足球和篮球,伴随教师指令下达。用脚颠足球,手拍篮球。以左手拍球,则用右脚颠球。反之如此。短时间内,颠球和拍球最多者胜利。

3)游戏规则

(1)不可以同手同脚拍球、颠球。

(2)不可以拍足球、踢篮球。

4)场地器材

篮球、足球,篮球场、排球场皆可。

2. 跳房子

1)游戏目的

游戏中涉及的脚步变化可以提高学生的协调性。

2)游戏方法

先在地上画一个飞机状的房子,每个方格内写一个数字,按由下往上的顺序,最下面三排分别是1、2、3各一格,第四排由左而右4、5两格并列,第五排是6为单独一格,再往上是7、8左右两格并列,最上面的顶端,书写“天”字,意味着“天空”,以半弧线包在“天”字外。游戏开始后,参加者先通过猜拳决出游戏次序,第一个人将沙袋扔在第1格内,随即开始单脚跳,在两格横排并列处用双脚跳,跳至第7、8格时,双脚同时跃起向后转身再往回跳,跳至第2格时弯腰捡起在第1格的沙袋,再由第2格跳到第1格外。然后,将沙袋扔在第2格,最后站在第3格里拾起沙袋并跳跃至第1格再跳出。以此类推,跳完第8格后,可将沙袋扔向“天空”,再从第1格依次跳,当跳到7、8格时向后跳转双脚落地,然后用手向后摸沙袋,摸到后跳出“天”字外;接着,背对房子扔沙袋,沙袋落到的那个格子就成为“跳房子”人的房子,并在该格子写上他的名字,当他再从第1格跳起至自己的房子时便可双脚落地即可。

3)场地器材

平坦的地面、粉笔一支,沙袋一个。

3. 左右互搏

1)游戏目的

左右正反球拍的变换可以有效提升学生的协调性。

2)游戏方法

一人持乒乓球拍用乒乓球拍正面(左右手即可)向上颠球。利用颠球后球的滞空期,迅速换手乒乓球拍,并且用球拍的反面颠球,以此类推。以先右手为例,如果右手先用球拍正面颠球,下一球就要立刻换左手球拍反面颠球(注意:要将球颠得足够高以便有时间换手,球的高度不限)。

3)场地器材

乒乓球拍一个,乒乓球一个。

4. 三人两足

1)游戏目的

将队友的双腿绑到自己腿上跑动,既考验团队的配合默契程度,又有效地锻炼自身的灵活性及协调性。

2）游戏方法

三人并排站好，用弹力带将中间人的两条腿绑在左右两个人的一侧腿上，哨声响起后左右两人带动中间人向前跑动，中间人也需要配合，不能给两侧人阻力，最短时间跑完全程者获得胜利。

3）人数

三人。

4）场地器材

弹力带，足球场、田径场皆可。

5. 一反常态

1）游戏目的

锻炼大脑的信息处理能力，以及肢体的协调性。

2）游戏方法

选择一个主持人，发号口令。其他人听到口令后要做出与之相反的动作。如当主持人发出向左转的指令时，其他人向右转；当发出起立的指令时，其他人蹲下。连续动作错误的人可以接受“惩罚”表演节目等。

6. 大小兼并

1）游戏目的

有助于学生的球感练习，能有效地提升肢体协调性。

2）游戏方法

双手一手拿网球，一手拿篮球，同时拍动。要求两手节奏一致，不掉球。

3）场地器材

场地不限，网球、篮球若干。

7. 交叉拍脚

1）游戏目的

利用反复的肢体互动提升肢体的协调性。

2）游戏方法

交叉拍脚，原地站立，左腿屈膝抬向右腿前，右手拍左脚，反之左手拍右脚。然后左腿屈膝左脚抬向右腿后，右手拍左脚，反之左手拍右脚。前面两下后面两下。一开始可以慢慢练，熟练后加快速度。循序渐进。

3）人数

1~10 人皆可。

4）场地器材

艺体馆、健美操馆皆可。

七、柔韧性素质训练游戏

柔韧素质，是指人体各个关节的活动幅度以及肌肉、肌腱和韧带等软组织的伸展能力。舞蹈演员的肩、腰、髋、腿等部位只有具备特殊的柔韧性，才能在舞蹈中表现出大幅度的活动范围。柔韧性差的人,会影响掌握动作技能,还会限制力量及速度、协调能力的发挥,也会造成肌肉、韧带损伤。在舞蹈教学训练中,既要解决舞者的软开度问题,又要重视舞者的韧性问题,体现出柔中有刚和刚中有柔的效果。为此,需要我们深入研究柔韧素质和训练问题。

1. 超级连接

1)游戏目的

练习学生腿部柔韧性,培养团结意识。

2)游戏方法

学生按人数平均分组,保证每组人数相同,每组成竖排站立,比赛开始,各组成员依次横叉、竖叉、脚对脚连接成直线。各组起点相同,下叉后坚持5~10秒,哪组坚持的时间最长哪组获胜。

3)游戏规则

(1)要求相连两人两脚必须相连,不得分开,否则无效。

(2)比赛前一定要安排热身练习,防止受伤。

4)场地器材

场地不限。

2. 猜拳移步

1)游戏目的

锻炼学生腿部柔韧性。

2)游戏方法

学生两两一组进行猜拳,石头剪刀布,石头为1步,剪刀为2步,布为5步。要求每次获胜者两脚并齐交叉走步,向相反方向走相应的手势步数,负者后脚不动,前脚前移,使自己的脚尖碰到胜者的脚。依此类推,负者向前移动的距离越来越远,直到一方脚碰不到另一方脚尖为失败,另一方胜出。

3)游戏规则

(1)做游戏前做好热身及准备活动,以免拉伤。

(2)下叉时具有一定难度,可用双手撑地。

4)场地器材

场地不限。

3. 莲花朵朵开

1)游戏目的

锻炼学生腰、髋部的柔韧性,培养学生团队合作意识。

2)游戏方法

学生按人数平均分组,每组平均10~15人。要求学生手拉手围成一个圆圈,站好,听到口令时集体后仰到身体极限,坚持5~10秒后将身体还原,则游戏成功。若中途有人坚持不住起身,则游戏失败。

3)游戏规则

(1)学生在做游戏前做好充分热身活动,以免拉伤。

(2)可以两两一组进行比赛,两手断开或身体倒地则视为失败。

4. 快乐传递

1)游戏目的

锻炼学生的腰部柔韧性,及肩部和手臂的拉伸。

2)游戏方法

学生按人数平均分组,分成2~3组,每组平均10人,成纵队站立。要求第一个人双手持球,将球从胯下传递给在他身后的同学,依次传递。当传递到最后一名同学时,最后一名同学转身,双手持球,将球举至头顶上方,背对背依次传回到第一名同学手中。

3)游戏规则

(1)传递期间球不许落地,传球人不许扔球。

(2)率先传回第一名手中的队伍获胜。

4)场地器材

足球或篮球3~4个。

5. 凌波微步

1)游戏目的

锻炼学生腰部的柔韧性,及大腿后侧肌肉群的拉伸。

2)游戏方法

将学生按人数平均分成2~3组,每组平均10~15人。每组应派出2名同学,两人面对面站好,需要将皮筋或竹竿举至胸前,其余学生成竖排站好。每位同学身体呈后仰姿势依次过竿,手臂及臀部不得触碰地面。顺利过竿后,可升级难度将竹竿或皮筋降低高度。

3)游戏规则

(1)身体任何部位不得触碰竹竿或皮筋,否则失败,须重新挑战。

(2)每人每个高度可有2次挑战机会。

4)场地器材

皮筋或细竹竿。

6. 极限拉扯

1)游戏目的

锻炼学生腿部柔韧性,使其韧带得到拉伸。

2)游戏方法

将学生分为两两一组,两人面对面,两腿伸直平坐在垫子上,两人脚底相对,两臂伸直,向前去和对面的人拉手。牵手成功后坚持5~10秒。

3)游戏规则

(1)在拉手过程中,双腿不得弯曲。

(2)两人在做游戏时一定要拉扯有度,避免腿部韧带受伤。

4）场地器材

体操垫若干个。

7. 超人起飞

1）游戏目的

锻炼学生腰部及肩部柔韧性，及后背肌肉群的拉伸。

2）游戏方法

要求学生两两一组，一名学生俯卧在垫子上，另一名则双手持球于身前及腰部以下的位置，站在垫子前侧。俯卧同学需要双手双脚离开地面，呈超人的准备姿势。双手向前向上伸展去拿取另一名同学手中的球，当拿到球时身体恢复俯卧姿势。随后将球举至头顶上方，还给拿球同学。

3）游戏规则

（1）传球过程中双脚不得落地。

（2）传球时确保球传接到位，以免砸伤。

4）场地器材

篮球、体操垫。

第三节 体育游戏与心理健康

一、体育游戏与学生心理发展

（一）健康的科学内涵

世界卫生组织给健康所下的定义是“健康是指生理，心理及社会适应三个方面全部良好的一种状态”。

健康不仅是躯体没有疾病，还要具备心理健康，社会适应良好和有道德。因此，现代人的健康内容包括躯体健康、心理健康、社会健康、智力健康、道德健康、环境健康等。健康是人的基本权利，是人生最宝贵的财富之一。

要想健康，必须具备：

（1）健康的生活方式；

（2）对疾病有预防态度和正确的治疗观念；

（3）心理健康；

（4）良好的社会适应能力。

（二）心理健康

1. 什么是心理健康？

心理健康是指一种生活适应良好的状态。心理健康包括两层含义：一是无心理疾病，这是心理健康的最基本条件，心理疾病包括各种心理与行为异常的情形；二是具有一种积极发展的心理状态，即能够维持自己的心理健康，主动减少问题行为和解决心理困扰。

2. 心理健康“灰色区”示意图

如果将人的心理正常比作白色，心理不正常比作黑色，那么在白色与黑色之间存在着一个巨大的缓冲区域——灰色区域。我们绝大部分人的心理健康状况都处在中间的灰色区域,也就是说绝大部分人都有这样或那样的心理健康问题。

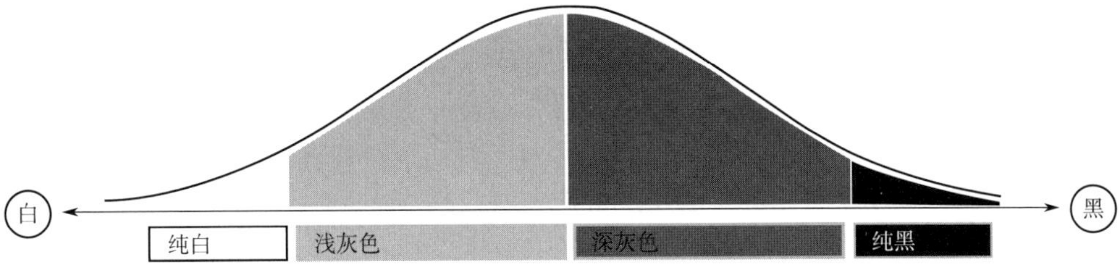

人员	健康人格、自信心强、适应力强	各种由生活、人际关系压力引起的心理冲突	各种有变态人格与异常人格、人格障碍之人	精神病患者

二、体育游戏与学生心理健康

1. 健康体育内涵

在体育参与中,生理、心理和精神都得到很好的满足。当前,我国正处在建立社会主义市场经济体制和实现社会主义现代化战略目标的关键时期,社会状况发生了复杂而深刻的变化,大学生是具有较高文化素质的群体,是推动社会发展的潜在力量。学生在适当的体育活动中,会产生最优化的运动愉快感。这种运动愉快感对学生的情绪和情感影响是很大的,体育运动具有宣泄、中和、抵消和对抗不愉快情绪的作用,人通过体育运动,爆发出来的不仅仅是能量,同时更重要的是释放了积压的不愉快情绪。体育运动伴随着血流量和吸氧的增加,对中枢神经系统有良好的作用,可以控制抑郁,因为抑郁通常与低肾上腺素分泌量有关,而运动增加肾上腺素分泌量。如何指导学生在观念、知识、能力、心理素质等方面尽快适应新的要求,是高等学校教育工作需要研究和解决的新课题。大学生心理健康的发展关系到国家和社会的前途和命运。体育游戏不但可以增强学生们的身体素质,而且是提高他们心理健康水平的有效手段。

什么样的心理才是健康的心理?对于这个问题,国内外许多专家和学者进行了大量的研究和论述,但心理健康的标准和心理健康的定义一样至今也尚无一致的意见。其中国外研究中最引人注目、最系统、最有影响力的当属美国人本主义心理学家马斯洛的十条标准:

(1)有足够的自我安全感;

(2)能充分地了解自己,并能对自己的能力做出适度的评价;

(3)生活理想切合实际;

(4)不脱离周围现实环境;

(5)能保持人格的完整与和谐;

(6)善于从经验中学习;

(7)能保持良好的人际关系;

(8)能适度地发泄情绪和控制情绪;

(9)在符合集体要求的前提下,能有限度地发挥个性;

(10)在不违背社会规范的前提下,能适当地满足个人的基本要求。

心理状态有时就像人的身体,生大病的次数不多,可小打小闹的感冒头痛总少不了几回。关键是找到有效的治疗方法,不让小病积成大病。如果让偶尔的烦恼发展成抑郁失眠或狂躁症,那恐怕就比较麻烦了。治疗心理不健康有很多方法,体育运动就是其中一种。体育运动是一种积极的主动活动过程,可以有效塑造人的行为方式,因此也能促进个体的心理健康。

世界卫生联合会明确提出心理健康的标志:

(1)身体、智力、情绪十分调和;

(2)适应环境,人际关系中彼此能谦让;

(3)有幸福感;

(4)在工作和职业中,能充分发挥自己的能力,过着有效率的生活。

而我国学者认为心理健康的主要标准是:

(1)智力正常;

(2)适当的情绪控制能力;

(3)对自己能做出恰当的评价;

(4)能保持良好的人际关系。

综合以上的观点,可以认为心理健康涉及学生的认知过程和发展、情绪情感和意志过程发展、个性发展几个方面。

2. 体育游戏与心理健康的发展

在任何时代,体育游戏都是课程文化的主要形式和内容,都对学生的身心发展有着重要的意义。而我国体育游戏作为体育教学内容的一个部分,只作为辅助体育教学活动,同时,由于我国的体育教育长期以来受到军事体育、技术主义的影响,使得体育教育成了学校教育中"表面文章"和"功利追求"的一个部分。体育游戏则变成了僵硬教条化的体育活动,也逐渐与学生们拉开了心理距离。

1)体育游戏对学生心理健康发展的积极影响

学生的协作精神在大多体育游戏中,都离不开学生的积极参与和相互协作。从游戏的准备、参与到完成的整个过程中,每个学生均是集体中的一个不可缺少的组成部分。学生在彼此的协作中,对同伴关系、师生关系有了更直接的体验,进一步促进了他们社会性认知和交往的发展。因此,学生在参与体育游戏的过程中,能更好地培养互助合作的协作精神。

2)体育游戏能激发学生的学习兴趣

趣味性是游戏的根本所在,是体育游戏的基本特征。游戏的趣味性越浓,对学生的吸引力就越大。学生在情趣盎然的"玩"中培养对知识的兴趣,陶冶情操,发展智力。在体育游戏过程中,设计科学合理的故事情节或童话情境,让学生不仅能体验到游戏的趣味性,而且对新的知识产生浓厚的学习兴趣。如在立定跳远教学之后进行相应的针对下肢力量练习时,设计小白兔赛跑或小白兔拔萝卜的游戏,可使学生参与欲高涨,达到事半功倍的效果。

3)体育游戏能消除不良心理障碍

在体育教学中影响学生心理健康的不良因素主要有:害怕心理、逆反心理、依赖心理、焦虑心理等。体育游戏在克服这些不良心理障碍,增强自信心方面有着独特的优势。通过心理健康诊断测验的方法,探讨游戏性体育活动对学生心理健康的影响。研究结果表明,游戏性体育活动有利于维护和改善学生的心理健康,对心理健康水平低的学生的作用尤为突出。

4)体育游戏完善学生人格

刘淇等在对体育游戏在学生健康人格形成中的作用的分析中认为:①促进学生的社会交往,并能帮助学生在交往活动中形成一定的交往技能;②为学生提供社会实践的机会,帮助他们学习社会所必需的生活知识,学习和理解人与人之间的关系,遵守社会规范与行为准则等;③能帮助学生摆脱自我中心倾向,树立群体意识,促使学生学会运用规则来协调关系;④培养学生道德感及理智感;⑤增加学生的信息量,如今的社会是信息的社会,每个社会成员都需要掌握信息,而游戏增加了学生的信息量。

三、体育活动与学生心理

在个体的心理发展中,青年时期是一个由稚嫩走向成熟的重要时期。体育运动心理学的大量研究表明,通过身体运动可以作用于个体知、情、意、行等各个方面,最终促进学生心理的健康发展。

1. 促进智力发展

学生通过体育活动,可以促进大脑的发育和改善神经系统的工作能力,改善大脑供血、供氧情况,促使大脑皮质兴奋性增强,神经系统的均衡性和灵活性加强,为智力开发奠定生物基础,使学生对体外刺激的反应更加迅速、准确,使人头脑清醒、思维敏捷、综合分析能力加强。此外,体育活动对学生运动感知觉、运动注意、运动记忆、运动表象、直觉思维等的发展都有明显的促进,对全面培养学生的观察能力、广泛训练记忆能力、启迪诱导想象力、创造力和提高思维能力具有重要的作用。

2. 促进情绪情感的健康发展

体育活动可以丰富个体的情绪情感体验。体育活动本身蕴含着各种丰富的刺激,能相应地引起各种各样强烈而深刻的情绪情感。体育活动还有利于保持积极的情绪情感状态,可以宣泄、中和、抵消和转移消极情绪,如宣泄愤怒、压抑,缓解焦虑和抑郁,从而提高个体主观幸福感;适度的体育活动能促使人体释放一种多肽物质内啡肽,在人坚持不住的时候再忍忍,再去坚持一下,这样内啡肽就会将疲惫、痛苦转换为幸福感。

3. 培养学生坚强的意志品质、增强其进取心

无论是体育学习还是体育竞赛,都要求学生具有一定的意志品质,如明确的目的、为实现目的而克服困难的决心和战胜强敌的勇气、在瞬息万变的运动环境中迅速选择应变措施的决断力、长期艰苦锻炼的坚韧性、遵守比赛规则和为了集体利益而克服个人欲望的自制力等。体育锻炼的独特环境条件,有助于培养学生在活动中克服客观和主观困难,培养良好的自觉性、独立性、果断性及自制性的意志品质,并使这些品质迁移到日常生活和学习中,增强学生在学习、生活中的进取心。

4. 促使学生形成积极的个性特质,完善人格

积极的个性特质包括兴趣、创造性、坚持性、公正、感激、希望、自信、责任心、进取心、自我控制等内容。积极的个性特质有助于学生在正常状态下完善自身,获得幸福的人生。积极个性特质的形成主要依赖于积极的生活体验。体育运动能够带来积极的生活体验,如体育运动能够宣泄身体能量,满足人本能的运动需要,从而获得身体上的愉悦感;在体育运动中,个体通过身体控制能力的提高,提升自我控制感。

四、体育游戏与社会适应能力

(一)体育游戏有助于人际交往

人际交往是指在社会活动中人与人之间进行信息交流和情感沟通的联系过程。体育锻炼能增加人与人接触和交往的机会。通过参与体育活动,可以忘却烦恼和痛苦,消除孤独感,并逐渐形成与人交往的意识和习惯。

有研究表明,个体坚持体育锻炼的一个重要原因是为了与他人交往或参与群体活动。布拉尼认为个体参与群体活动可增加群体认同感、社会强化、刺激性及参与活动的机会。参与体育活动者要比中途退出者更能与他人形成亲密的关系。青少年参与运动的程度与家庭成员、好朋友的参与运动程度紧密相关;好朋友的参与运动程度比家庭成员的参与程度更能影响青少年参与运动的程度;对个体参与运动程度而言,同性别家庭成员的参与运动程度要比异性成员参与运动程度影响大;家庭、好朋友喜欢体育锻炼的青少年更易形成朋友支持网络,并形成良好的人际关系。

由此可见,体育锻炼能促进人的社会交往活动,而体育活动的社会交往特性又会吸引人参与和坚持体育锻炼。

(二)体育游戏有助于培养合作精神

合作是建立在团体成员对团体目标的认知相同的基础上。在合作的社会情境中,个人所得有助于团体所得。合作的优越性体现在个人与他人一起工作时所获得的社会效益,如增加交流、相互信任等。在一些相互依赖性的任务(如篮球运动等)中,合作会使活动变得更为有效,因为团体要获得成功,团体成员就必须相互协作、共同努力。

合作能力既是体育活动参与者必备的素质,也是需要通过体育活动发展的一种能力。从事体育活动,特别是从事集体性的体育活动,需要个体与他人通力合作,这不但使集体的目标得以实现,而且个人的才能也能充分地展现。

(三)体育游戏有助于形成竞争意识

竞争与合作相对立,它是指为了自己的利益和需要而同他人争胜的行为。在竞争的社会情境中,一方的得益会引起另一方利益的损失,而且个人对个体目标的追求程度高于对集体目标的追求程度。

在体育游戏活动过程中,时时处处都充斥着竞争,既有对自己运动能力的挑战,也有与他人的争胜;既有人与人之间的竞争,也有团体与团体之间的竞争。需要注意的是,在运动中与他人竞争时,要有良好的体育道德,争胜主要是靠自己的能力,而不是通过不择手段地伤害他人来达到。要通过公平、正当的竞争来培养自己积极进取、顽强拼搏的精神。